U0782394

# 人类的群星闪耀时

【奥】斯蒂芬·茨威格 著

何 周 译

民主与建设出版社

**图书在版编目（CIP）数据**

人类的群星闪耀时 / （奥）斯蒂芬·茨威格著；何周译 . -- 北京：民主与建设出版社，2018.8

ISBN 978-7-5139-2256-2

Ⅰ . ①人… Ⅱ . ①斯… ②何… Ⅲ . ①历史人物—列传—世界 Ⅳ . ① K811

中国版本图书馆 CIP 数据核字（2018）第 183206 号

© 民主与建设出版社，2018

# 人类的群星闪耀时
REN LEI DE QUN XING SHAN YAO SHI

| | |
|---|---|
| 出 版 人 | 李声笑 |
| 总 策 划 | 丁焕朋 |
| 著 者 | （奥）斯蒂芬·茨威格 |
| 译 者 | 何 周 |
| 责任编辑 | 刘树民 |
| 封面设计 | 三石工作室 |
| 出版发行 | 民主与建设出版社有限责任公司 |
| 电 话 | （010）59417747 59419778 |
| 社 址 | 北京市海淀区西三环中路 10 号望海楼 E 座 7 层 |
| 邮 编 | 100142 |
| 印 刷 | 三河市天润建兴印务有限公司 |
| 版 次 | 2018 年 9 月第 1 版 2021 年 7 月第 3 次印刷 |
| 开 本 | 630mm × 910mm 1/16 |
| 印 张 | 12 印张 |
| 字 数 | 188 千字 |
| 书 号 | ISBN 978-7-5139-2256-2 |
| 定 价 | 59.80 元 |

注：如发现质量问题，请联系调换。电话：010-59424657

# 目　录

# 作者简介

斯蒂芬·茨威格（1881—1942）是奥地利著名小说家和传记作家。他出生在一个富有的犹太人家庭，青年时代就读于维也纳和德国柏林。毕业后，他曾周游世界，并在这期间结识了法国著名的作家罗曼·罗兰和雕塑家罗丹等人。受这些人的影响，他很早就成为了一个和平主义者，并在"一战"期间作为和平主义者产生了很大影响。在二十年代时，他前往苏联，认识了高尔基。1934 年，当纳粹在德国以及奥地利等国的影响越来越强大后，他因为自己的政治观点和犹太人身份遭到了驱逐。之后，他分别流亡到过英国、美国和巴西等地。1942 年 2 月 22 日，他在完成了自己的自传《昨天的世界》后，在巴西里约热内卢近郊佩特罗波利斯小镇的寓所内，与妻子伊丽莎白·绿蒂一起服毒自杀。

茨威格的作品因为其特色与中国传统的审美难以置信地契合，因此一直以来在中国很受读者的喜爱。但与此同时，他的传记作品也别具特色，是他所取得的艺术成就中不可或缺的组成部分。他的传记尤其受到了他的小说以及其他文学艺术形式和观念的影响，有着很浓的抒情意蕴；但同时，作为一名学者型的作家，他的传记在展现他的思想理念的同时，也展现了他广阔的视野与世界主义。尤其是在对待历史人物时，他很少局限于意识形态和狭隘的民族主义，更是对民粹主义有着毫不掩饰的深恶痛绝。他的传记作品深深植根于西方人道主义文化传统的土壤，深受尼采、泰纳、罗曼·罗兰、斯特拉奇和弗洛伊德等人的影响。

但奇怪的是，茨威格作为德语作家，却很晚才在德语范围内被人接受。反倒是在其他国家，他获得了极高的荣誉。例如当他去世后，当时的巴西总统就下令为这位大师举行国葬。成千上万不久前曾踊跃参加这位作家的朗诵会的民众，怀着悲痛的心情跟在灵车后为他送葬。巴西政府决定把茨威格生前最后几天居住过的那幢坐落在佩特罗波利斯的别墅买下来，作为博物馆供人参观。

今天，在德语文学中茨威格有着很高的地位，他在全世界受到了广泛的喜爱。统计数据告诉我们，他是被翻译语种最多的德语作家。这不仅仅得益于他作品的优雅唯美，更是因为他的作品自始至终都充盈着对人性的关怀。这一点是难能可贵的。

# 作者前言

没有哪位艺术家能在全天二十四小时里不间断创作。他们完成的那些关键性、具有恒久意义的作品，都是在为数不多、而且难得一现的灵感降临的瞬间完成的。历史也是如此，我们敬慕一切时代中最伟大的诗人和表演艺术家，但谁都需要歇息。歌德曾充满敬畏地将历史称为"上帝的满是秘密的作坊"——即便在这个作坊里，无关紧要和日常烦琐之事也一样到处可见。在这里，如同在艺术和生活的各个领域，那种精致的、令人难忘的存在难得一见。大多时候，历史只是一位编年记录人，她冷静而持之以恒，将一个个环套编成一个巨大的延伸至数千年的链条，这根链条上一个个平淡事实比肩而立，因为所有的精彩纷呈都需要时间来准备，每一桩真正的事件都需要一个发酵的过程。在一个民族中，总要有上百万人的存在，才能让一位天才人物产生；在人类历史的长河里，总要有上百万无关紧要的时刻流逝后，一个真正意义上的历史节点、人类的一点闪耀的星光才会显现。

如果在艺术领域里出了一位天才，他的影响会超越多个时代；如果在历史上出现这样一个星光时刻，它就会决定接下来的几十年、数百年的趋势。就像避雷针将周围的电能聚集在自己身上一样，在历史的这种特殊时刻，大量的事件被挤压在最小的时间段里。那些原本会有条不紊地先后发生或并行发生的事件，被压缩后在短暂的瞬间同时爆发，它主宰、决定了一切：一个简单的"行"或者"不行"、一个"太早"或者"太晚"，都会让这个时刻变得不可逆转，它会关涉到很多个人、上百个家族、一个民族的生活轨迹，甚至会决定整个人类命运的走向。

在这些高密度且命运攸关的节点上，产生长远影响的决定往往发生在某一天、某一小时，甚至于某一分钟。无论在个人的生活中，还是在历史的进程里，这样的时刻很少出现。在这里我想从不同的时代和不同的领域钩沉出若干这样的星光时刻——我之所以用这个词，是因为它们的确像星星一样闪亮而恒久地在流转不息的夜幕上留下难以磨灭的痕迹。我绝不以自己的虚构去改变外在世界和人的内心中发生过的内容，去给它们的本质性真实增添色彩和力度。在这些高密度的时刻，历史自身的演绎已臻完美，它不需要谁施予援手。当历史真正作为诗人和表演艺术家闪亮登场时，任何诗人都不要心存能胜她一筹的妄念。

——茨威格

# 逃到不朽的事业中去

他让一群饥饿的狼狗把一些被捆绑起来、完全丧失自卫能力的俘虏咬死、撕碎，然后吃掉——以此来代替斗牛和击剑的乐趣。也就是在巴尔博亚青史留名的那一天的前一晚，这场惨不忍睹的屠杀也让他同时遭到了世人的唾弃。

## 装备好一艘船

当哥伦布①发现美洲后归来时，他的凯旋的队伍穿过拥挤的塞维利亚②和巴塞罗那③的街道，向人们展示数不清的稀世珍宝和一直到那时还不为人知的红种人，各种闻所未闻的珍禽异兽——羽毛艳丽、呱呱乱叫的鹦鹉，笨拙的貘以及不久后就会在欧洲落地生根的各种经济植物：玉米、烟草、椰子。目睹这一切的欢迎的人们无不感到新鲜和好奇，但那两位国王④和他们手下的谋士们却只关心几只小箱子

---

① 克里斯托弗·哥伦布（Christopher Columbus，1450/1451 年秋—1506 年 5 月 20 日），探险家、殖民者、航海家，出生于中世纪的热那亚共和国（今意大利西北部）。他在 1492 年到 1502 年间在西班牙国王的资助下四次横渡大西洋，到达美洲大陆，他也因此成为了名垂青史的航海家。但他不承认自己当时到达的是一个以前欧洲人所不知的大陆，而是出发前的目标——东印度群岛。因此他将这个大陆上的居民叫作"indias"，也就是西班牙语的"印第安人"。后来，一个叫阿美利哥维斯普西（Americ Vespvck）的意大利学者经过多方考察，知道哥伦布到达的不是印度，而是一个原来不为多数欧洲人所知的大陆。于是后人就以他的名字而不是哥伦布的名字命名了这块大陆：America 美洲。
② 塞维利亚（Sevilla），西班牙安达鲁西亚自治区和塞维利亚省的首府，西班牙第四大城市，西班牙唯一有内河港口的城市。
③ 巴塞罗那（Barcelona），西班牙加泰罗尼亚区首府。
④ 指斐迪南二世（Fernando II el Católico，1452 年 3 月 10—1516 年 1 月 23 日）和伊莎贝拉一世（Isabel I la Católica，1451 年 4 月 22 日—1504 年 11 月 26 日）。1469 年两人结婚，从而使得西班牙得到统一。哥伦布探险时代正是两人统治时期。

和篮子里的黄金。

哥伦布从东印度带回来的黄金并不多，不过是从当地土著那交换或者干脆抢来的一些装饰品、小金锭以及一点零碎的金粒；而后者严格说只能算是金沫子。所有这些战利品合起来也不过能铸造几百枚威尼斯金币①罢了。可这位天才的梦想家哥伦布——对自己相信的事情十分坚信，就像他坚信自己开通的是通往印度的新航线一样——却非常认真，他兴奋地夸耀说这次带回的不过是些样品，据他得到的可靠消息，在那些新发现的岛上，蕴藏着难以估量的黄金矿藏；而且这种贵金属仅仅是被一层薄薄的土壤覆盖着，很多地方甚至是直接裸露着的，只需要用普通铁锹挖一下。不过他又说，那些国王用黄金做的杯子饮酒、喝水的王国，那些黄金比西班牙的铅还有普通的国度在更南边的地方。这让那位永远都需要黄金的国王信以为真，相信了哥伦布所说的那个黄金国一定是属于他的，相信哥伦布许下的种种诺言，因为那个时候还很少有人了解哥伦布喜欢夸夸其谈的秉性。于是，一支新的更加庞大的远航船队迅速被装备了起来。并且这次不再需要四处招募船员，因为那个有关手都能挖到黄金的黄金国的传闻，已经令整个西班牙为之癫狂——成百上千的人都想要远航到那个黄金国去。

想想看，这是怎样一股人的污流！贪婪使这股污流从城镇乡村冲出来。不仅仅是那些想要为自己家族的徽章镀上黄金的名门贵族和拥有冒险精神的冒险家们，西班牙所有的社会垃圾都被这股污流冲到了巴罗斯②、加的斯③。那些脸上被烙上金印的盗贼、拦路抢劫的强盗以及下三滥的扒手等，都想借此得到一份收入丰厚的机会；还有那些逃债的欠债人，逃避自己爱唠叨的妻子的丈夫，以及所有走投无路、作奸犯科后被追捕的罪犯，全都跑来报名参加远航。就是这样一群疯狂的亡命徒组成的乌合之众，决心要远航到黄金国让自己一下子变成暴发户。为此没有什么事是这群人不敢干的。哥伦布的浮夸之言让他们想入非非，他们真相信了他所说的那地方只需要一把铁锹，就能挖出一堆堆闪亮的黄金。参与远航的

---

① 1284年由当时的意大利威尼斯共和国铸造、发行的金币杜卡特。
② 巴罗斯（Palos）是西班牙西南部的一个港口，是哥伦布第一次横渡大西洋时的出发地。
③ 加的斯位于西班牙西南沿海加的斯（Cadiz）湾的东南侧，是西班牙南部主要海港之一。濒临大西洋，是西班牙最古老的城市，由古腓尼基人在公元前1000左右创建。哥伦布的第二和第四次远征就是从加的斯出发的。

那些有钱人有的甚至还带着仆人和牲口，他们以为这样就能把找到的贵金属随时运走。那些没有被远航队接纳的人中，那些胆大妄为的冒险家则自己动手准备船只，根本不在乎是否得到了王国当局的批准。所有这些人都渴望赶快抵达那个地方，他们满脑子都是黄金、黄金。一时间里，似乎整个西班牙的不安定分子和最危险的歹徒都集中到了那里。

面对这些蜂拥而至的不速之客，伊斯帕尼奥拉岛①的总督感到了惊恐。接下去每年远航的船只都会带来一群群违法乱纪的人。但新到达这座岛上的人们同样感到痛苦和失望，因为这里的大街上根本就没有黄金；那些当地的土著最不幸了，他们被这群金发的畜生抢夺一空，连一丁点黄金都不再有。而到了这时，众多无事可做的乌合之众就开始四处游荡，寻衅闹事，让可怜的印第安人惶惶不可终日，同时也让这座岛的总督深感不安。总督想尽办法打发这些人去开垦新的土地，不但分给他们牲畜，还分发给他们每人六十到七十名会说话的牲畜——奴隶。但这些人对经营农庄毫无兴趣，他们中无论是出身名门的贵族骑士，还是往日的强盗匪徒，有一点却是他们共同的，那就是他们漂洋过海到这里，绝不是为了当农民种地或者牧养家畜。这些人一心只想着去欺凌印第安人，要不就泡在赌馆和妓院里消磨时光；在短短几年时间里，当地的原居民就被全部灭绝了。可以想象，这样的结果是不需要多长时间的。这些人中的绝大多数都背上了沉重的债务，被商人和高利贷者掐住了脖子而不得不变卖自己的财产，直到最后卖掉大衣、帽子和最后一件衬衫。

鉴于此，当一五一零年，伊斯帕尼奥拉那些落魄了的人听说岛上最受人尊敬的法学家马丁·费尔南德斯·德·恩西索②"学士"已经装备好了一艘船，准备带人前去增援他的那块地处大陆的殖民地时，无不感到欢欣鼓舞，也就不难理解了。一五零九年，当两名冒险家阿隆索·德·奥赫达③和迭戈·德·尼古萨从斐迪

---

① 加勒比地区第二大岛屿，属于西印度群岛，是海地和多米尼加共和国大部分领土所在地，由哥伦布发现。1492 年 12 月 5 日，克里斯托弗·哥伦布首次踏足此岛，并以西班牙的国名命名其为伊斯帕尼奥拉岛。1493 年，哥伦布在该岛建立了欧洲人在美洲的第一个殖民地。又称圣多明各岛（Santo Domingo）。

② 马丁·费尔南德斯·德·恩西索（Martin Fernandez de Enciso, 1470？—1528？），西班牙殖民者，1500 年到美洲，后来作为法学家居住在伊斯帕尼奥拉岛，著有《地理全书》。

③ 阿隆索·德·奥赫达（Alonzo de Ojeda），西班牙探险家，1493 年跟随哥伦布到达美洲大陆，1495 年开始在伊斯帕尼奥拉岛上进行征服活动，1499 年到 1500 年和另一位探险家韦斯普奇一起航行到圭亚那，第一次报道亚马逊河。

南国王那得到了在巴拿马海峡附近和委内瑞拉沿海建立殖民地的特权后，他们急匆匆地把这片地域命名为"黄金的卡斯蒂利亚"①。谙熟法学却对世界一无所知的恩西索被这个迷人的名字唬住了，于是把自己全部的财产都投资到这片殖民地上。问题是这片在乌拉巴海湾②圣塞瓦斯蒂安新建立的殖民地根本没有见到过一块黄金，却不断发出求援的呼声。一半的殖民者在与当地土著的争斗中丧命，剩下的那一半则死于饥饿。为了挽救自己的财产，恩西索毅然装备了一支远征船队。听到这个消息，伊斯帕尼奥拉岛上那些正处于绝望中的人们看到了希望。恩西索的远征船队需要大量的士兵，这些人也正好借此机会逃离他们的债主，逃离总督的监督。但债主们也采取了相应措施，当他们发现这些负债累累的人想要溜走时，便恳求总督给予帮助。他们要求在没有得到总督的特许前，任何人不得擅自离开。总督满足了这些人的恳求，采取了严密的监督措施。恩西索的船队被要求必须停靠在港口外，等政府派出的检查船只检查，以此防备有人不经许可溜上恩西索的船队。于是那些不怕死，却怕诚实勤奋工作的债台高筑的落魄者们，只好眼睁睁看着恩西索的船队离去，把他们留在他们的绝望和痛苦里。

# 躲在木箱里的人

恩西索的船队扬帆起航，从伊斯帕尼奥拉岛朝着美洲大陆驶去。岛的轮廓很快就沉入蓝色地平线下。这是一次不事声张的远航，一开始没发现任何异样，但后来船上的人便发现了那只强壮有力的狼狗——那只著名的狼狗贝斯尼可（小牛）的后代，因取名莱昂西科（幼狮）而出名——在舱面甲板上到处乱窜乱嗅。谁也不知道这只狗是怎样上的船，它的主人又是谁。这狗最后在一只最后时刻才运上船来的装着食品的特大木箱前停住，而这只箱子居然自己打开，从里面钻出一个大约三十五岁上下的男人。这人头戴头盔、身佩长剑，手里还拿着一面盾牌，活脱脱一个卡斯蒂利亚的守护神圣地亚哥③的样子。

---

① 卡斯蒂利亚（Castilia），原本是西班牙历史上卡斯蒂利亚王国国王的名字，1479年西班牙统一后沿用了这个传统的国名。并在哥伦布发现美洲大陆后，以此命名西班牙的美洲殖民地。
② 乌拉巴海湾（Golfo de Uraba），今天的哥伦比亚西北部，北面濒临达连湾。
③ 圣地亚哥（Santiago），耶稣十二门徒之一，西班牙的保护神。

这个从箱子里钻出来的人叫巴斯克·努涅斯·德·巴尔博亚①。他就是以这种方式向人们第一次展示了自己的胆略和机智。他出生在赫雷斯·德·洛斯·卡瓦雷洛斯的一个贵族家庭，曾作为一名普通士兵跟随罗德里格·德·巴士迪达斯远航前往这个新世界。在经历了数次的迷航后，才最终抵达伊斯帕尼奥拉岛。岛上的总督曾想把他培养成一名优秀的殖民地开发者，但没能成功。对分配给他的那些土地，他几个月后便弃之不顾。最终他破产了，想不出办法摆脱那群债主。也就在其他人眼睁睁看着恩西索的船队离开，而自己因为政府检查船的阻拦没法上去时，巴尔博亚把自己藏在这口巨大的食品箱里，让仆人抬到了船上，因而躲过了迭戈·哥伦布总督②设置的警戒线。当时，船上的人都忙着做启航的准备，谁也没有发现他。等船队远离了海岸，没法为他重新调头时，这位偷渡者才从箱子里爬出来，出现在众人面前。

作为一名法学"学士"，恩西索跟大多数法学家一样缺少浪漫气质；而作为那片新的殖民地的行政长官，他也不愿意自己的麾下有来历不明的吃嗟来之食的可疑分子。因此他很客气地要求巴尔博亚在下一个海岛上岸，至于这座海岛上住着的是什么人他才不管。总之他不打算继续带着巴尔博亚。

但后来事情发生了变化。在他们航向"黄金的卡斯蒂利亚"的途中，遇到了一艘满载人员的小船——简直就是奇迹！因为在这片还不为人知的大海上，当时全部的已知航船不会超过几十只——这艘小船由一名名叫弗朗西斯科·皮萨罗③的人率领，而这个名字不久就会名扬世界。船上那些人都是来自恩西索的那片殖民地圣塞瓦斯蒂安。最开始恩西索以为这群人是一些擅离职守的哗变者，但让他大吃一惊的是，这些人向他报告说，再也不存在什么圣塞瓦斯蒂安了，他们是这片殖民地上的最后一批人，司令官奥赫达早就驾船逃之夭夭，留给剩下的人只有两艘双桅小船。但船无法载下所有的人，只好等七十个人死掉后才起航。后来其

① 巴斯克·努涅斯·德·巴尔博亚（Vasco Nunez de Balboa，1475—1519），西班牙探险家，被认为最早发现太平洋。1510年开辟了达连湾殖民地。
② 迭戈·哥伦布（Diego Colombo，1480？—1526），美洲发现者哥伦布的儿子，1509年任伊斯帕尼奥拉岛的总督。
③ 弗朗西斯科·皮萨罗（Francisco Pizarro，1471/1476年—1541年6月26日），西班牙文盲冒险家、秘鲁印加帝国的征服者，开启了西班牙征服南美洲的时代，也是现代秘鲁首都利马的建立者。

中一艘出了事故，皮萨罗这批三十四人是最后的幸存者。得到这个消息，于是就有了该向何方航行的问题。恩西索的手下们听过皮萨罗的讲述后，已经失去了到那些偏僻的移民区面对可怕的沼泽气候和土著人的毒箭的兴趣。现在他们觉得唯一的可能是返回伊斯帕尼奥拉。正是在这样的时刻，那位巴尔博亚站了出来。他说，当他跟随罗德里格·德·巴士迪达斯开始他们的第一次远航时，他们曾到过中美洲沿海一个叫达连①的地方，那地方紧挨着一条含金的河流，并且那里的土著都很友善；因此他们应该去那地方建立新的殖民地，而不是去那个倒霉透顶的老地方。

对他的建议所有人都表示支持。于是船队就朝着巴拿马海峡的达连航行。当他们抵达那个地方后，他们首先对当地土著进行了残酷的屠杀，而当他们在抢劫中发现了黄金后，这群亡命之徒就决定在那里定居下来。之后还是这群亡命之徒，却怀着虔诚的感恩之心，把这座新的殖民地城市命名为"达连古老的圣玛丽亚"。

# 危机丛生的升迁

要不了多久，那位背时的恩西索"学士"、曾经的殖民地投资者就开始后悔了。由于当时他没有把那只大木箱连同藏在里面的巴尔博亚一起扔进海里，抵达目的地后不到几个礼拜，巴尔博亚这个胆大妄为的家伙就攫取了所有权利。起初作为一名习惯于秩序和法律的法学家，恩西索想要以一名还未受到任命的总督的身份，努力把这片新的殖民地治理得令西班牙国王满意。他在简陋的印第安式的茅屋内发号施令，颁布的法令即字迹工整又内容、形式严谨，完全像是坐在他塞维利亚的办公室里签发的那些法律文书一样。他禁止手下的士兵在这片蛮荒之地向那些土著勒索黄金，因为黄金的收购权应该属于朝廷。他努力要把这群不法之徒纳入法律与秩序的轨道上去。问题在于这群亡命之徒信奉的不是法律和文书而

--------

① 达连（Darien），指达连湾，加勒比海最南部的一个海湾，在巴拿马东北和哥伦比亚西北海岸之间。

是刀剑。自然，要不了多久，那位巴尔博亚就成了这片土地事实上的主人。为了保命，恩西索不得不从那里逃走。而当国王委派的其中一位总督尼古萨到来时，巴尔博亚干脆拒绝他登陆。尼古萨被从这片由国王封赐给他的土地上赶走，最不幸的是，这位总督在回国途中溺水而亡。

之后，这位从木箱里钻出来的人巴尔博亚成了这片殖民地的主人。但他尽管获得了成功，却一点都不觉得快乐。原因是他公然对抗了国王，国王委派的总督也由于他的缘故命丧大海，这简直就是谋反，很难得到国王的宽恕。他还知道，那位逃走了的恩西索正在返回西班牙的途中，随身携带对他的控诉状，他的这种反叛行为迟早会遭到审判。好在西班牙离这里有万里之遥，在下一艘船抵达前，他有的是时间来谋划。他清楚地意识到自己想要保住篡夺的权力，唯一可资利用的就是时间。他知道只要在这点时间里能找到为自己的罪行辩护的理由，并同时向国王奉献足够多的黄金，他就可以逃脱、最少可以延缓这场审判。这也就是说他得加紧弄到黄金，因为黄金意味着权力！于是他就跟皮萨罗一起，开始肆无忌惮地抢夺和蹂躏那片土地上的土著居民。在一次次残酷的杀戮后，他终于交上了好运。

一次，他心怀鬼胎来到一位叫卡雷塔的印第安酋长家里。他的所作所为使这位酋长认为自己难逃一死，于是他就向巴尔博亚提出结盟的建议，想让巴尔博亚不再与印第安人为敌。为了表示自己的诚心，他愿意把女儿奉献给巴尔博亚。而巴尔博亚认为能在土著人中找到一个可靠而有势力的盟友的确是件不错的事，因此他接受了卡雷塔的建议。令人吃惊的是，他一直到死都对这位印第安女孩充满了温情。就这样，在那位印第安酋长的帮助下，他们征服了周围所有的印第安部落，建立起了强大的势力与权威，促使当地最有权势的印第安酋长可玛格莱最终也不得不恭敬地把他请到自己家里。

对这位当地最有权势的酋长家的访问，促使了巴尔博亚的改变，而这一改变也成为了一次改变世界的转折。在此之前，巴尔博亚不过是一个亡命之徒，一个违抗朝廷的叛乱者，等待他的是卡斯蒂利亚法庭的审判与绞索。可玛格莱酋长在自己的一幢宽敞的石屋接待了他，里面的金银财宝令巴尔博亚瞠目结舌。还没等他开口，对方就送给了他四千盎司①的黄金。但接下去发生的事情让

---

① 计量单位。

这位酋长目瞪口呆，因为这群他恭敬接待的趾高气扬、威武神气的天国之子，在见到黄金后却失去了所有的尊严，突然间变得像一群挣脱了锁链的疯狗，开始相互撕咬。他们拔出刀剑，攥紧了拳头，彼此高声怒骂着争夺起黄金来，每个人都想多得到点。看着这些丑态百出的人，这位酋长露出了鄙夷的神情。任何一个自然之子都会对这些所谓的文明人的行为感到惊讶。仅仅是一点黄色的金属，在这些人眼里，都要远比他们的文明所取得的所有精神上、技术上的成就更有价值。

最后，这位酋长的一句话终止了这场争抢。在译员把酋长的话翻译给这群西班牙人后，这群人脸上露出的贪婪令人恐怖。可玛格莱说的是：你们为了这种毫无用处的东西相互争斗，为了一点普通不过了的金属不惜拼命，引来了这样多的不愉快，实在是让人难以理解。就在这些高山后面有一片大海，所有流入这片大海的河流里都有黄金；那里住着一个民族，也跟你们一样乘坐有帆和桨的船。他们的国王用的是黄金的杯盘，到了那地方，你们就可以得到很多这种黄色的金属。但前往那地方的道路充满了危险，而且沿途的酋长也不会允许你们通过。但好在只有几天的路程。

这番话说到了巴尔博亚的心里。多少年来人们寻找的黄金国终于有了下落。如果可玛格莱酋长所说属实，那么那些先行者们走遍东南西北一直都无处寻觅到的黄金国，却不曾想就在离这里只有几天路程的地方。与此同时，也证明了另一个大洋存在的事实，哥伦布和卡波特①以及其他伟大的航海家们，一直都千方百计想要寻找到通往另一个大洋的航线，但全都功败垂成。如果能证明另一个大洋的存在，也就意味着找到了环绕地球的航线。谁要是能最先看到这片新的大洋，并为自己的国家占领，他的名字就一定会流芳百世。巴尔博亚很快就意识到，这是一个赎罪并为自己赢得伟大名誉的机会。他必须要去干这件事，要横穿巴拿马地峡，抵达通往印度的南海，同时为西班牙征服那个黄金之国。到那时，他就是第一个完成这样的伟业的人。

正是在可玛格莱的石头房子里，巴尔博亚为自己的一生做出了一个关键的决

---

① 约翰·卡波特（John Cabot），意大利航海家，得到英王亨利七世的特许，于1497年前往寻找通往亚洲的新航线，航行52天在北美布雷顿角登陆，被认为是北美发现的先驱之一。

定。从这一刻起，这个最初只是想要出来碰碰运气的人的一生，才拥有了超越时空的崇高意义。

# 去不朽事业中寻求庇护

人的一生最大的幸运莫过于在他的生命历程的中期，在他还年富力强的时候找到了属于自己的使命。巴尔博亚深知自己面临的选择要么在断头台上悲惨地死去，要么就千古留名。但他首先得取得朝廷的谅解，以此追认他的篡夺行为的合法与有效。因此，这位昔日的叛乱者现在成了最忠实殷勤的臣仆，他把可玛格莱送给他的黄金的五分之一送给了伊斯帕尼奥拉岛上的王家财务总管帕萨蒙特——根据法律，这五分之一本该属于国王；另外他还私下送给了这位财务总管一大笔黄金，并请求财务总管确认自己对这片殖民地的行政管辖权。在这方面他可是比那位法学家恩西索有经验得多。那位财务总管尽管不拥有这样的权限，但为了感激巴尔博亚的慷慨，他颁发给了巴尔博亚一份没有多少实际效应的临时文书。而巴尔博亚也四处寻求保证，并向西班牙派去了自己的两名最可靠的亲信，让他们直接向朝廷奏明他所做的贡献，同时禀告从可玛格莱酋长那得到的消息。在给塞维利亚宫廷的报告中，他请求给予他一千人的兵力，宣称只要有这一千人的兵力，他就能创立卡斯蒂利亚前所未有的丰功伟绩。他保证将会负责找到那个新的大洋，并占领哥伦布应允要找到、却始终没能找到的黄金之国。他，巴尔博亚将要做到这一切。

就此来看，这个亡命徒、叛乱者似乎一下子扭转了局势，一切都变得对他有利起来。但从西班牙开来的一艘船却带来了一个坏消息。他叛乱时的一个伙伴、后来被他派往西班牙在朝廷就夺取恩西索权力一事为他辩护的亲信返回告诉他，事态的发展对他非常不利，甚至有可能危及性命。那位被骗了的"学士"已经向西班牙法庭提出控告，控告巴尔博亚采取不正当手段夺去了他的权力。并且要求巴尔博亚对恩西索做出赔偿的判决已经做出。与此同时，那个很可能能救巴尔博亚命的有关南海的消息，却还没有抵达西班牙。巴尔博亚被告知，下一班抵达的船就会送来一名法庭人员，以便对巴尔博亚的叛乱行为做出清算，最好的结果就是把他套上枷锁押解回西班牙。

巴尔博亚心里很清楚，这次他已经输了。在西班牙的人们得到他关于南海和黄金之国的消息前，对他的判决就会被执行。有一点是毋庸置疑的，当他的头被砍下来滚落在海滩上时，就会有另一个人利用他的情报去完成他的梦想。而他自己，现在看来已经不可能指望西班牙了。国王任命的总督的丧命人所皆知是他的所作所为造成的，也是他赶走了行政长官。这样一来，不把他送上断头台，仅仅关进监狱对他来说简直就是不幸中的万幸了。现在，他没有能指望得上的有权势的朋友，因为他自己已经失去了权力；并且他最好的辩护者黄金也因为目前还虚无缥缈，不足以为他赢来宽恕。如今看来只有一件事能挽救他免遭他自己的胆大妄为而导致的惩罚，那就是马上去干一件更加胆大妄为的事。要是能赶在法庭人员抵达前，当他们的枷锁还来不及套在他的脖子上时就找到那个大洋，占领黄金之国，他就能挽救自己。在这文明世界的尽头处，对他来说唯一能逃脱不幸的命运的方式，就是干出一番惊天动地的大事，去不朽的事业中寻求庇护。

巴尔博亚决定不再等那为征服事业而请求的一千名士兵，当然他不能坐而待毙；两相权衡，他宁愿带着为数不多的这些个跟他一样坚定的同伴去完成这项壮举！因为他宁愿为这一在任何时代都堪称英勇的冒险行为而死去，也不愿被耻辱地拖上断头台。于是巴尔博亚召集了他那片殖民地的所有人员，向他们讲述了直接横跨地峡的想法，同时也说明了将会遇到的种种困难，然后询问有谁愿意跟随他。最后，一共有一百九十名士兵愿意跟随，这几乎是那片殖民地上所有的武装人员。至于准备工作很简单，因为这些人一直都处在战争状态下。一五一三年九月一日，巴尔博亚这个匪徒兼英雄、冒险家兼叛乱者，为了躲避牢狱之灾甚至绞刑，而开始了他的远征，去到不朽的事业中寻求庇护。

# 被永载史册的瞬间

横跨巴拿马地峡的进军开始于考伊巴地区<sup>①</sup>。那里是卡雷塔酋长的小小王国，而他的女儿已经成为巴尔博亚的伴侣。后来证实，由于这一区域并非巴拿马地峡最窄的地段，因此巴尔博亚的选择使得他不得不因为绕道而多用了几天时间。但对他来说，最重要的是在深入这一未知区域时，能有一个友好的印第安部落作为后勤补给，并在需要时能掩护他撤退。他所率领的全部人马包括一百九十名携带刀剑、长矛、弓箭、火枪的士兵，以及一群强壮凶猛的狼狗，这些人分乘十条独木舟从达连湾渡海抵达了考伊巴，那位和他结盟的酋长也派了自己的人为他做向导和夫役。

九月六号，横跨地峡的进军正式开始。尽管这群冒险者勇猛顽强并久经考验，但横跨地峡对他们仍然是一场严峻的考验。这些西班牙人必须顶着令人窒息的赤道炎热，冒着疲劳和严重脱水的危险首先穿越低洼地带的沼泽；这些沼泽疟疾肆虐，即便是在几百年后修建巴拿马运河时，也曾导致了数千人的死亡。这条路通往人迹罕至的区域，得在那些有毒的藤蔓和茂密的丛林中用刀斧开辟道路。他们简直就是在穿越一座巨大漫长的绿色矿井，得先由走在前面的人在灌木丛中开辟出一条狭窄的坑道，后面的人排成长长的行列顺着开辟出来的坑道前行。他们必须始终手持武器，日夜保持高度的警惕，随时防备土著人的袭击。热带雨林潮湿巨大的树冠像是一个个巨大的盖子，下面的阴暗、闷热，还有浓浓的雾气让人喘不过气来。而树冠上面是炎炎烈日，每个人都汗流浃背，口干舌燥。就这样，背负着沉重的装备，这支小小的队伍托着疲惫的步子一点点前行。他们经常会遇到突降的倾盆大雨，原本的小溪瞬间就会变成湍急的河流，不得不蹚水而行，或者从同行的印第安人搭建的简易藤索桥上通过。这群西班牙人携带的干粮

---

① 巴拿马地峡的一个地区。巴拿马地峡（Isthmus of Panama）是美洲中部的一个地峡，从哥斯达黎加边界延伸至哥伦比亚边界，全长约 640 公里，连接南、北美洲。巴拿马运河开凿于其上，连接大西洋加勒比海和太平洋，大大节省了美洲东海岸和西海岸之间的海上旅行时间。

只有不多的一点玉米。不久后大家就又困又累，饥渴交加，无数蜇人的吸血昆虫围绕着他们，衣服被荆棘扯破，脚受了严重的伤，脸被一群群的蚊子咬肿，满眼血丝。由于白天黑夜都无法得到很好的休息，这支队伍很快就精疲力尽。一个礼拜后，大部分人都无法继续承受下去。巴尔博亚心里很清楚，真正的危险还在后面，于是他狠心把那些患上了热病和无法继续行军的人留了下来，只带着那些经过再次挑选的人去完成这次决定性的冒险。

随后地势开始逐渐上升。那些只能在沼泽地生长的茂密的热带雨林开始变得稀松。但与此同时赤道的炎炎烈日却开始直接照晒，他们身上背负的沉重装备被晒得滚烫。这一小群疲惫不堪的人迈着缓慢的步伐沿着通往高山山顶的斜坡艰难地前进，延绵不绝的山脊像是一道巨大的岩石的脊梁，把处在两个大洋之间的这块狭窄的地段隔开。但随着视野逐渐变得开阔，空气也越来越清新。最终经过十八天的艰苦跋涉，最大的困难已经被克服。据几位印第安向导说，站在山峰上就可以眺望大西洋和另外一个还没被人发现和命名的大洋——太平洋。不过就在他们即将战胜严酷诡谲的大自然时，他们又遇到了新的挑战。当地的一位印第安酋长率领数百名武士挡住了他们的去路。巴尔博亚有着与印第安人打交道的丰富经验，知道只要发射一阵火炮，人造的闪电就足以让印第安人惊慌失措，而那些狼狗就能把他们追赶得四处逃窜。但巴尔博亚没有这样做，他不满足于这种轻而易举的胜利，而是像大多数西班牙入侵者那样，用惨无人道的残酷行径玷污了他的声誉。他让一群饥饿的狼狗把一些被捆绑起来、完全丧失自卫能力的俘虏咬死、撕碎，然后吃掉——以此来代替斗牛和击剑的乐趣。也就是在巴尔博亚青史留名的那一天的前一晚，这场惨不忍睹的屠杀也让他同时遭到了世人的唾弃。

一种很难解释的现象出现在这些西班牙征服者的性格和行为里。一方面这些人有着只有虔诚的基督徒才会有的对上帝的狂热信仰，同时也是这些人，又会以上帝的名义干下一些人类历史上最卑鄙无耻、最不人道的恶行。他们的勇气和献身精神帮助他们战胜最艰难的困苦，做出最了不起的业绩；而与此同时这些人又总是会以最卑鄙无耻的方式尔虞我诈，并且在这种厚颜无耻下还会夹杂一种显著的荣誉感和令人钦佩、令人称道的历史使命感。巴尔博亚正是这种人，他能在前一个晚上让一群狼狗活活咬死失去抵抗力的俘虏，甚至会在事后抚摸那些狼狗滴着人血的鼻子；但同时，他也清楚地意识到自己的行为对人类历史所具有的意义，甚至在那决定性的时刻，他还能有意识地摆出一种留名千古的姿势。

他似乎清楚九月二十五日这一天注定会成为具有世界性意义的一天。因此，这位顽强、坚定的西班牙冒险家，才会用令人赞叹的激情来表达他深知自己所肩负的使命的历史意义。

他的那个著名的姿势是这样的：就在那个血腥的傍晚，屠杀结束后，一个土著对他指着不远处的一座山峰告诉他，在那里就能看到还不为人知的南海。于是巴尔博亚立即做出安排，他让那些伤员和无法继续行走的人留在那座被他们洗劫一空的村落里，然后命令还能行动的人继续前进去攀登那座山峰——当他们从达连湾出发时一共有一百九十人，现在只剩下了七十六人。大约在第二天上午十点左右，这群人接近了顶峰，他们只要登上一个光秃秃的小山坡就能远眺到无边无际的海天。

但就在这时，巴尔博亚却让全体人员停下来，命令谁也不许跟随自己，因为他不想跟任何人分享第一个看到地球上最大的未知海洋的荣誉；他要单独成为人类横渡已知的最大海洋大西洋后，最先见到那个未知大海的第一个西班牙人、第一个欧洲人、第一个基督徒，并因此被载入史册。这一伟大的时刻让他抑制不住自己激动的心情，他左手擎着旗帜，右手举着剑，缓慢登上山坡。四周茫茫的群山静寂无声，这时候的他从容不迫，毕竟大功告成就剩下寥寥数步。

最终，他迈出了最后那具有历史意义的一步，站在了高高的山顶，眼前出现了一片壮阔无比的景象。在倾斜的山峰的另一边，郁郁苍苍的山坡下是一望无际、波光粼粼得让他为之目眩的大海。这是一片全新的、还不为人知的海洋，在那一刻前，这片大海仅仅是作为传说萦绕在人们的梦里。多少年来，从哥伦布一直到他的那些后继者们，都在前赴后继地寻找这片大海，它的波涛拍击着美洲、印度和中国，但没有一人成功。而现在，他巴尔博亚成功了，他亲眼目睹到了这片辽阔的传说中的海洋。他极目远眺，一股强烈的幸福和自豪感陶醉了他的身心。他的那双眼是第一双映照出这片蓝色海洋的欧洲人的眼。

巴尔博亚心醉神迷，久久看着眼前这片大海。过了一阵，他才把同伴们召集过去，跟他一起分享这一时刻，分享他的骄傲。伙伴们开始喊叫，开始欢呼雀跃，他们气喘吁吁爬到山顶，被眼前的情景所惊叹了。随行的神父安德烈斯·德·巴拉唱起了感恩的颂歌，让喧哗归于平静。紧跟着那些士兵、冒险者和粗野的匪徒都开始跟着唱起虔诚的圣歌。同行的印第安人满脸都是惊愕。接着神父命令他们砍了一棵树，做成了一个十字架，并在十字架上用花体字刻上西班牙国王的名字，然后竖立在那里。似乎十字架朝着两边伸展开的桁木能牢牢把两座大洋——大西洋和太平洋连接在一起似的。

一阵沉默后，巴尔博亚站到最前面，对手下道出了自己的心声。他认为他们应该感谢上帝，这荣誉是上帝赐予他们的，同时他也祈求上帝的保佑，保佑他们能占领这海洋和这里的土地。他对手下们说，如果愿意追随他，当他们从这新印度回去后，就将成为西班牙最富有的人。说完他郑重其事地举起手里的旗帜，迎着风挥展，然后叫来文书安德烈斯·德·巴尔德拉瓦诺，让他草拟一份文书，记录下这庄严的一刻，记录下吹动他手中旗帜的风吹过的地方，都将归西班牙所有。巴尔德拉瓦诺随身携带了一张放在密封的木盒子里的羊皮纸还有笔墨，他把它们拿出来，要求在场的所有拥有贵族、骑士身份的人和士兵都要在这份文件上签名作证："这些作风正派、品德高尚的人"，"这些在国王陛下的总督、卓越并备受尊敬的巴尔博亚队长率领下有幸见到南海的人"，"这位巴斯克·努涅斯·德·巴尔博亚先生是第一个看到这片大海的人，是他把这大海指给后来者看的"。

一切就绪，六十七个人走下了山顶。因此，一五一三年九月二十五日这一天，被认为是人类发现地球上最后一片海洋的日子。

# 黄金与珍珠

他们现在已经亲眼看到了那片传说中的海洋。但他们还需要走到这片大洋的岸边去亲自感受它浩淼的海水，去用手亲切触碰它拍击海岸的海浪，尝尝它的味道，并且还要在海滩上搜集一些战利品！从山上走到海边他们整整用了两天时间。为了找到一条从山麓到海边的捷径，巴尔博亚把手下分做几个小组。其中阿隆索·马丁率领的第三小组最先抵达海滩。探险组的每一名成员，包括最普通的士兵都被追求功名的虚荣心和渴望不朽的欲望控制，甚至连平庸的阿隆索·马丁都会要求文书黑纸白字记录下他是第一个在这片还没被命名的水域打湿手脚的人，并把这如同尘埃般细微的不朽事迹记录在他这个渺小的人名下。然后他才报告巴尔博亚自己已经抵达海滩，并已经用海水打湿了自己的手。而巴尔博亚则马上为自己想出了一种新的姿态。

第二天正好是九月二十九日米迦勒节①，他带领二十二名同伴来到了海滩上。他让自己像米迦勒一样全副武装，在庄严的仪式下完成对这片新的海洋的占领。他并没有急迫地走入海水里，而是让自己扮演了海水的主人和受贡者的角色，在一棵树下坐下来休息，等着上涨的海潮把波浪轻拍到脚下，那样子就像是一条顺服的狗舔主人的脚一样。之后他站起身来，把盾牌扛在肩上——盾牌在阳光下像一面镜子闪闪发光——手握长剑，另一只手举起绘制了圣母画像的卡斯蒂利亚旗帜走入海水中，一直到海水淹没到髋部。接着他巴尔博亚，一个前亡命之徒和叛乱者，现在西班牙国王忠实的臣仆和凯旋者，朝着八面四方挥舞着旗帜，高喊着："卡斯蒂利亚，莱昂②、亚拉冈的尊贵而伟大的君主斐迪南和胡安娜③万岁！我以他们的名义，为卡斯蒂利亚王室的利益真正地、永远地、完全地占领这里所有的海洋、陆地、港口和岛屿。我发誓，无论哪位亲王和船长，不管是基督徒还是异教徒，只要敢于对这片陆地和海洋提出任何权利的要求，我都要以卡斯蒂利亚两王的名义加以保卫。因为这里所有的陆地和海洋现在都属于两王，只要世界还存在，直到最后审判的那一天到来前，就永远是属于他们的财产。"

在场的所有西班牙人都重复了这个誓言。他们的宣誓声盖过了大海的呼啸。接下去每个人都用舌头舔了一下海水，文书巴尔德拉瓦诺记录下了这一幕，他最后用下述话语结束了那份文件："这里的二十二个人以及文件撰写人安德烈斯·德·巴尔德拉瓦诺是用自己的脚踏入南海的第一批基督徒。他们每个人都亲自尝过了海水，为的是弄清这里的海水是否跟其他海洋的水是一样的咸水。当他

---

① 米迦勒节(Michaelmas)是纪念天使长的节日。西方教会定于9月29日，东正教会定于11月8日。米迦勒又名弥额尔，《圣经》提到的天使名字，神所指定的伊甸园守护者，也是唯一提到的具有天使长头衔的灵体。米迦勒这个名字的意思是"与神相似"。
② 莱昂（León），九世纪西班牙西北部的一个王国，1230年归属于卡斯蒂利亚王国。
③ 胡安娜（Juana，1470—1555），亚拉冈国王斐迪南二世和卡斯蒂利亚女王伊莎贝拉所生的七儿，后继承母亲的卡斯蒂利亚王位。

们确定了海水是咸的后，就齐声向上帝表示感恩。"

事业伟大的那部分现在已经完成，剩下来的就是要从这英勇的冒险行为中获得实惠。于是这群西班牙人开始从一些土著人那里抢夺或者交换黄金。不过，在这胜利的喜悦中，还有一个新的意外在等着他们。那就是在附近的一些岛屿上，可以找到很多的珍珠。在那些印第安人送给他们的一大捧一大捧价值不菲的珍珠里，其中就有那颗受到过塞万提斯①和洛佩·德·维加②赞誉的珍珠"佩莱格里纳"，这颗珍珠被镶嵌到了西班牙和英国国王的王冠上。这群西班牙人把这种宝贝塞满了自己所有的口袋；但在那地方，珍珠并不比贝壳甚至沙粒值钱。他们进一步贪婪地打听在他们心里最值钱的东西——黄金，这时候一位印第安酋长指指南边的地平线，说在那隐约可见的群山后面，是一片有着无尽宝藏的土地，那里的统治者举行宴会所用的杯盘全都是黄金制作的；还有四条腿的巨大的牲畜——那位酋长说叫美洲驼——不断地把一包包贵重的东西运进国王的宝库。他说出了这个山那边的王国的名字，听起来很像是"皮鲁"，悦耳而陌生。

凝视着酋长所指的远方天际处的群山，"皮鲁"这个轻柔的名字深深镌刻在了巴尔博亚心里。他难以平静下来，这是他一生中第二次得到的伟大启示。可玛格莱曾启示了他有关南海的使命，现在已经完成，他还因此找到了珍珠的海滩。很有可能这第二次的启示赋予他的使命——发现和征服地球上的黄金之国印加帝国，他也能顺利达至。

# 神明很少佑护……

巴尔博亚用贪婪的目光凝视着远方。"皮鲁"也就是"秘鲁"这个名字像一

---

① 米格尔·德·塞万提斯·萨维德拉（Miguel de Cervantes Saavedra，1547年9月29日—1616年4月23日）文艺复兴时期西班牙小说家、剧作家、诗人，他被誉为西班牙文学世界里最伟大的作家。评论家们称他的小说《堂吉诃德》是文学史上的第一部现代小说，同时也是世界文学的瑰宝之一。

② 洛佩·德·维加（Lope de Vega，1562年11月25日—1635年8月27日）文艺复兴时期西班牙黄金时代最重要的诗人和剧作家。有"西班牙民族戏剧之父""天才中的凤凰"以及"大自然中的魔鬼"（塞万提斯语）之称。

口钟一样在他的心灵深处不断敲响。但这次他不得不忍痛割爱。他不敢继续冒险下去。靠身边剩下的这二十几个精疲力竭的人，是不可能征服一个帝国的。这也就是说他得返回达连湾，重新养精蓄锐，等一切准备就绪后，再沿着原路找到那个新的黄金之国。但回程的路上他遇到的困难一点儿也不少。他们必须要再度穿越那片沼泽和热带雨林，必须再次战胜土著人的袭击。最难的是他们现在根本就不能算是一支军队，完全丧失了战斗力。这群人饱受热病的折磨，步履蹒跚。巴尔博亚本人也快要死了，不得不躺在一张吊床上被几名印第安人抬着。经过四个月的艰难行军，这支队伍终于在一五一四年一月十九日回到了达连。尽管如此，历史上最伟大的行动之一毕竟算是完成了。巴尔博亚实现了自己的诺言，每个跟随他一起冒险抵达未知地区并活着回来的人，都变得富有了。他手下的士兵从南海沿岸带回的财宝之多是哥伦布和别的几位西班牙征服者所无法比拟的。巴尔博亚把得到的战利品的五分之一进贡给了朝廷。他还为自己的那条狼狗莱昂西科留了一份，以报偿它凶残地撕碎那些印第安俘虏的皮肉。这条狗得到了五百金比索的报酬——跟其他参战者一样。对此没人提出非议。在取得这些成就后，再也没人对巴尔博亚作为这块殖民地的总督的权威提出异议。这个冒险家与叛乱者被人们像神一样供奉起来。他可以自豪地向西班牙传递这样的信息：是他，巴尔博亚完成了卡斯蒂利亚王国自哥伦布以来的最伟大的功绩。他的时运如日中天，穿透了所有遮蔽他生命的阴云。

但好景不长。到了阳光灿烂的六月，一天，达连的居民们奇怪地聚集到了海滩上。远方的海平线上先是出现了一张白帆，然后是两张、三张、四张、五张……最终有十艘，不对，是十五艘，还是不对，一共是二十艘帆船——整整一支舰队朝着海港驶来。人们很快就得知，这都是因为巴尔博亚导致的结果。但并非那份凯旋的报告——那封信还没到达西班牙——而是早先的那封信，他在那封信里第一次转述了那位印第安酋长关于黄金之国和南海的那番话，并请求朝廷派遣一千名士兵，以便让他前去征服和占领。西班牙朝廷毫不犹豫就为这次远征派遣了一支强大的舰队。只是远在塞尔维亚和巴塞罗那的达官贵人们，根本就没想过要把这样的重担托付给巴尔博亚这样一名声名狼藉的冒险家和叛乱者。西班牙朝廷派来了一名真正的总督，一位出身高贵、深孚众望的贵族佩德罗·阿里亚斯·达维拉（一般称佩德拉里亚斯）[1]，这位贵族当时已年届六十。作为总督，他还肩负着纠正以前发生的所有违规行为的任务，最终在这块新的殖民地建立起秩序。当然还有寻找南海和黄金之国的重任。

但对佩德拉里亚斯来说，刚到这地方的处境不是很愉快。他要追究叛乱者巴尔博亚驱逐前总督的罪责，如果证明有罪就得逮捕，否则就要证明巴尔博亚无罪；同时他还肩负着寻找南海的使命。但当他换乘一艘小船上岸后，马上就得知了那个他打算审判的巴尔博亚已经凯旋。这样一来，巴尔博亚就完成了佩德拉里亚斯原本想要去完成的那个了不起的任务，巴尔博亚就为西班牙王国做出了自哥伦布发现美洲大陆以来最伟大的一项贡献。很显然，现在已经不可能再把巴尔博亚像对待一名罪行累累的罪犯一样送上绞架，而是得礼貌地向他表示祝贺。但也正是在这个时候，巴尔博亚注定会失败的命运被确定了下来，佩德拉里亚斯根本不可能原谅他，因为他的行为等于是抢走了原本该属于自己的荣誉，并且还是注定会流传千古的荣誉。因此，尽管佩德拉里亚斯为了不激怒那些殖民者而不得不暂时把对他们心中的英雄巴尔博亚的仇恨隐藏起来，他把追究责任的事拖延了下去，甚至把自己还留在西班牙的女儿许配给了巴尔博亚，以此来制造出一种平安无事的假象。但这不代表他心里对巴尔博亚的仇恨有所减轻，这种仇恨实际上是在与日俱增。如今所有的西班牙人都知道了巴尔博亚完成的伟业，一份委任状也从西班牙送到了达连，给了巴尔博亚这名叛乱者一个合适的头衔，任命他为总督，并要求佩德拉里亚斯遇到重要的事情必须要跟巴尔博亚商量。但这片土地对两名总督来说过于狭小，这导致两人中一定会有一个要么完蛋，要么垮台。巴尔博亚感觉到自己随时都有可能被免职，原因是司法权和军队掌握在佩德拉里亚斯的手里。前一次的成功让他决定再度去不朽的事业中寻求庇护。

巴尔博亚请求佩德拉里亚斯允许自己装备一支远征军，到南海沿岸去打探并借机占领周围辽阔的土地。只是这位老叛乱者真正的意图是到大海的彼岸去，从而摆脱所有的监视，建立起自己的一支舰队，并成为那片新土地真正的主人。一旦有可能，就去占领那个传说中新世界的黄金国——"皮鲁"，也就是秘鲁。而

---

[1]　佩德罗·阿里亚斯·达维拉（Pedro Arias De ávila-pedrarias，1440—1531），西班牙贵族，殖民官员，巴拿马城的缔造者。

老练的佩德拉里亚斯也出人意料地同意了。他的算盘是，如果巴尔博亚在这次行动中丧命，那就更好，免得自己动手；要是他成功了，那么以后还有很多时间来对付这个贪图功名的家伙。

这样一来，巴尔博亚就开始再次去不朽的事业中寻求庇护。也许他的第二次行动甚至比第一次还要辉煌，但尽管历史一向都对那些成功者很慷慨，巴尔博亚的第二次行动却没能享受到跟第一次一样的荣耀。这次横跨地峡，巴尔博亚不仅带了自己的人马，而且还带来上千名土著帮助砍伐树木、搬运木板、拉动帆船和四艘双桅船用的绞盘，以便翻越丛山峻岭；因为他真实的目的是到山的那边后，建造一支舰队，然后开始占领沿岸地区，并征服那些盛产珍珠的岛屿和传说中的秘鲁。但这一次命运似乎跟这位无畏的冒险者作对起来，他遭遇到了巨大的挫折。在穿越潮湿阴暗的热带灌木时，蠹虫毁掉了他携带的木材，抵达目的地后才发现那些木板全都霉烂了。但他没有因此失去信心，他开始让人在巴拿马海湾砍伐新的木材，重新加工成木板。他的才干再一次为他创造了奇迹。一切看起来都很顺利，成功似乎就在眼前，而且第一批准备用来远航太平洋的双桅船已经建造完毕。可谁也想不到的是，一场突然爆发的洪水把刚造好的船冲进大海里撞得粉碎。巴尔博亚不得不第三次重新开始。造好两艘双桅船后，他只需要再造几艘，就能出发去占领那片那位印第安酋长手指的南方，和那个从第一次听到"皮鲁"这个名字就让他朝思暮想的国度。而今他只需要再有几名英勇的军官和一支精良的后备队，就可以去建立属于自己的王国了！仅仅只需要那么几个月时间，只需要一点点好的运气，战胜印加帝国和秘鲁的人就不会是皮萨罗，而是他巴尔博亚。

问题是命运就算是对自己格外宠爱的人，也不会永远都慷慨。众神在保佑这个无法永生的人完成了一项不朽事业后，就收回了对他的保佑。

# 毁 灭

巴尔博亚有着坚强的毅力和宏伟的设想，但他不清楚，恰恰是自己的大胆计划所取得的成功，为他招致了危险。因为那位佩德拉里亚斯的目光一直都在暗地里监视着他。很可能是叛徒的告密，他从得到的情报中看清了巴尔博亚的野心和目的；但也有可能仅仅是出于妒忌，不愿看到这名叛乱者再度取得成功，这位佩德拉里亚斯给巴尔博亚去了封信，在信中非常恳切地请他在开始远征前先回一趟阿克拉——这是达连附近的一座城市——好好商议一下。巴尔博亚想从佩德拉里亚斯那里多得到一些兵力，于是就接受了邀请。当他在城门外看到一小队士兵迈着正步朝自己走来时，他还以为是专门来迎接他的。他兴奋地迎上去，想要拥抱他们的队长、他多年的战友、一起发现南海的同伴和信赖的朋友弗朗西斯科·皮萨罗。

但让他想不到的是，皮萨罗把手用力按住他的肩对他宣布说：他是来逮捕他的。皮萨罗跟巴尔博亚一样渴望能干出一番不朽的事业，一样渴望由自己去占领那个传说中的黄金之国，因此他最需要干的就是除掉巴尔博亚。接着佩德拉里亚斯总督就迅速开始了一场针对所谓叛乱罪的审判。几天后，巴尔博亚和他的几个忠实的伙伴被押上了断头台。几名刽子手手起刀落，巴尔博亚的头颅滚落在地，迅速闭上了人类第一次同时看见环抱我们地球的两个大洋的眼睛。

# 拜占庭的陷落

后人永远也不可能完全弄清，当最后时刻来临时，那扇凯尔卡门的洞开带来的灾难究竟有多大。人们也许永远也估量不出，在罗马城、亚历山大利亚和拜占庭遭到这样的浩劫后，人类的精神世界所遭受到的损害到底有多大。

## 危在旦夕

一四五一年二月五日这天，一位密使赶到小亚细亚，向苏丹穆拉德二世[①]的长子、二十一岁的穆罕默德[②]禀告了他父亲去世的消息。来不及跟自己的大臣和谋士商量，这位精明能干的太子就骑上自己最好的马，策马扬鞭一口气奔跑了一百二十里赶到博斯普鲁斯海峡，并立刻渡过海峡来到欧洲一边的加里波利[③]。直到这时他才告诉自己的亲信父王去世的消息。为了挫败别的王位觊觎者，他事先调集了一支精锐军队，亲自带到亚德里亚堡[④]。在亚德里亚堡，穆罕默德没有遇到任何反对，顺利被确认为奥斯曼帝国最高统治者。登基后他采取的第一个政治行动就表现出他肆无忌惮令人胆寒的魄力——他让人把自己未成年的弟弟淹死在浴

---

① 穆拉德二世（1403—1451），奥斯曼帝国苏丹。
② 穆罕默德二世（征服者）（Fatih Sultan Mehmet, 1432 年 3 月 30 日—1481 年 5 月 3 日），奥斯曼土耳其帝国第七代君主，外号"法提赫"（意为征服者）。21 岁时指挥奥斯曼土耳其大军攻陷君士坦丁堡，完成了几代苏丹的夙愿。许多历史学家称他才是奥斯曼帝国真正的创建者。
③ 加里波利，位于达达尼尔海峡欧洲部分，是一个长约 96 公里，宽约 8 到 20 公里的半岛。
④ 古城名。也称哈德良堡（Hadrianopolis），因为罗马皇帝哈德良所建而得名。即现在的土耳其埃迪尔内。1365 至 1453 年是奥斯曼帝国的首都。

池中，然后把那个被迫干这事的杀手杀死。由此他向世人展示了自己的冷酷与残忍以及超人的胆略和智谋。

就这样，一个年轻、狂热并好大喜功的穆罕默德取代了稳重的穆拉德，成为奥斯曼土耳其的苏丹。消息传出后，拜占庭人万分惊恐，因为他们的那些密探探明，这位新的苏丹野心勃勃，曾发誓要占领拜占庭这座古老的世界之都。尽管他还很年轻，却很早就开始日夜策划这一计划，并将其当作自己毕生的目标。同时，从密探那里得到的报告一直声称，这位土耳其的新君王具有非凡的军事与外交才能，是一名拥有双重性格的人，兼具虔诚和残酷，热情洋溢而又阴险毒辣；他博学多才，对艺术有着强烈爱好，能阅读拉丁语原文的凯撒大帝等罗马伟人的传记，但同时他也杀人如麻。他的双眼漂亮而又充满了忧郁，尖尖的鹰钩鼻让他看上去既像一名吃苦耐劳的工人，又像一名不怕死的士兵，但更像一个没有道德的实用主义者。所有这些现在都被他集中到一起，来完成他的那个超越他的祖父巴耶赛特一世①和父亲穆拉德二世的远大理想。而这两位君王曾率领新兴的奥斯曼土耳其强大的军事力量狠狠教训过欧洲人。但他的第一个目标是攻占拜占庭这颗君士坦丁大帝②和查士丁尼大帝③皇冠上的最后一块瑰宝——所有人都清楚地感觉到了他的这一目的。

事实上，这枚瑰宝在当时已经完全失去了保护，对一个他这样决心要攫取的人而言，简直唾手可得。曾经的东罗马帝国，也就是人们所谓的拜占庭帝国的版图曾一度囊括了三个大洲，从波斯湾到阿尔卑斯山脉，另一面一直深入中亚的沙漠地带；通常花上几个月时间也很难穿越其全境，是一个完完全全的世界性大帝

---

① 巴耶赛特一世（约1354—1403），奥斯曼帝国的苏丹，执政时期从1389年到1402年。著名的军事统帅，别号"闪电"。多次率军入侵东欧，占领了塞尔维亚、保加利亚等国。后被帖木儿所败，被俘后死于狱中。

② 君士坦丁一世(Constantinus I Magnus，全名：盖乌斯·弗拉维乌斯·瓦勒里乌斯·康斯坦丁乌斯，Gaius Flavius Valerius Constantinus，272年2月27日—337年5月22日)。罗马帝国皇帝，君士坦丁堡建造者，拜占庭帝国的创立者，世称"君士坦丁大帝"（Constantine the Great），306年至337年在位。

③ 查士丁尼一世(Justiniaus I，全名：弗拉维·伯多禄·塞巴提乌斯·查士丁尼，Flavius Petrus Sabbatius Justnianus，约483年5月11日—565年11月14日)。东罗马帝国（拜占庭帝国）皇帝（527—565），史称查士丁尼大帝。他下令编撰的《查士丁尼法典》等四部法典（总称《民法大全》），为罗马法的重要典籍，对后世西方法律体系影响巨大。

国；而到了那时，你只需要徒步行走三个小时，就能毫不费力地走遍整个国家。这个曾辉煌一时的拜占庭，如今只剩下一个失去了躯体的脑袋，成为一个没有国土的孤零零的都城——这就是曾经的世界之都君士坦丁堡，古代拜占庭帝国。甚至属于当时东罗马皇帝的拜占庭城也仅仅是这座都城的一小部分，它的城郊加拉太①地区早已被热那亚人控制，而城墙之外的土地则在土耳其人的占领下。拜占庭最后一位皇帝所拥有的只不过是被巨大城墙围起来的，环绕教堂、宫殿和一排排房屋建筑的弹丸之地。由于前后多次遭到十字军的烧杀抢掠②和瘟疫，拜占庭城元气大伤，人口锐减。加上常年不断受到游牧民族和蛮族的侵扰和内部的民族与宗教纠纷，这个帝国四分五裂，濒临崩溃。如今被这样一支全副武装的军队从四面八方包围了起来，基本上毫无抵抗之力。

既缺乏实力又缺乏勇气，拜占庭最后一位皇帝君士坦丁十一世③头顶的皇冠摇摇欲坠。但也正因为拜占庭遭到了奥斯曼土耳其人的围攻，同时这座城市汇集了西方世界数千年来共同的古老文化遗产，所以才被看作是一处圣地，是欧洲历史荣誉的象征。因此按理说基督教世界必须要联合起来保卫自己东方的这座最后的堡垒，以免其土崩瓦解；而圣索菲亚大教堂④——东罗马帝国最后、最富丽宏伟的东正教教堂——才能作为基督教的教堂存在下去。

尽管穆罕默德二世满嘴和平宣言，但君士坦丁十一世心知肚明，他怀着忐忑不安的心情向意大利、教皇、威尼斯和热那亚派去了一个又一个的使节，希望能得到他们的帮助，为拜占庭提供战船和士兵。但罗马和威尼斯都犹豫不决，因为东正教与西方罗马天主教之间因信仰而产生的古老的分裂仍然无法弥合。希腊正教对罗马公教充满了仇恨，正教的牧首拒绝承认罗马教皇为最高牧师。但由于面

---

① 加拉太是古代安纳托利亚（现在的土耳其）中部高地的一个地区，位于小亚细亚中部。现在土耳其的首都安卡拉就位于古代加拉太省。
② 拜占庭帝国曾多次遭到十字军的入侵，其中1204年攻陷君士坦丁堡，烧杀抢掠长达一个星期。直到半个世纪后的1261年才被东罗马皇帝收复。
③ 君士坦丁十一世（帕里奥洛格斯，1404年2月9日—1453年5月29日），东罗马帝国最后一位皇帝。
④ 圣索菲亚大教堂位于现今土耳其伊斯坦布尔，有近一千五百年的历史，因巨大的圆顶而闻名于世，是一幢具有代表性的拜占庭式建筑。该教堂首建于325年君士坦丁大帝，用于供奉智慧之神索菲亚；后因战火毁损。415年由迪奥多西二世重建。532年1月，尼卡暴动引起的一场大火将其烧为灰烬。537年查士丁尼皇帝复建成功，并成为一座基督教教堂。

临奥斯曼土耳其的威胁，早在费拉拉和弗洛伦萨的两次宗教大公会议①上，两教就已达成重新统一的共识，并以支持拜占庭抵抗奥斯曼土耳其人作为条件。但问题在于每当奥斯曼土耳其人的威胁不再那么迫在眉睫后，希腊正教的一些教会就会拒绝承认这项条约。最后，到穆罕默德二世开始准备围攻君士坦丁堡时，形势才迫使东正教教会放弃自己的固执。拜占庭向罗马教廷发出效忠的信息，并请求援助，于是一艘艘战船被配备上了弹药和士兵。罗马的教皇派遣了自己的使节乘坐一艘帆船前往君士坦丁堡，他要以隆重的仪式来完成两个教会达成的和解，同时向全世界宣布：进攻拜占庭就是向整个基督教世界宣战。

# 和解的弥撒

时间是十二月。那一天，两个教会之间为实现和解而举办的庆祝活动盛大隆重而不失庄严。君士坦丁十一世在显贵们簇拥下来到了富丽堂皇的索菲亚大教堂。那时的索菲亚大教堂由大理石和玻璃镶嵌细雕构成的图案和无数夺目的饰品装点而成，其金碧辉煌我们今天根本无法从被改造成的清真寺上想象出来。君士坦丁皇帝想要以帝王的身份见证这次永久和睦的达成，被无数蜡烛照亮的大厅里人满为患。罗马教廷的使节伊斯多鲁斯和希腊正教的牧首格列高利在圣坛前表现得亲如兄弟，他们一起做弥撒。在这座教堂重新提到了教皇的名字②，第一次一起用拉丁语和希腊语同声唱起了赞美诗；歌声和祷告声在这座与世长存的主教堂内余音绕梁。然后，达成和解的两派教士列队共同庄严地抬起了施皮里迪翁③的圣体。看起来东西两大教派似乎将会就此联合在一起。欧洲的理念，也即西方精神

---

① 大公会议（或称公会议、普世公会议、普教会议）是传统基督教中有普遍代表意义的世界性主教会议，审议表决重要教务和教理争端。

② 教皇（Pontifex Maximus）一词的原意为"祭司"，来源于古罗马多神教的最高祭司。最早由罗马帝国皇帝兼任，后成为天主教教宗的称谓。382 年，罗马皇帝废止胜利女神的祭祀，独尊耶稣一神，并将教皇一职交罗马教会第 39 任主教。445 年，东罗马皇帝与东正教会曾承认其教会的最高地位。

③ 施皮里迪翁（Saint Spyridon, 270—348），基督教东西方两大教派都承认的传统圣人之一。出生在塞浦路斯。作为牧师，他以虔诚著名。去世后被封为基督教圣人。

在经过漫长岁月的纷争后，最终将要重归于一致。

但在历史上，人类的理智与妥协时刻总是短暂和容易被遗忘的。就在两派共同祈祷的声音还在大教堂内回响时，外面的一间修士室内，一位东正教的博学的修道士盖纳迪奥斯却正在大肆抨击那些讲拉丁语的人，指责他们背叛了真正的基督信仰。于是刚刚开始弥合的两大教派间的分歧又被狂热和盲目撕开，这位希腊教士丝毫也不想屈服，而在地中海另一端的那些人也就不再想提供他们承诺的援助。尽管为拜占庭派去了几艘战船和几百名士兵，但实际上是在让这座城市听天由命。

# 战争开始

所有的强权统治者都是一样的，穆罕默德二世也不例外。在他们准备好之前，通常都会大肆散布和平论调。在加冕仪式上，他对前来参加加冕仪式的君士坦丁皇帝的使团说了很多宽慰和友善的话；他郑重其事地向真主以及真主世间的代言人穆罕默德先知发誓，向天使和古兰经发誓：他将忠诚地信守他和拜占庭皇帝所签订的所有条约。然而与此同时，这位苏丹却跟匈牙利人还有塞尔维亚人订立了一份双方保持中立的为期三年的协定，以便于他用三年时间没有后顾之忧地攻打拜占庭。也就是说，这位苏丹会在做出信誓旦旦的和平允诺后，寻找适当时机发动战争。

直到那时为止，奥斯曼土耳其人还只占有博斯普鲁斯海峡亚洲部分海岸，拜占庭的航船还能畅通无阻地穿过海峡进入黑海，从属于自己的粮仓运送粮食。而现在，穆罕默德二世要切断这条生命线，因此他根本不在乎是否违反了条约，下令在海峡欧洲部分海岸的鲁米里·西塞尔附近，也是海峡最狭窄的地方修建一座要塞（古代波斯人入侵古希腊时，当时的波斯国王薛西斯就是从这地方渡过海峡的）。在一夜之间，成千上万的工人来到了欧洲海岸一方，而根据条约，欧洲部分海岸是不允许构建军事工事的。但对于强权者，条约从来就不算什么。这些工人为了自己的生活需要，把那一带所有的庄稼都掠夺一空；而为了获取建筑城堡所需的石头，他们拆毁普通民居，甚至连附近一座古老的圣米迦勒教堂都没能逃脱被拆毁的厄运。苏丹亲自领导了这项要塞工程的建造，而拜占庭方面却只能眼睁睁看着对方对条约与公理的践踏，看着自己通往黑海的这条自由通道被切断。那些想要通过那时还属于公海的通道的船只遭到了炮击，这之后就不再需要任何伪装了。一四五二年八月，穆罕默德二世召集他的文武百官，向他们宣布自己围攻并占领拜占庭的意图。随着他的这一宣布，野蛮的入侵不久就开始了。奥斯曼土耳其的传令官被派往帝国的全境，宣令征召所有那些能参加战斗的人入伍。一四五三年四月五日这天，一支看不到尽头的奥斯曼帝国军队，如同滚滚洪流般突然淹没了君士坦丁堡城墙外的平原。

穆罕默德二世身穿华丽的戎装骑马走在他的军队的最前面，他决定在莱卡斯隘口扎下自己的帐篷。在自己的统帅部升起帅旗前，他让人在地上铺上祈祷用的毯子，然后光着脚跪在上面开始朝着麦加方向跪拜；在他的身后是成千上万的部下，都跟着他朝着同一个方向用同一个节奏向真主祷告，祈求真主赐给他们力量和胜利——那场面壮观无比。然后，这位苏丹站起身来，马上由谦恭变成了强悍的挑战者，由真主的仆人变成了人世间的主人和战士。而他的那些专门负责为他传晓圣谕的传令官们，则纷纷赶往整个营地，吹着军号敲响军鼓宣布："围攻拜占庭城的战斗开始。"

# 城墙与大炮

拜占庭现在所能依靠的只有它的那座城墙了。昔日的拜占庭帝国曾横跨三个大洲，无比辉煌伟大，而如今留给它的只剩下城墙这唯一的遗产。这是一座呈三角形的城市，它的底边有三道防线，而它的两条斜边，沿着马尔马拉海①和金角湾②一带的海岸则是较为低矮却异常坚固的石头围墙。面朝大片开阔地的则是一道

---

① 马尔马拉海（Sea of Marmara），土耳其内海，土耳其亚洲和欧洲部分分界线中的一段，东北经博斯普鲁斯海峡与黑海沟通，西南经达达尼尔海峡与爱琴海相连。是黑海与地中海之间的唯一通道，也是世界上最小的海。

② 金角湾，音译"哈利奇湾"，位于博斯普鲁斯海峡南口西岸，从马尔马拉海伸入欧洲大陆，长约7公里。作为世界首屈一指的优良天然港口之一，曾经拜占庭帝国和奥斯曼帝国的海军和海洋运输活动集中于此。

巨大堡垒型的城墙，即狄奥多西①城墙。在狄奥多西之前，君士坦丁大帝就预见到了拜占庭帝国未来所存在的危险，因此用巨大的方石块将城市围了起来；狄奥多西二世后，查士丁尼又对城墙做了加固和扩建。但真正建立起主体防御工事的还是狄奥多西二世。他所建造的七公里长的城墙至今残迹犹在，即使被常春藤爬满了，也足以展示它的坚不可摧。这是一座用平行的双层和三层建筑垒起来的气势宏伟的城墙，城墙上修建了凹形观察孔和矮墙，城墙的正面面对着的是护城河，还有很多用方石块垒砌起来的坚固的守望楼。在一千多年的时间里，历代皇帝都会对它进行加固和整修，由此使得它变得坚不可摧。正是这些用石块垒起来的壁垒，曾对那些蜂拥而至的蛮族的攻击不屑一顾，奥斯曼土耳其人的人海战术在它面前也无济于事；面对那些迄今所发明的战争工具它同样无动于衷，强大的攻城槌甚至那些新式的野战炮和臼炮拿它也毫无办法。正因为这道狄奥多西城墙，欧洲任何一座城市的防御工事在坚固与完美程度上，都无法与君士坦丁堡媲美。

对这座城墙，没有谁比穆罕默德二世更为了解。在几年时间里，他日以继夜思考着如何攻克这座坚不可摧的城墙，甚至连做梦都在思索。在他的桌子上摆满了各种图样、测量工具和工事草图。他对城墙的每一个小丘、每一处洼地、每一道水流都了如指掌，他的那些工程师们和他一起把每一个细节都考虑得无法再周详了；但令人失望的是，所有人最后的计算结果都一样：现有的臼炮根本没法摧毁狄奥多西城墙。

这也就是说，必须要制造出更大的臼炮，一种比迄今为止在战争中使用过的火炮有着更长炮管、更远射程、更强大威力的火炮！而且还要找到最坚硬的石块，制造出有史以来最重、最具摧毁力的石弹！除此之外别无他法。穆罕默德二世发誓要不惜一切代价制造出这种新的武器。

一旦人不惜代价了，就有可能激发出无尽的想象力和创造力来。在宣战后不久，有一个男人就出现在了苏丹面前。这个名叫乌尔巴斯的匈牙利人，是当时世上最富有经验和创造性的火炮铸造者。尽管他是基督徒，并且前不久还在为君士坦丁皇帝效力，但他希望能在穆罕默德二世这里发扬光大自己的技艺，当然也想得到更多的报酬。于是他对穆罕默德二世说，只要为他提供不加限制的经费，他就能铸造出一种前

---

① 狄奥多西城墙由狄奥多西二世所建。狄奥多西二世（401 年 4 月 10 日—450 年 7 月 28 日），东罗马帝国皇帝，在位时间 408 年—450 年。曾于 438 年将帝国法律汇编成《狄奥多西法典》。

所未见的火力最强大的火炮来。他没有失望，跟所有被某种念头迷了心窍的人一样，这位苏丹根本不在乎代价，他毫不犹豫就答应给予乌尔巴斯所需要的人工，同时还派遣了上千辆的车辆把矿砂运到亚德里亚堡。经过三个多月不间歇的努力，一种采用秘密淬火法制成的黏土模具准备就绪，只等着火红的铁水浇铸进去。最后，浇铸工序也顺利完成，脱模而出的巨大炮管的确是当时世上最长、最粗大的。在进行第一次实验发射前，穆罕默德命令他的传令兵提醒全城怀孕的妇女当心。随后，一声巨大的雷霆般的声响后，从那巨大的炮口发射出了一颗硕大的石弹，瞬间就把城墙击得粉碎。穆罕默德立刻命令按照这种尺寸建造更多大炮装备部队。

据那些心有余悸的希腊著述家的记载，这门被他们称之为"大炮"的巨大"掷石器"看来是取得了成功。但还存在着一个更难解决的难题：如何才能使这尊铁铸的庞然大物穿过整个色雷斯①运送到君士坦丁堡的城外？这是一次前所未有的苦难历程。全军被动员起来，所有人也被动员起来。整整两个月时间，才把这个坚硬的长脖子怪物拖到城墙外。运送的过程中，首先是数以百计的骑兵在前面开道，以防遭到袭击；后面是成百上千日以继夜劳作的人，为运送这个庞然大物搬运土方把前进道路上的坑洼填平（在之后的几个月里，这些被铲平了的道路又变得不成样子），然后由五十对排成两行的公牛拉动一辆带有防御功能的巨型车辆，铸铁炮管的重量被均匀分配在所有轮轴上——这跟一千多年前罗马人把方尖塔②从埃及运到罗马城是一样的。另外还有两百名强壮的工人在两边扶着摇晃不定的沉重炮管；同时还要由五十名工匠随时更换滚木和为滚木加油，把支架加固，很多地方还需要临时搭建桥梁。人们都清楚，这样一支庞大的运输队伍只能缓慢地穿越山岭和草原。沿途村落里的农民们都聚集到村口惊奇地观看，冲着这尊巨大的怪物画十字，它看上去就像是一位战神，正被他的仆人们用战车送往战场。这是人类的意志又一次让不可能成为了可能。最后，有二到三十尊这样的巨大怪物把巨大的黑乎乎炮口对准了拜占庭。由此重炮队被载入人类的史册。自此开始，东罗马帝国帝王们的千年城墙将与奥斯曼苏丹的新大炮展开较量。

---

① 色雷斯（Thrace），巴尔干半岛的一个地区。位于巴尔干山的南边、爱琴海以北，西邻马其顿，东滨黑海，东南是土耳其海峡。
② 古埃及特有的一种建筑物，四方柱形，用整块花岗岩制成，通常是对地耸立在巨大的庙殿门前，作为崇拜太阳神的象征之一。

# 再度燃起希望

巨炮用闪电般的火舌缓慢而不间断地蚕食和撕裂着拜占庭的壁垒。最开始每天仅仅只有六七次的发射，但即使是这样，拜占庭的壁垒也开始慢慢塌陷。每被击中一炮都会激起满天的尘埃，碎石横飞。渐渐一个巨大的豁口出现了。守在城内的人会在夜里用各种能找到的材料例如木栅栏、亚麻布等填塞缺口，但这座城墙已经不再是过去那座完好无损、坚不可摧的城墙；如今躲在它后面的八千人的部队不得不整天等待着最后时刻的到来。到那时，城外苏丹的十五万军队将对已经残缺不全的壁垒展开最后的决定性的攻击。在这大厦将倾的关键时刻，整个欧洲的基督教世界本该想起自己曾经的诺言。在城内，妇女们领着孩子整天跪在教堂里存放圣徒骨骸的木匣前祈祷；而士兵们在瞭望塔上日夜瞻望着城外到处都是土耳其人战船游弋的马尔马拉海，他们在盼望教皇和威尼斯承诺过的舰队和增援。

四月二十日凌晨三点，终于看到远方出现了船帆，于是他们发出了灯光信号。尽管并非基督教世界派来的强大舰队，但三艘热那亚巨大的航船正徐徐驶来。跟在后面的第四艘船是一艘较小的拜占庭运粮船，它被那三艘热那亚舰船保护着。君士坦丁堡城里的人都聚集到了海边迎接支援者。但与此同时，穆罕默德也跨上了他的战马，离开朱红色营帐，朝着停泊着奥斯曼舰队的港口奔去，他命令要不惜一切代价阻止这些船只驶入金角湾、驶入拜占庭的港口。

一声令下，数千桨手划动起手中的桨，一百五十艘战船启动。土耳其人的战船虽然船身较小，但全都装备了铁爪篙、喷火器和投石器，这些三桅船朝着驶来的三艘大船冲过去。但四艘大船借助强大的顺风速度远快于这些携带着武器并狂呼乱叫的土耳其船。因此四艘船毫不在乎，扬帆朝着金角湾不慌不忙驶去。在君士坦丁堡和加拉太之间，有条著名的铁链把出入的海口封锁了起来，保护海港不受到攻击。此时城墙上数千人正在翘首以待船只的到来，眼看着四艘船即将进入安全港，连船上的水手们的面孔都已能看清。所有人都跪下祈祷，为得到了拯救感谢上帝和圣徒们。这时候，封锁港口的铁链被放了下来，准备迎接增援船入港。

就在这时，可怕的意外发生了。原本强劲的风突然停歇。正要入港的四艘船像是被钉在了海面一动不动。那时候距能够进行救援的港口只有数百米。于是那些靠划桨作动力的土耳其战船狂喊着蜂拥而至，像一群猎狗似的扑向那四艘无法动弹的船。十六艘土耳其船靠近大船，用铁爪篱钩住了大船的船舷。那些土耳其人拼命用刀斧砍着船身想把大船凿沉；越来越多的土耳其人爬上铁链，向船上投掷火把和柴薪。土耳其舰队的司令官命令自己的旗舰冲向了那艘运粮船，想要从侧面把它撞沉，两船很快就像两个摔跤手一样纠缠在一起。开始时热那亚船上的水手因为有头盔保护，还能从甲板上由高处向下抵抗那些企图攀爬上去的敌人，他们用刀斧、石块和希腊火一次次击退进攻者。但由于双方力量对比过于悬殊，似乎热那亚的舰船无法逃脱战败的命运。

而对那些正在城墙上观看的人们来说，这场海战的场面惊心动魄。这些平时经常在竞技场充满乐趣地观看希腊竞技战车血腥搏斗的人们，现在的心情却是无比痛苦和恐慌。他们感觉到自己这一方难逃失败，因为看起来要不了两个小时那四艘船就会沉没，而那些战士也会像竞技场上的角斗士一样死于敌人的刀剑之下。看来这些救援者的到来纯属是送死！君士坦丁堡城墙上绝望的希腊人离着咫尺之遥，看着自己的兄弟们在那里垂死挣扎，却只能攥紧拳头，发出声嘶力竭的痛苦喊叫。而其中有些人发出鼓舞的呼喊，想要激发那些正在殊死搏斗的朋友们的斗志，另一些人则朝着天空伸出双手，呼唤基督耶稣和大天使米迦勒，还有那些被他们信奉的圣徒和多年来一直护佑着拜占庭的僧侣的名字，祈求奇迹的出现。但土耳其人在对岸的加拉太呐喊助威，用同样的热情祈祷己方获胜。此时的大海成了一个竞技场，海战的双方成为了角斗士。苏丹本人也已率领一群高级将领骑马赶来，他一直冲进了海水里，打湿了自己的上衣，他用手合拢在嘴上发出愤怒的呐喊，高声命令自己的士兵一定要抓住那些基督徒和他们的舰船。当看到己方的三桅战船有一艘被击退时，他咆哮着怒斥，挥舞手里的弯刀对自己的海军司令发出威胁说："如果你没法取胜，那就别活着回来。"

四艘基督徒的舰船还没有沉没，但战斗已经接近尾声。从船上朝土耳其人的三桅战船投掷的石头越来越少。在跟五十倍于自己的敌人搏斗了几个小时后，水手们累得胳膊都举不起来了。此时夕阳西下，眼看着黑夜即将来临。即使目前四艘舰船还没被土耳其人占领，但在天完全黑下来前，他们不得不在接下去的一个小时左右的时间里，继续这样毫无防御地面对敌人的攻击，并且还会被潮水冲向对面土耳其人占领的加拉太海岸。眼看一切就将结束！

就在这时，意外又一次发生。对那些正在城墙上绝望哭喊怒号的人们来说，简直就是奇迹。海上突然开始起风了，先是微风，接着风越刮越大。四艘船原本低垂的船帆，不一会就被风鼓得满满的。被企盼的风终于出现了。四艘战船此时船头猛然昂起，仿佛是宣告胜利似的，随着强劲的风启动起来，迅速超越围困自己的敌人。自由了，得救了。在城墙上数千人暴风骤雨般的欢呼声中，第一艘船驶入了港口，然后是第二艘、第三艘、第四艘。封锁海面的铁链重新被拉了起来，把海面隔成两半。土耳其人的战船无奈地东奔西散。此时，在这多日来愁云密布、被绝望攥取了的城市上空，回荡起了希望的欢呼声。

# 翻山越岭的战舰

被围困的城市里的人们整夜都沉浸在狂欢中。他们似乎忘了自己的处境，以至于开始有些忘乎所以，幻想起希望的曙光。在这一晚里，这些遭受围困的人相信自己得到了拯救，已经安全，因为他们幻想着从这一天起，以后的每一天都会有新的增援舰船到来，而且都会像这四艘舰船一样顺利进入港口；他们以为欧洲没有忘记他们，他们好像看到了围困的解除，看见了敌人丧失勇气并被他们战胜。

但穆罕默德二世可不会沉浸在自己的梦中，虽然他同样是一个富于奇思妙想的梦想家，但他却是属于另一类的。这类梦想者深知如何通过自己的意志与努力让梦想成真。就在那几艘舰船误以为自己进入金角湾后已经安全的时候，他却制订出了一个极富想象力的大胆计划。这计划在战争史上足以跟汉尼拔①和拿破仑那些最大胆的军事行动媲美。就像一只金苹果，君士坦丁堡就在他眼前，可他目前却没法拿到手。土耳其人的围攻遇到的主要障碍之一，就是金角湾这处像人的盲肠一样凹陷进去的海岬，它守卫着君士坦丁堡的一侧。想要从外面进入海湾比登天还难，因为在入口处的一边是热那亚人的据点加拉太，穆罕默德曾承诺给予这个地方以中立地位；同时，从那里到拜占庭之间还有一道横贯海面的铁索。因此舰队无法从正面进入海湾，想要进入只能经由热那亚人的据点附近的内部水域。问题是一支舰队如何才能进入这片内部水域？当然，可以在海湾里建造一支新的舰队，但这需要耗费很长的时间，而这位苏丹不愿意围城拖得过于长久。

正是在这样的情况下，穆罕默德二世想出了一个天才的计划。他把自己的舰队从没法施展的外海，越过海岬运到了金角湾的内港——把数百艘战舰拖过那些崎岖的山区岬角。这一计划大胆到了让人无法想象，简直就是史无前例的。同时它看上去又是那样荒唐和难以实现，以至于拜占庭人和热那亚人根本不可能想到。一如他们之前的罗马人和他们之后的奥地利人想不到汉尼拔和拿破仑的军队能神速翻越阿尔卑斯山一样。世人根据自己的经验得出的结论，只要是船就只能在水里航行，从未听说过有一整支舰队翻山越岭这样的事情。但正因为能把不可能的事变成可能，这才是天才精神的标志，并且人们总是能从这种行为中发现一位军事天才，这样的天才也总是在嘲弄战争的规则。这样的人不会因循守旧，会因时因事随机应变。因此，才会有这样一次在编年史上史无前例的大规模行动的出现。穆罕默德二世让人不声不响运来了大量圆木，让工匠们制作成滑板，然后把船从海里拖上岸，固定在这些滑板上，就像是固定在活动的干船坞上一样。与此同时，上千名工人开始了土方工程，他们的目的是把一条经过佩拉山的狭窄山路整理平整，从上坡到下坡尽可能不留下坑洼。当然，为了掩盖突然集结起来的这么多人力物力，苏丹命令自己的部队在晚上除了中立的加拉太城外，要向所有加拉太城周围的区域连续发射白炮。而发射的唯一目的就是转移敌人的注意力，

---

① 汉尼拔·巴卡（Hannibal Barca，前247—前183），北非古国迦太基名将，军事家。跟亚历山大大帝、凯撒大帝、拿破仑一起，被誉为史上最杰出的军事天才。在跟罗马人的第二次布匿战争中，汉尼拔率领自己的军队奇迹般地翻越了西班牙部分的比利牛斯山和阿尔卑斯山进入意大利北部。

以掩盖佩拉山的船只转运。当拜占庭城内的人正忙着守城，以为进攻主要会发生在陆地上时，无数被涂上了油脂的圆木开始滚动，前头由两行并列着的牛拉，后面由士兵们帮着控制和推动。于是，固定在滑板上的船一艘艘被拖拉着翻过了佩拉山。每当夜幕降临后，这种匪夷所思的迁移就会开始。世间所有伟大的壮举通常都是默默无声的，而这一奇迹中的奇迹——整整一支舰队的翻山越岭自然也是悄无声息的。

任何伟大的军事行动的决定时刻总是始于出其不意，然后攻其不备。穆罕默德二世在这方面是个特殊的天才。对他的意图事先很少有人能察觉。这位天才的谋略家在一次谈话中谈到自己时是这样说的："如果我胡须中有一根知道了我的想法，我会毫不犹豫拔掉它。"在臼炮的喧嚣声中，他的计划被周密执行。到了四月二十二日这天夜里，一共七十艘战舰翻越了山冈和峡谷，穿过那些山丘上的葡萄园和田野、树林，被从一片海域运送到了另一片海域。第二天清晨，当拜占庭城内的人们看到一支悬挂三角旗、满载水兵的敌方舰队出现在他们认为是敌人无法进入的海湾中心地带时，他们还以为自己是在做梦，以为这是神干下的事。他们无论如何也不明白这样的奇迹如何会发生，在他们迄今为止都受到海港保护的城墙下，响起了震天动地的欢呼和呐喊声，一时间军号、战鼓齐鸣。除了加拉太那片狭窄的中立水域，金角湾现在已属于穆罕默德二世和他的舰队。他现在可以指挥他的军队从搭建的浮桥上毫无阻碍地对拜占庭城墙的这段最薄弱的环节发起攻击。既然这段最薄弱的环节遭到了攻击，本来就缺乏兵力的防线也就更加捉襟见肘。牺牲者的咽喉就此被对手牢牢扼住。

# 救救它吧，欧洲！

被围困者再也不能自欺欺人了。他们明白：即便能守住城墙出现的那段缺口，要是没有外来增援，单靠八千人想要抵挡十五万人的攻击，守住千疮百孔的城墙是坚持不了多久的。威尼斯的执政官不是曾许诺要派舰队来的吗？如果西方世界最华美宏伟的圣索菲亚大教堂有了变成异教徒清真寺的危险，教皇难道还会无动于衷？难道被层出不穷的纷争和相互猜忌弄得四分五裂的欧洲此时还不明白自己所面临的危险吗？之前被围困的人们一直都在这样安慰自己：或许已经有一支增援的舰队早就准备好了，只因没能认识到形势的恶劣，所以才没启航；可如今的事实能够让他们清醒了，而正是这种导致毁灭的迟疑不决应该对此负最大责任。

现在的问题是如何把实情通告威尼斯。马尔马拉海上到处都是土耳其人的战船，如果出动拜占庭的船舰，很有可能被歼灭，而且这样一来，也会导致本来就捉襟见肘的守城人员再减少数百人。最终做出的决定是派一艘非常小的船，让少数几个人去冒险。这次行动只有十二个人参与——如果历史真的如人们所说的那样公正，那么这十二个人的名字就该跟"阿耳戈"①上的那些古希腊英雄一样被世人传诵。可惜我们不知道这些去完成这项壮举的任何一个人的名字。我们只知道那艘双桨船悬挂着敌方的旗帜，为了迷惑敌人，十二位男子把自己打扮成土耳其人，他们戴上了穆斯林的头巾或是菲斯帽②。五月三日的午夜时分，封锁海面的铁链被悄悄松开，这艘小船在夜幕的掩护下，尽可能不发出划桨声偷偷划出了海港。太神奇了，它穿过达达尼尔海峡，一直驶入了爱琴海，竟然都没被发现。一如其他奇迹一样，正是非凡的勇气麻痹了敌人。穆罕默德二世把该想到的全都想到了，唯一漏掉的就是这样一种匪夷所思的可能，一艘乘坐着十二名勇士的小船胆敢穿过他的舰队，进行一次阿耳戈式的英雄壮举。

但让人绝望的是，在爱琴海上见不到一艘威尼斯的帆船，更没有舰队的影子。看来威尼斯和教皇真把拜占庭忘了，他们正热衷于鸡毛蒜皮的教会政治，而忘掉了自己所发过的誓言。这种悲剧在历史上屡见不鲜，正当需要团结一切可以团结的力量保卫欧洲文明时，各路诸侯和国家却不能暂时放下自己不值一提的纷争。热那亚认为摆脱威尼斯的威胁比联合几个小时共同对敌要更重要；而反过来

---

① 说的是希腊传说中，伊阿宋跟五十位英雄一起乘快船"阿耳戈"号去科尔基斯（Colchis）的阿瑞斯圣林取金羊毛的故事。

② 即土耳其毡帽，一种流行于奥斯曼土耳其帝国的传统服饰，呈简状，顶部常有流苏。源自塞浦路斯，在拜占庭时期传入巴尔干半岛。在奥斯曼土耳其帝国统治时期，以波斯尼亚人和塞尔维亚人为主的众多斯拉夫民族也开始穿戴这种头饰。时至今日仍有许多塞浦路斯人穿戴菲斯帽。妇女在头上戴红色菲斯帽以取代头巾，而男性则穿戴黑色或红色的帽子。

威尼斯对待热那亚也是同样的态度。爱琴海上空空如也，这十二位勇士乘坐着核桃似的小船，绝望地从一个小岛划到另一个，但所有的港口都被敌人占领了，没有任何一艘友军的舰船还敢在作战区域内航行。

到了这步田地，究竟该怎么办呢？十二个人中已经有几个失去了信心和勇气。他们认为返回君士坦丁堡在危险的路线上航行一次毫无意义。他们不可能带回去任何希望，并且现在很可能君士坦丁堡已经陷落，再回去只有成为俘虏甚至死亡。可这些英雄里大多数人并没有放弃，他们决定返回君士坦丁堡。既然接受了这一使命，就应该完成。他们被派出来的目的是探听消息，就算是消息令人绝望，也应该带回去让人们知道。于是这艘小船重新鼓起勇气，奋不顾身再度穿过达达尼尔海峡、马尔马拉海和遍布海面的敌人的战船回到了君士坦丁堡。就在他们出发后的第二天，也就是五月二十三日，君士坦丁堡的人们认为小船已经失败，不可能返回带回消息；但没想到在那一天里，城墙上的几个哨兵突然看到了一艘小船飞快划向金角湾，哨兵于是挥舞起哨旗通知城内。城内发出一阵欢呼声，但这同时也引起了土耳其人的警觉。他们惊奇地发现这艘悬挂他们旗帜的小船，正肆无忌惮地驶过他们控制的海域。一时间无数的小艇从四面八方朝着这艘双桨船冲去，想要在它进入港口前抓住它。小船的归来让拜占庭感到了获救的希望，他们以为欧洲还记得自己，而上次的那几艘船不过是前驱。于是成千上万的人开始欢呼雀跃，但这样的欢乐仅仅只维持了很短暂的一段时间，到了晚上，坏消息就在全城内传开了。现在人们可以确定了，基督教世界已经忘掉了拜占庭。这些被围困的人不可能指望得到援助了，他们除了靠自己就只有灭亡。

# 总攻前夕

持续了六个礼拜的日日夜夜的战斗让苏丹开始变得不耐烦起来。他的大炮已经把城墙的很多地方都摧毁，但他指挥的进攻到目前为止都被顽强击退。对一个统帅来说，剩下的只有两种可能：放弃围攻或者在经过无数次的小级别的攻击后，发起一次大规模的总攻。于是穆罕默德二世把自己的将领们都召集起来，开了一次作战会议。他的急切战胜了顾虑，这次大规模的总攻被定在五月二十九日这一天。为了准备这次总攻，苏丹按他一贯的作风安排了一次盛大的宗教仪式，十五万人的军队从最高统帅到普通士兵，都依据伊斯兰教的礼仪规定进行了小净<sup>①</sup>和白天的三次礼拜<sup>②</sup>。为了加强炮兵的攻击力度，把所有的火药和石弹都运送到了前线。全军做了重新的编排。从清晨一直到深夜，穆罕默德二世一刻也不休息，一直骑着马沿着黄金角到马尔马拉海岸巡视着整个阵地，他从一个营帐走到下一个营帐，亲自指导和鼓舞士兵。作为一个深知人性的人，他懂得如何才能激发起十五万人的勇气和斗志。他许下了一个可怕的诺言，并且也最终履行了这个诺言；这既为他带来了荣誉，也给他带来了耻辱。他让宣谕使四处吹响号角敲响战鼓宣读了他的这个承诺："穆罕默德二世以真主的名义，以教主穆罕默德和四千先知的名义，还以他父亲穆拉德苏丹的灵魂和他孩子的头颅以及他的军刀发誓，在攻下拜占庭城后，部队可以尽情抢掠三天。城内的所有一切，家什器具、饰品、珠宝、金银、男人、女人和孩子，都属于打胜仗的士兵。而他——穆罕默德二世本人将放弃对一切东西的权利，他所要得到的是征服这个东罗马帝国最后堡垒的荣耀。"

听到这个宣谕，士兵们一片欢腾。欢呼声如狂风的怒号，赞美真主的声音如大海惊涛骇浪的咆哮，朝着早已是草木皆兵的君士坦丁堡里席卷过去。"抢呀！""抢呀！"的词语顿时成为了战场上的口号，随着战鼓、军号四处回荡。夜里军营内一片节日的欢腾。那些被围困的人从城墙上看到了平原和山丘四处都燃起了灯火、火把，简直就像是夜空中的繁星。在还没取得胜利前，敌人就已开始吹响喇叭、笛子，敲响各种鼓乐开始庆祝。那场面令人不寒而栗。但到了午夜时分，所有这些灯火在穆罕默德二世的命令下同时熄灭。震天动地的喧嚣突然静

---

① 小净仪式波斯语称"阿布代斯"，即用净水按程序清洗局部，使用特制壶颈很长的"汤瓶壶"，盛水后持壶进行冲洗。先洗大、小便处，称之为"净下"。再ապ洗两手洗净，以右手窝水漱口、呛鼻孔、洗脸和两肘，并摸头、耳、脖，最后冲脚。大净是全身淋浴，然而淋浴前也要净下、漱口、呛鼻孔，浴后也要冲脚。
② 伊斯兰教要求信徒每天要做五次礼拜，分为晨礼、晌礼、晡礼、昏礼和宵礼。其中白天的三次礼拜分别是：晨礼、晌礼、晡礼。

止。天地间一片漆黑、静寂，让人有着不祥的预感。对那些多日来心神不宁的人来说，这样的静寂比火光里的喧嚣、欢呼更加恐怖。

# 圣索菲亚教堂里的最后一次弥撒

不需要派出探子，也不需要任何一名从敌人那边投奔过来的人，被围困的人们就能感觉到自己的处境。他们已经知道穆罕默德二世发起出了总攻的命令。对自己未来的命运与责任的强烈预感，就像是暴风雨前的乌云一样笼罩了整座城市。这时候，这些平时里陷入宗教和其他纠纷里四分五裂的人们，在最后几个小时里聚集到了一起——人世间的团结总是这样空前地出现在最危急的关头。为了鼓励所有人在这最危急的时刻全力参与保卫拜占庭，保卫它的基督教的信仰、它的伟大历史和它所代表的共同的文化，东罗马帝国的皇帝举行了一次激动人心的祈祷仪式。他命令全城的人无论是东正教教徒还是天主教教徒，也无论是教士还是普通百姓，男女老少都集中到一起，举行一次空前绝后的宗教游行。那时刻谁都不愿待在家中，无论是富有者还是一贫如洗的人，都参加到了游行庄严的行列里。他们齐声高唱着"上帝保佑"的赞歌，穿过城内，又从城墙脚下经过。东正教的圣像和圣人的遗物被从教堂里取了出来，抬在游行的队伍前头。在所经过的城墙上出现缺口的地方，都会贴上一张圣像，似乎那比起凡世间的武器还要管用，还能抵挡异教徒的攻击。而君士坦丁皇帝则把元老院的成员和所有达官显贵，还有军队的指挥官都召集到了自己身边，对他们做了最后一次演讲，鼓舞他们的士气。他尽管无法像穆罕默德二世那样允诺无数的战利品，但他向他们描绘了为全体基督徒和整个西方世界赢得的荣誉——如果能击退这最后一次决定性的攻击的话。他还为他们描述了他们所面临的危险——如果失败，所有人都会沦为那群杀人放火的异教徒的刀下鬼。穆罕默德和君士坦丁这两位帝王都清楚，这一天将会是决定未来数百年历史的一天。

最后一幕展开了。这是灭亡前令人难忘的场面，也是欧洲历史上最感人的场面之一。垂死前的人们聚集到了圣索菲亚教堂里——从基督教东西两个教派分别出现以来，它就是世界上最豪华宏伟的基督教教堂。全体宫廷人员，所有的贵族和两个教会的教士，以及全副武装的热那亚、威尼斯士兵们聚集到了皇帝身边。他们身后是数千安静、恭敬地跪在地上的人群——黑压压的人群被恐惧和焦虑笼罩着。人们垂着头，口里念着祷告词。教堂内的蜡烛似乎是在奋力抵抗着大殿穹隆下的黑暗，努力照耀这片如同一个人的躯体般一起俯伏的人群。这些拜占庭人祈祷上帝，大主教庄严地提高了自己的嗓门，唱诗班跟随他一起歌唱。这是西方世界最神圣的声音，是永恒的声音——音乐在大厅内响起。接下去人们一个个走到祭坛前，跟随皇帝领受虔诚带来的宽慰。不停的祈祷声在宽阔的大厅内萦绕，回荡在高高的拱顶。这是东罗马帝国最后一次安魂弥撒——从查士丁尼建造这座教堂，并在里面举办过基督教的仪式之后。

激动人心的仪式结束后，皇帝最后一次匆匆返回了皇宫，请求自己的臣仆原谅自己以往对他们的不周之处。然后他骑上战马，绕城一周，如他的对手穆罕默德二世所做的那样鼓励战士们。到了深夜，再也听不到人声和武器发出的金属撞击声，城内的几千人都在忐忑不安地等待着白天的降临，等着死神的到来。

# 被忘却的凯尔卡城门

苏丹在凌晨一点发出了总攻的命令。巨大的帅旗一挥之下，随即响起了惊天动地的"真主""真主"的呐喊，数以万计的士兵操起武器，扛着云梯、绳索、铁钩向城墙发起了冲锋；与此同时，所有的战鼓、军号都擂响、吹响，加上铜钹、笛子等声音和大炮的轰鸣汇聚起来，如同狂风暴雨般。那些没有经过专业训练的志愿者敢死队被送到了最前列，他们首先冲到了城墙下——这群半裸着身躯的人，在苏丹的进攻计划中自然是替死鬼，目的是为了在主力发起决定性攻击前，消耗对手的力量。这些替死鬼携带数百架云梯在黑暗中奔向前，他们爬上城垛、矮墙都被击退；但他们接着一次次发起攻击，因为他们根本没有退路。在他们身后——这些炮灰都是无所谓的牺牲品——精锐的主力部队已经列好了阵形，正是他们驱赶着这些替死鬼冲向死亡。这些炮灰对箭矢和石块毫无抵抗能力，完全就是一群人肉的盾牌。因此，这时候守城的人还能处于优势。但他们面临着疲劳的危险，而这正是穆罕默德二世的打算。那些守城的人个个都是全副盔甲，需要持续不断面对敌人轻装部队的攻击，而且他们还需要不断移动，去填补人员过少导致的空缺。这样被动的防御使得他们的精力很快就被大量消耗掉。到了两个小时后天开始亮起来时，由安纳托利亚人组成的第二梯队的攻击开始了。这些安纳托利亚人纪律严明，训练有素，并且穿了网状的铠甲；同时，他们在人数上也占据了优势，而且还会以逸待劳。对防守一方来说，考验这才真正开始，他们不得不为了填补那些缺口疲于奔命。但即便如此，进攻者的进攻还是一次次被击退，最后逼迫苏丹不得不把最后的预备队、他最精锐的部队——奥斯曼帝国武力的核心力量土耳其禁军①用上。他精心挑选出了一万两千名身强力壮的士兵，这些当时被欧洲视作最优秀的军人呐喊着向已经精疲力竭的敌人发起了冲锋。而在这千钧一发的时刻，拜占庭城内所有的钟全都敲响，号召着每一位还能拿起武器参加战斗的人都到城墙上去。水兵们也被从船上召集到了城墙上，因为真正决定性的战斗开始了。

当最勇敢的热那亚司令官朱斯蒂尼亚尼身负重伤被抬到船上以后，守城者们突然失去了主心骨，一时间出现了动摇。但这时候皇帝亲自赶到了，他率领人们稳住了局势，再一次成功地把攻城者赶下了城墙。拜占庭人又得到了一次喘息的机会。看来最危急的时刻已经过去，最疯狂的进攻也被击退。但就在这时，一次意外事故突然间就决定了拜占庭的命运，那不过是短暂的几秒钟时间，就那样难以预料地决定了拜占庭的存亡，如同历史总是会令人难以理解地在很短的瞬间做出决定一样。

这是件匪夷所思的事。在离真正攻击发起的地方不远处，几个土耳其人从外层城墙上出现的一个缺口冲进了城内。他们一开始不敢直接向内城进攻，但他们在第

---

① 14 至 19 世纪奥斯曼土耳其帝国精锐常备兵团。1363 年由苏丹穆拉德一世建立。最初由战俘奴隶组成。15 至 17 世纪形成特殊的征兵制度，每五年从被征服的巴尔干地区信仰基督教的民族中强行征召未成年男子，将他们分到奥斯曼军事封建主家庭生活数年，学习土耳其语言文字、风俗习惯并皈依伊斯兰教，逐渐从文化上进行同化，继而送入伊斯坦布尔、埃迪尔内的专门学校接受军事训练和宗教灌输，以培植对苏丹的效忠精神，尔后补入军中。禁卫军装备精良，纪律严格，训练有素，吃苦耐劳，为当时土耳其战斗力最强的精锐部队。

一道和第二道城墙之间漫无目的地乱撞时，他们无意间发现了内城墙中间的一个小城门——也就是被称作"凯尔卡门"的城门——由于没人能说清的原因，居然洞开着。这原本只是一个很小的门，是作为和平时期当别的城门关闭时人们通行用的，它并不具备军事意义。也正是因为这一点，所以才会在这令人激奋的最后一夜里被人遗忘。土耳其近卫军惊奇地发现这扇门为自己敞开着。本来面对坚不可摧的防御，他们起初还以为这是敌人的诡计，因为他们不敢相信会有这样荒唐的事存在。通常情况下，城墙的每一处缺口、每一个小小的窗口、每一个大门前都会堆积着尸体，还会有燃烧着的油和标枪劈头盖脸倾泻而下；但这地方却跟和平时一样安静与畅通无阻。于是那些土耳其近卫军呼喊来了援军，整整一支没遇到任何抵抗的部队就这样冲入了内城。而这时，那些在外城墙上做殊死搏斗的人们谁也没有察觉到自己的后背遭到了敌人的袭击。最糟的是，当有几个士兵发现身后出现了土耳其人时，居然发出了"城市被攻克了"的绝望喊叫。在战场上，最忌讳的就是有人喊出这样的话来，它会像瘟疫一样迅速传播开去，导致出现巨大的慌乱然后崩溃，那简直比最厉害的大炮还要能置人于死地。现在，土耳其人也开始跟着欢呼起来，他们大喊着："城市被攻下了！"于是，这喊声使得一切抵抗都失去了意义。那些雇佣兵认为自己被出卖了，纷纷离开阵地逃回港口。只有君士坦丁皇帝带着几个随从冲向敌人，浴血奋战也无济于事，最后战死。

在乱哄哄的人群谁也没能认出他来，直到他死后的第二天，他的尸体才被人们从一堆尸体中发现。人们认出了他穿的朱红靴子上饰有的金鹰。东罗马最后一位皇帝就这样光荣战死，跟随罗马精神与他的帝国同归于尽。

千里之堤溃于蚁穴——一扇被人遗忘的小门凯尔卡门，就这样决定了整个世界的历史进程。


# 十字架的倒下


历史有时就是在玩数字游戏。因为正好是在汪达尔人洗劫罗马城的一千年后开始的拜占庭的浩劫。一贯信守承诺的穆罕默德二世履行了自己的那个可怕的诺言。在第一次大屠杀发生后，他就听任自己的士兵开始对君士坦丁堡肆无忌惮地抢劫；每一间房屋、每一座宫殿和教堂都遭到了洗劫，数以千计的男男女女、老人和孩子如同遇到了地狱里的魔鬼，在街头巷尾被追逐杀戮。首先遭到洗劫的是教堂，那里有着数量巨多的金质器皿和各种珠宝；而每当那些匪徒闯进一所房屋里去后，他们就会在外面悬挂起自己的旗帜，告诉其他人这里已经有了主人。所谓的战利品除了珠宝、面料、黄金和其他浮财，还包括妇女、儿童和男人；女人是苏丹宫廷里的商品，男人和儿童是奴隶市场上的商品。那些藏在教堂里的人都被皮鞭驱赶到了外面。上了年纪的人是没有价值的，因此会被杀掉。年轻的人们被像牲口一样拴起来带走。抢劫的同时还展开了野蛮的破坏。那些在经过十字军同样野蛮的掠夺后残存下来的珍贵的圣徒遗物和艺术品，再次遭到了这群疯狂的胜利者们毁灭性的破坏，被砸碎、撕烂、捣毁。珍贵的绘画被烧掉，最杰出的雕塑被敲碎，而那些凝聚了数千年智慧、保存着古希腊人思想的书籍这无价之宝被焚烧殆尽，剩下的被随意扔掉，从此永远消失。后人永远也不可能完全弄清，当最后时刻来临时，那扇凯尔卡门的洞开带来的灾难究竟有多大。人们也许永远也估量不出，在罗马城、亚历山大利亚①和拜占庭遭到这样的浩劫后，人类的精神世界所遭受到的损害到底有多大。

　　一直到取得这样伟大的胜利后的那天下午，大屠杀才宣告结束。那之后穆罕默德二世才正式进入这座被他征服了的城市。他骑着自己那匹配备着金马鞍的骏马，神色严肃而骄矜。当经过遭到野蛮洗劫过的场合，他连看也不看一眼。他信守了自己的诺言，不干涉那些为他赢得了这场胜利的士兵们的可怕的行为。对他而言并非是要去争得什么，因为他已经拥有一切。他极其傲慢地径直走向大教堂这个拜占庭荣光的中心。原本他心怀向往，从自己的营帐仰望着圣索菲亚教堂那闪亮的钟形圆顶已有五十多天，却一直可望而不可即；现在，他作为征服者，可以随心所欲长驱直入教堂那铜质的大门。不过穆罕默德二世还是克制了一下自己：他已经把这座宏伟壮丽的教堂献给了真主，因此他首先该感谢真主。这位苏丹从马上下来，毕恭毕敬地俯身在地跪拜

---

① 亚历山大利亚，亚历山大大帝征服埃及后在尼罗河口建立的城市。始建于公元前332年，很快成为地中海东部的重要经济与文化中心。亚历山大死后，是埃及托勒密王朝的首都。罗马统治时期，是埃及行省首邑，也是罗马帝国境内仅次于罗马的第二大城。其中最著名的当属始建于托勒密一世（约前367—前283年），世界上最古老的图书馆之一的亚历山大图书馆。642年，这座图书馆曾数次遭遇火灾和人为的洗劫。

起来。接着他把一小撮泥土撒在了自己头上，他需要牢记自己不过是一个无法得到永生的凡人，因而不能过度炫耀自己的胜利。在向真主顶礼膜拜后，这位苏丹才起身以真主的第一仆人的身份步入这座由查士丁尼大帝建造的教堂。

怀着好奇心，这位苏丹激动地细心查看了这座富丽堂皇的建筑。它那高高的拱顶、晶莹闪亮的大理石和马赛克……、精致的弧形拱门，这一切在夕阳下显得格外明亮。穆罕默德二世觉得这座用来祈祷的世上最杰出的建筑不该属于自己，而应该属于真主。[①] 于是他马上吩咐人叫来一位伊玛目[②]，让他登上布道坛宣讲先知穆罕默德的教义。而这位土耳其苏丹则面朝麦加，在这座基督教的教堂向三界的主宰真主做了第一次祷告。第二天，他命工匠们清除掉所有的基督教痕迹。于是圣坛被拆除，作为装饰的马赛克被涂抹上石灰掩盖。千年来一直高高矗立在圣索菲亚大教堂圆顶上的十字架，伸展自己的双臂环抱人世间的艰难困苦，如今被卸下来扔在地上。

石头的十字架坠落到地面时发出的巨大声响在教堂内回荡，并传到了很远的地方。整个西方世界都在为这尊十字架的坍塌而震颤。噩耗传到了罗马、热那亚、威尼斯，也是在向法国、德国发出警示的巨雷。现在，整个欧洲都开始意识到了，正是因为自己的无动于衷才导致了这场浩劫的发生，它产生的破坏力竟然从那扇小小的被人遗忘的凯尔卡门闯入，一直波及大半个欧洲，所产生的暴力将限制欧洲数百年之久。然而历史就如同一个人的一生，千古之恨往往由一瞬的错误铸成。一旦出现了哪怕短短一个小时的耽搁，所造成的损失往往用千年的时间也难以弥补。

---

① 马赛克又称"锦砖"或"纸皮砖"，一种发源于古希腊的建筑装饰材料。拜占庭帝国时代是马赛克艺术的巅峰时期，大量的教堂开始使用马赛克美化，使用的色彩也越来越丰富，甚至大量的金箔也被运用进去。
② 伊玛目，伊斯兰教的一种职称。主要意思是领拜者，引申为学者、领袖、表率、楷模、祈祷主持人，也可理解为伊斯兰法学权威。

# 亨德尔的复活

　　他们站起来，随着这"哈利路亚"的合唱更靠近一点上帝，并在上帝面前展示自己作为仆人的敬畏。这之后，他们走出音乐厅奔走相告：一部从未有过的声乐作品问世了。全城的人也都跟着一起高兴，为能听到这部伟大的杰作而激动。

　　一七三七年四月十三日的下午，乔治·弗里德里希·亨德尔①的一位仆人坐在布鲁克那幢房屋底层的窗边，他正在干一件稀奇古怪的事。刚刚他发现自己的烟叶吸完了，这让他有点生气。其实不远的地方就有一家他女朋友开的杂货店，那里有他喜欢的新鲜烟叶，他只需要走过两条街就行。但现在他却寸步也不敢离开这幢房屋，因为他的主人、那位大音乐家正在盛怒中。他很怕这位主人。这样的情形是从乔治·弗里德里希·亨德尔排练完回到家后马上就开始的。他看见主人的脸涨得通红，太阳穴上的青筋都鼓了起来，进门后"砰"的一声关上门；而这时，他正在二楼踱着急躁的步子，连地板都被震动。作为仆人的他在楼下听得真切，每当主人像今天这样发怒时，他都会对自己的职守不敢有半点马虎。

　　于是，他只好干点别的来打发时间。这会儿他并没有跟往常一样吐出一连串的蓝色烟圈，而是为自己弄了一小罐肥皂水，用他那短短的陶瓷烟斗十分起劲地朝着窗外吐一个个五颜六色的肥皂泡。路过的行人都会停下脚步，高兴地用手杖把那些空中飘舞的肥皂泡戳破，然后哈哈大笑着挥舞一下手杖。他们对此并不感

---

① 乔治·弗里德里希·亨德尔（George Friedrich Handel，1685 年 2 月 23 日—1759 年 4 月 14 日），英籍德国作曲家，西方音乐史享有盛誉的音乐大师，被誉为圣乐鼻祖。

到好奇，因为在这幢布鲁克大街上的房屋里，什么都可能发生。有的时候，会在半夜时分突然从里面传出聒噪的羽管键琴①声；还有的时候会是某位女歌唱家的号啕大哭或抽泣呜咽。那位性情暴躁的德国人总是在大喊大叫，因为她们把一个八分之一音符唱得过高或者过低——因此，对那些格罗斯文诺住宅区的人们来说，这幢布鲁克大街二十五号的屋子长久以来就是一所疯人院。

那位仆人自得其乐吹着他的肥皂泡。不一会，他的技术越来越娴熟。那些五颜六色光洁的小泡泡越来越大，也越来越薄，当然也就越飞越高。其中一个甚至飞到了大街对面，飞进对面那幢房子的二楼。突然，楼上传来一声沉闷的震动声，把他吓了一跳。连窗户玻璃都被震得格格作响，窗帘也在晃动。仆人意识到楼上一定有什么又大又沉的东西摔倒，他从椅子上跳了起来，匆忙爬上楼梯跑到主人的工作室。

那张主人工作时坐的软椅是空着的，房间也是空的。就在仆人准备去卧室看看时，发现了躺在地板上一动不动的亨德尔。他两眼睁开，目光呆滞，发出混浊沉重的呼吸声。仆人惊呆了，站在那里发愣。紧接着他听到了主人的呻吟，不过也可能是短促的喘息，并且这种声音越来越微弱。

受到惊吓的仆人心想主人要死了，于是跪在地板上想要救已经处在半昏迷状态的主人。他想要把主人扶到沙发上去，可身材魁梧的主人身子太重，他只好帮主人把那条勒住脖子的围巾扯下来，因憋住气而发出的呼噜声消失了。

这时候主人的助手克里斯多夫·史密斯②上楼来了，他是为了抄录几首咏叹调刚刚到的。他也听到了那身跌倒时发出的沉闷声响。于是两人抬起沉重的身躯放到床上，把他的头用枕头垫高。亨德尔的双臂无力地垂下，就像一个死人。"把衣服脱了，"史密斯命令道，"我现在就去找医生，你先在他的身子上洒凉水，直到他苏醒。"

克里斯多夫·史密斯外套都忘了穿上就跑了出去。现在每分钟都是珍贵无比的。他边沿着布鲁克大街朝邦特大街急匆匆走，边试图拦下一辆马车。但那些马

---

① 羽管键琴，拨奏弦鸣乐器，又名拨弦古钢琴、大键琴。音译"哈普西科德"，16世纪至18世纪盛行于欧洲的键盘乐器。

② 克里斯多夫·史密斯，亨德尔多年的助手。其姓氏英文译成"Smith"。

车的马迈着小碎步，悠闲地行驶着，没有谁理睬这个穿着衬衣、气喘吁吁的肥胖的男人。但终于有一辆马车停了下来，那是钱多斯大人的车，马车夫认出了史密斯。这时史密斯顾不得礼节了，他一把拉开车门，对车里的公爵大人喊道："亨德尔要死了！我得赶快去找医生。"这位公爵酷爱音乐，是亨德尔这名音乐大师的挚友和赞助人。史密斯上车后，车夫用力鞭打了几下拉车的那几匹马。他们一起赶到了佛利特尔大街，把詹金斯医生从他的寓所里请了出来。当时这位医生正在忙着为人检查尿液。他们一起乘坐公爵的双轮轻便马车赶往布鲁克大街亨德尔的家。在路上史密斯显得很是绝望，他抱怨说："都是因为太多的烦恼和忧虑，他才被这样摧毁的，都是他们，他们把他折磨死的，这些该死的歌手和阉伶①，这些吹捧者和吹毛求疵的家伙们，真是一群蠹虫。为了挽救剧院，他一年里就写了四部歌剧②，可其他人却只知道去讨好、取悦女人和宫廷。看看那个意大利人吧，大家都快被他弄疯了，这该死的阉伶，这只发出颤音的猴子③。看看他们是怎样对待我们好心肠的亨德尔的吧！他把自己全部的积蓄都奉献了出来，那可是整整一万英镑！可他们却天天向他催债，完全就是想要逼死他。没有哪个人像他一样拥有这样辉煌的成就，也没谁像他这样把一切都奉献出来。可就算是一个巨人也会被累垮。唉，一个多了不起的人呀！难得一见的杰出天才！"

詹金斯医生一直默默听着。到了亨德尔家后，走进去前这位医生抽了一口烟，磕磕烟斗里的烟灰后询问："他多大年龄？"

"五十二岁。"史密斯回答说。

"这是一个很糟糕的年龄，他会像一头牛一样拼命工作。不过这个年龄身体也会跟一头牛一样强壮。好吧，让我们看看能为他做点什么。"

大家来到亨德尔身边。仆人找来一只碗端在手上，而克里斯多夫·史密斯则抬起亨德尔的一条胳膊，由詹金斯医生划破他的血管开始为他放血。鲜红的血淌

---

① 阉伶，指的是那些在进入青春期前通过残忍的阉割手术保持嘹亮清澈的嗓音的歌唱者。阉伶歌手最早出现在 16 世纪，当时由于女性无法参加唱诗班也不被允许登上舞台，梵蒂冈的西斯廷教堂首先引入了阉人歌手。
② 这里指的是 1736 年至 1737 年这一年时间里，亨德尔完成的四部歌剧。分别是：《阿塔兰塔》《阿米尼俄》《裘士提诺》《贝吕尼斯》。
③ 这是嘲讽当时与亨德尔敌对的伦敦另一家意大利歌剧院的主持人，18 世纪著名的意大利歌唱教师尼·卜泊松。

了出来。不一会亨德尔紧闭的双唇就松开了，他叹了口气，深深呼吸着睁开眼来，但他的目光中满是疲惫，黯淡无光。放完血后，医生包扎好他的手臂，他再没有什么别的可做的了。亨德尔想要坐起身来，他的嘴唇动了动，医生赶忙俯下身去。亨德尔开始说话，他的声音断断续续，听起来就像是在喘息："完了……我完了……一点力气都没有……没有力气，我不想再活下去……"

詹金斯医生仔细看后发现他的右眼直愣愣的，而左眼则在不停转动。医生试着抬了一下亨德尔的右臂，然后放开，亨德尔的右臂马上垂下了，完全没有知觉；然后医生再抬起他的左臂，左臂却能保持住。詹金斯医生现在知道了情况。

史密斯跟着医生一起走了出去。他心神不宁地问："什么病？"

"中风。现在右半身不遂。"

"那他……"史密斯欲言又止，"还能治好吗？"

詹金斯医生慢条斯理吸了一撮鼻烟。他不是很喜欢这样的问题。

"也许能。什么事都有可能。"

"难道他就这样瘫痪了吗？"

"目前看是这样，除非有什么奇迹发生。"

史密斯对亨德尔忠心耿耿，他并没有放弃。

"那他……他至少还能恢复工作能力吧？要是不能创作了，他是没法活下去的。"

这时詹金斯医生已经走到了楼梯口。

"不可能再继续创作了。"医生轻轻说，"也许能保住他的性命。但我们没法保住一位音乐家，这样的中风会影响他大脑的活动。"

史密斯看着医生，他完全惊呆了，目光中流露出悲痛和绝望。他的神情感动了医生，他对史密斯说："刚才我说过了，除非有奇迹发生。当然，我的意思是说目前我们还没有看到奇迹。"

就这样，乔治·弗里德里希·亨德尔半死不活地过了四个月。对他来说力量就是生命，而他的右半身像是死掉了似的，既无法行走，也无法写字，更无法弹琴，并且他还没法说话。他的嘴唇歪斜了，所能做的仅仅是从嘴里含含糊糊吐出一些不清晰的字句。当他的朋友为他演奏音乐时，他的那只左眼会露出一些光芒，就连无法动弹的沉重的身子也会跟着一阵乱动，样子像一个梦魇中人。看得出，他的手也很想随着节拍一起动，但他的四肢像是被冻住了，完全不听指挥，那是一种可怕的麻木不仁。而一旦音乐声消失，他的眼睑就会沉重地合上。这位昔日高大健壮的男人，现在感觉到自己是被活埋在了一座无形的坟墓里，无可奈何地像一具尸体般躺着。

后来，詹金斯医生认为这位音乐大师无法治愈了，万般无奈下他建议把病人送到亚琛①的温泉去，说也许那里滚烫的温泉能让病情有所好转。

然而在亨德尔的看上去僵硬的躯体里，有着一种难以捉摸的生命活力，就像深层的地下蕴藏的神秘温泉一样。这种活力来源于亨德尔坚强的意志——这是他生命的原动力。即使是遭遇了这种毁灭性的打击，这种意志也没有动摇过。正是这种意志让他不愿意看着自己不朽的精神随着无法永生的肉体一起消失。这位高大魁梧的男人没有屈服，他还要活下去，还要创作，而正是这种意志力创造出了违背自然规律的奇迹。在亚琛，医生们再三告诫亨德尔泡在滚烫的温泉里的时间不要超过三个小时，否则会对他的心脏造成损害，甚至会让他丧命。但只要恢复健康的强烈欲望难以抑制，意志就敢于冒险。那段时间亨德尔每天泡在温泉里的时间长达九个小时。他的行为让医生们大为吃惊，而与此同时，他的体能逐渐恢复。一个星期后，亨德尔已经能吃力地自主行走；两个星期后，他的右臂开始有了感觉。最终，意志和坚定的信心取得了胜利。亨德尔挣脱了死神的枷锁，重新获得了生命的活力。他的这一次胜利比以往的任何一次胜利都要辉煌和令人激动，那种难以言说的喜悦只有他自己才能体会得到。

在准备启程离开亚琛的最后一天，亨德尔已经能自如地行走。他自己走到了教堂。在教堂里，他表现出了前所未有的虔诚。当他迈着上帝重新赐给他的自由步伐走向唱诗台上的管风琴时，他的激动无法形容。他先是用自己的左手试着按动了一下琴键，风琴顿时发出清越、纯正的声音，声音在大厅内回响；接着他有些踌躇，那只右手藏在袖子里已经很久，如今已经变得生硬麻木。但看看吧，他伸出了他的右手，按动了琴键，管风琴同样发出了天籁般的声音。于是他进一步尝试着弹奏，起初有些犹豫，但很快就顺畅起来。他跟随自己的遐想弹奏着，情

---

① 亚琛（Aachen），又译阿亨。以欧洲中部最热的温泉著称，从公元 1 世纪起，这里就是疗养地。

感随着音乐起伏激荡。管风琴演奏出来的声音仿佛是一块块坚固的方石，渐渐垒砌起了高高的塔楼，并逐渐升高，直达天庭。这是奇妙无形的天才建筑，壮丽并高耸。无影无踪，唯有一种不可目及的明亮是来自声音的光。那些无名的修女和虔诚的教徒在唱诗台下聆听着，他们从未听到过一个凡人能演奏出这样的音乐。而这时的亨德尔显得加倍的谦恭，他低着头一个劲那儿弹奏着。他重新获得了使用音乐这种语言的权力，可以继续对上帝、对人类、对永恒倾诉。他又能弹奏乐器了，能再度开始自己的音乐创作。只有到了此时，他才感到自己是真正痊愈了。

"我从地狱里回来了。"乔治·弗里德里希·亨德尔挺起自己宽阔的胸膛，伸出双臂自豪地对那位伦敦的詹金斯医生说道。詹金斯医生不得不被这种奇迹般的结果所震惊。那之后，这位刚刚恢复健康的人怀着双倍的热情和创作欲望，如痴如醉地重新工作了起来。那种原本就有的敬业与奋斗精神，重新出现在这位已经五十三岁的人的身上。他的右手已经完全听从他的控制，他写了一部又一部歌剧，还创作出了大型的清唱剧①《扫罗》《在埃及的以色列人》，以及小夜曲《诗人的冥想》②。他的创作欲望仿佛是被封闭了很久的喷泉，如今源源不断地喷涌而出。只可惜时运不济，卡罗琳王后③的去世中断了演出，紧接着爆发了西班牙战争④。尽管在公共场所里每天都有人聚集在一起高呼口号和歌唱，但剧院却空空如也，导致亨德尔的剧院负债累累。紧接着寒冬降临，伦敦被冰雪覆盖，连泰晤士河都封冻了，雪橇在冰上滑过，发出咯吱咯吱的声响。在这恶劣的天气里，所有音乐厅都不得不紧闭大门，因为没有任何音乐能与这样的酷寒相抗衡。没多久，演员们也相继病倒，演出不得不一场场相继取消。亨德尔陷入了困境。他的债主不停地逼债，那些评论家们也对他投井下石加以讥讽，而公众一如既往漠不关心地保持沉默。这位斗士的勇气在渐渐消失。尽管后来的一场义演帮助他暂时摆脱

① 一种大型套曲结构，有一定的戏剧情节，由多种声乐曲以及管弦乐队组成，其中包括咏叹调、宣叙调、重唱以及合唱，是介于歌剧和康塔塔之间的多乐章大型声乐套曲，由管弦乐队伴奏。
② 创作于1740年1月至2月。歌词采用了英国诗人约翰·弥尔顿的诗歌。
③ 英王乔治二世的王后，被称为"安德巴赫的卡罗琳"（Caroline of Ansbach，1683年3月1日—1737年11月20日）。
④ 这里指的是1740年至1748年的奥地利王位争夺战。当时的英、荷、普鲁士为一方，西班牙和法国为另一方。

了高筑的债台，但这种乞丐般的日子让他觉得羞耻！于是亨德尔开始离群索居，心情陷入极度的抑郁中。他甚至觉得与其这样，还不如不要从当初的半身不遂里恢复过来。在一七四零年这一年，亨德尔再度品尝到了沉重的打击和失败的滋味。对他来说，往日的荣耀不过是风中的尘埃。虽然在这样的艰难困苦中他还在继续整理自己早期的作品，偶尔也会创作一些短小的作品，但那种洪流般的创作灵感却已经枯竭。他的身体恢复了健康，可体内的那股原动力已消失不见。他第一次感觉到了自己高大身躯的心力交瘁。就是这样一个从来不会承认失败的人，第一次感觉到自己被打败了。那股宛若神圣激流般的创作欲望，在他这样一个在三十五年时间里一直都能保持旺盛的热情和充沛精力的人身上消失。他再一次陷入绝望。他知道，或者说他以为自己知道：这一次他彻底完蛋了。他对着苍天长吁短叹：既然人们要在此埋葬我，上帝为何要让我从病患中重生呢？与其像现在这样在这冰冷的世上如一个游魂似的到处游荡，还不如在当初就死去。但在这种悲愤的自言自语中，他有时也会低声吟诵那被钉在十字架上的主说过的话："我的上帝呀，上帝，你为何要离开我？"

　　这样一个遭到人们遗弃的人，一个绝望的人，心灰意冷，完全不相信自己的能力，甚至也不再相信上帝。在那几个月里，亨德尔每晚都会去伦敦街头游荡，但他只敢在天完全黑下来后走出家门，因为白天那些债主会守在他门口等着他；而在大街上，他看到的也是人们冷漠和鄙夷的目光。他曾一度考虑过逃到爱尔兰去，因为那里的人们依然还在景仰着他……他完全没有想到自己会如此沦落，会如此颓废……他也想过逃到德国或者意大利去，说不定在那里，在那令人心旷神怡的南风吹拂下，他心里的冰雪能消融，创作的欲望和音乐的旋律会重新回到他荒芜了的心灵。他再也无法忍受这种没法创作的无能为力感，无法忍受一个已经向失败低头的乔治·弗里德里希·亨德尔。有时他会伫立在教堂前，但他知道，主不能给予他任何宽慰。有时他会坐在小酒馆里，但即使是喝得酩酊大醉，也无法找到那纯净飘然的创作灵感，而那些劣质的烧酒只能让他痛苦不堪地呕吐不止。还有的时候，他会来到泰晤士河的桥上，发呆地注视着跟夜色一样漆黑的河水，也许有过纵身跳下去的念头，或者那样的结果会更好些。这样的空虚令人压抑，远离上帝和人群的孤独太过于可怕。

一七四一年的八月二十一日是炎热的一天，伦敦上空仿佛被加上了一个快被熔化的金属盖子。天气阴霾、闷热。亨德尔不得不等到天黑才走出家门，他走到格律恩公园，想在那里呼吸一点清凉的空气。他在阴暗的树荫里疲惫地坐下，在这样的地方反而没人会发现他，自然就没人来折磨他。现在，他就像一个重病在身的人，对任何事都提不起兴趣，懒得说话，懒得创作，懒得弹奏和思考，甚至都厌倦了自己还有感觉。他找不到活着的意义，更不知道为什么和为谁活着。等天开始变黑时，他沿着贝尔美街和圣詹姆斯街往家走，摇摇晃晃像个喝醉了的酒鬼。他现在唯一的念头就是赶快回到家里躺下，然后睡过去。他不愿想任何事，只想睡觉，最好是不要再醒来。当布鲁克东大街上的那幢房屋里已经没有还醒着的人的时候，他回到了家，吃力地爬上楼梯——他是这样疲惫不堪，那些人的追赶使他精疲力竭——他现在每迈一步都非常吃力，木楼梯发出咯吱的响声。终于走进卧室，他用点火器点亮了写字台上的蜡烛。这些动作完全是无意识、机械的，是多年习惯的一种惯性。他似乎是要坐下来工作。他深深叹口气。在以前，每次当散步归来，他都会带回一段旋律，得赶快记下来，不然一觉醒来就会忘掉；但现在在他的桌上看不到一张纸了。那推动磨轮转动的水流已经干涸，没有什么需要开始，也没有什么需要结束。

但就在这时，桌上的一个四四方方的白色纸包引起了他的注意。他把它拿过来。那是一件邮包，他感觉到了里面是一份稿件。他匆忙把它打开后，看见最上面的一封信是詹宁斯——那位为《扫罗》和《在埃及的以色列人》写过歌词的诗人写给他的。詹宁斯在信中告诉他，自己写了一部新的剧本，希望他——这位伟大的天才音乐家能不弃，为自己拙劣的剧词谱上曲，好让它借助音乐的翅膀飞上永恒的天空。

亨德尔猛地站起身来，好像是碰到了某种令他厌恶的东西。难道这位詹宁斯也要来嘲讽他这样一个行将就木的半死不活的人吗？他愤怒地把信撕碎，然后揉成一团扔在地板上，并踩上几脚。怒骂着："这个无赖！流氓！"不够机灵的詹宁斯触碰到了亨德尔内心深处的伤口，使他痛苦不堪。接着，他吹灭蜡烛，气呼呼衣服也不脱就躺在了床上。在黑暗中他泪如泉涌，由于过于激动，他浑身都开始颤抖。这世界该是多不公平呀！一个人被剥夺了一切后，还要遭到讥讽，尝尽了痛苦的折磨后，还要被人继续折磨。他感到自己的心已经麻木，再也没有一丝力气。为什么要在这样的时刻来羞辱他？他的灵魂已经死了，神志已然不清，为什么在这种时候要他来面对一部作品？不，他现在只想睡，像牲口一样睡去。他想要忘掉一切，什么也不干！一个心烦意乱的人，一个彻底失败的人，就这样躺着，不想动一下。

可他怎么也睡不着。他的内心难得的平静，但却是那种因为心情过于恶劣后疲惫的平静，就像暴风骤雨下的大海。他辗转反侧，完全没有一点睡意。他开始想，是不是该起来去看看那部剧词呢？不，不能看。对他这样一个心已经死去的人，任何词句都毫无作用！不，是上帝让他跌入了深渊，把他跟生活的洪流隔绝起来，没什么能让他再度振作起来！只是在他心中总是有一股力量在搅动，那是一种神秘的好奇，并且越来越强烈；这股力量是如此强大，让无法入睡的他难以拒绝。于是他从床上爬起来，回到书房用颤抖的手点燃书桌上的蜡烛。当他的身体瘫痪时，那时难道不也出现过奇迹，使他重新站了起来吗？谁知道上帝会不会再度给予他振奋，救助他的灵魂呢？亨德尔把蜡烛移到那部剧词边，看到在第一页上写着"弥赛亚"① 几个字。他有些失望，看来又是一部清唱剧。要知道他前段时间写的那几部清唱剧都没能排演。但他还是翻开准备读，只是他的心情已经难以平静。

可当第一句进入他的视野后，他就被怔住了。"鼓起你的勇气"，这就是最开始的那句词。"鼓起你的勇气"——这歌词简直就是一句咒语。不，这不是歌词，而是上帝做出的答复，是来自天空里天使的召唤。"鼓起你的勇气"——这句歌词在一刹那有了声音，把他懦弱的灵魂唤醒过来；这是一句激励人要有所作为、有所创造的词语。刚体会到这第一句所蕴含的意义，亨德尔的耳畔就开始响起了音乐的旋律，紧接着各种乐器也开始在耳畔奏响。这些旋律和乐声开始飘荡、萦绕、呼唤、咆哮。啊，多么幸运呀！他又感受到了音乐的所在！

他一页页读下去，读着读着他的手开始不停哆嗦。是的，他被唤醒了，每一

---

① 弥赛亚，天主教译作"默西亚"，英语：Messiah，圣经词语，与希腊语词基督是一个意思。在希伯来语中最初的意思是受膏者，指上帝所选中的人，具有特殊权力。受膏者是"被委任担当特别职务的人"，是一个头衔或者称号，并非名字。

句歌词都是向他发出的呼唤，都有着不可抗拒的驱使他的心振奋起来的力量。

"主这样说"——难道这句歌词不正是对自己说的吗？难道不正是主的手曾经把他击倒在地，然后又仁慈地把他拉起来的吗？"他将使你的心灵纯净"——就是这样，这句歌词在他身上应验过了。此时此刻，他心中的阴霾一扫而净，心的天空变得明亮。这可怜的詹宁斯，这个住在戈布萨尔的蹩脚诗人，却成了拯救亨德尔的人。除了他，还会有谁能在这字里行间贯注如此振奋人心的力量？"他们把祭品奉献到主的面前"——是的，献祭的火焰已在心中点燃，很快就会直达云霄，回应那庄严美好的召唤。"这是你的主发出的强有力的召唤"——这句歌词简直就是针对他的——的确如此，这样的歌词该用嘹亮的长号、怒海狂涛般的合唱以及雷鸣般的管风琴来演奏，就像耶稣基督在第一天复活时，再度唤醒那些在黑暗中绝望行走的人那样。"看，黑暗即将笼罩大地"。一点没错，正因为黑暗依旧笼罩着大地，正因为人们还不知道得救的快乐，而他却在此时此刻领悟到了。几乎刚读完歌词，那段感恩的合唱"伟大的主呀，你是我们的领路人，是你创造了奇迹"就在他心中化作了音乐的旋律开始回响——就是这样，对创造出奇迹的主，就该这样赞美，主知道如何引领世人，而事实上主已经给了他这颗破碎的心以安宁！歌词还这样写道："因为主的天使已向他们走去。"——的确是这样，那有着音色翅膀的天使飞到了他的房间，触碰并拯救了他。唯一的区别是此时并没有成千人的欢呼、感恩、赞美和歌唱："光荣归于主！"这仅仅只是在他一个人的心中。

亨德尔一页页读着歌词，他完全沉浸进去了，仿佛置身暴风雨中。疲惫不见了，他感到从未有过的精力充沛，创作的欲望在全身弥漫。那些歌词像消融冰雪的阳光，照耀在他的心灵上。每一句都在穿透着他，使他豁然开朗。"愿你快乐"——他的耳边顿时响起了气势磅礴的大合唱，让他情不自禁抬起头，张开了双臂。"他是真正的救主"——是的，亨德尔就是要证明这一点，尘世间还没人做过这样的尝试，他要把自己亲身得来的明证高高举起，就像是在人世间竖立起一座丰碑。只有那经历过非常苦难的人才能懂得这样的欢乐；只有饱受折磨的心灵才能感受到仁慈的最后的赦免；而他，亨德尔正是要向世人证明：他曾死而复活。在读到"他曾遭鄙夷"这句歌词时，亨德尔陷入对往事的深深痛苦里。音乐的旋律也随即转入压抑和低沉。人们都认为他彻底失败了，在他还活着时就已把他埋葬，他们还尽情嘲笑他——"他们曾嘲笑着看着他"，"而当时没有一个人给这受难者以安慰"。难道不是这样吗？在他最无能为力、最需要安慰和帮助时，却没有一个人给过他哪怕一点点帮助，更别说安慰了，是那神奇的力量帮助的他。"他信赖上帝"，就是这样！他信赖上帝，并且看清了上帝并没有让他躺在坟墓里——"不过你不要把他的灵魂留在地狱"——不，上帝没有把他，把一个深陷困境、心灰意冷的人的灵魂留在绝望的坟墓，更没有留在地狱；而是再度唤醒他，要他肩负起为人们带来欢乐的使命。"昂起你们的头"——这样的歌词简直就是从他自己的内心喷薄而出的。但这是上帝所发出的伟大命令！他不由得打了个寒噤，因为他紧跟着就看到了詹宁斯手写的几个字："这是主的旨意。"

他屏住呼吸。想象不到一个人说出的话居然能如此应验，这只能是主从天堂通过天使传递给他的旨意。"这是主的旨意"——也是从主那里来的话语，是主的声音，是天意！必须要呼应主的呼唤，于是心声的海洋涌起了滔天巨浪，直达天庭，赞美主是每一个音乐家的本性与职责。哦，该牢牢抓住这句，让它反复、伸延、扩展、突起和飞翔，让它充满全部的世界，所有的赞美都应当围绕着这句话，要使得这句歌词像上帝本身一样伟大。噢，这样的歌词是瞬息即逝的，但美和无尽的激情能使它达到永恒的境界。看呀，这里写着的是："哈利路亚！哈利路亚！"[①]这就是音乐所应该加以无穷复唱的，世间所有的声音——清亮的、低沉的、男人坚定的、女人顺从的，都必须要汇聚成这同一个声音。"哈利路亚"的声音应该在有节奏的合唱中充盈、上升、转换，应该在歌声中聚合分散。而合唱的歌声将借助乐器演奏出的音乐的天梯上下起伏，还要随着小提琴的甜美一起悠扬，随着长号的嘹亮一起热烈，随着管风琴发出雷鸣般的共鸣：哈利路亚！哈利路亚！哈利路亚！——从这个词，从这个感恩的词中创造出一种赞美的歌，这歌将从尘世间腾跃而起，飞向天际，一直回到造物主那里！

亨德尔的眼睛被泪水模糊了，他激动得难以自已。但下面还有几页歌词等着他，那是清唱剧的第三部分。只是在这"哈利路亚！哈利路亚！"后，他无法继

---

[①]　哈利路亚，犹太教和基督教的欢呼语：赞美上帝。

续读下去。这几个元音唱出的赞美声充盈了他的心胸，开始在里面弥漫、扩散，仿佛燃起了熊熊的火焰，灼伤了他。这声音在攒动、在拥挤，它想要从他的心中迸发出来，想要升腾而去，回到它来的地方。亨德尔急忙拿起了笔，记下了心中回响的乐曲；他飞快地书写着，无法停下，简直就像是一艘鼓满了风帆的航船。四周的黑暗静寂得听不到任何声音，潮湿的夜空笼罩在这座城市的上方。但在他心中的天空却是一片光明，所有的旋律和乐声在他的房间里无声地奏鸣。

　　第二天早上，当仆人小心翼翼走进亨德尔的房间时，亨德尔还坐在书桌前写着。他的助手克里斯多夫·史密斯有些胆怯地问他是否需要帮着抄写乐谱，他只是粗声粗气嘀咕了一下，那之后没人敢再到他身边去打搅他。就这样，一连三个星期亨德尔没有离开过他的书房。每次给他送饭去，他也只是用左手撕下一块面包，而右手仍不停下书写。看得出他沉浸在里面了，如痴如醉。有时候他会站起身来在房间里走动，还会高声唱起来，自己给自己打拍子，目光放射出异样的光芒。每当有人跟他说话时，他都会像是被惊醒似的，回答得含含糊糊、语焉不详。这样的日子苦了那位仆人。来催债的债主、要求参加节日的康塔塔<sup>①</sup>大合唱的演员们、邀请他去王宫的使者，等等这些，都需要仆人帮他挡驾；因为哪怕他想要跟主人说一句话，正埋头创作的主人都会大发雷霆。在那几个星期里，乔治·弗里德里希·亨德尔忘了时间，忘了昼夜之分。他完全活在一个只有节奏和旋律的世界中，用于计算的只有节拍。他的身心被从心灵深处涌出的奔流卷走，当作品接近尾声时，那神圣的湍流也越来越湍急、奔放。他被囚禁在了自己心的天地里，只是踏着节拍的步伐，在那间他自设的牢房中来去。他一会儿歌唱，一会儿弹奏管羽键琴，一会儿又重新坐下来写，直到手指发痛。在他的一生中，从未有过这样疯狂的创作经历，也从未有过如此的呕心沥血。

　　到了九月十四日，这部作品终于完成——这一天是永远无法想象的一天——剧词变成了声乐曲，枯燥、缺乏变化的言词变成了生动而不会沉寂的音响。这像是他那瘫痪了的身体重新恢复健康一样，简直就是一个由心灵创造出来的奇迹。

---

① 康塔塔（Cantata），多乐章的大型声乐套曲。原意指声乐说唱的乐曲，后演变成包括独唱、重唱及合唱，由管弦乐队伴奏，各乐章具有一定的连贯性。1620年意大利作曲家A.格兰迪在其独唱用的《康塔塔与咏叹调》中，首先运用此名称呼他所作的文艺复兴时期单音音乐一脉相承的独唱曲。

当一切都完成、被弹奏过后，歌词变成了旋律，开始展翅翱翔——剩下的仅有一个词语、一个这部作品的词："阿门"，还没被配上音乐。现在，亨德尔要紧紧抓住这个"阿门"——这是两个紧密相连的短促的音节，它创造出了一种响彻天宇的声响。亨德尔要为这两个音节配上音调，同时还要设计不断变换的合唱，他要把这里两个音节拉长了，然后拆开来，重新组合到一起，由此来产生更加热烈的气氛。他要把自己的热情像上帝的灵魂一样注入这最后结尾的歌词里去，要让它变得和这个世界一样宏大和充实。他无论如何也不会放过这最后一个词，并且这最后的一个词也没有放过他。他为这个"阿门"配上了雄伟的赋格曲，把第一个更为洪亮的音节"A"当作是初始的那个音，让它在苍穹下萦绕、回旋、轰鸣，直至它的最高音抵达苍穹的最高处；这元音是逐渐高升上去的，起伏着由低到高，再低沉下来，然后重新升上去；他为这最后的升高加入了管风琴暴风骤雨般的轰鸣，并且这和声的强度一次比一次强，让它四处回荡，直到把环宇都充盈。到了最高的和声时，仿佛天使们也加入了合唱里，天地间的每一处都回荡着永无休止的"阿门！阿门！阿门！"的声音，似乎要把头顶的一切都开启。

亨德尔艰难地站起身来，他手中的羽毛笔掉到了地板上。他已经不知道自己身在何处，他什么也看不见、听不见。他感到浑身乏力，感到全部的精力都已尽泄。他步履踉跄，不得不扶住墙壁来让自己不至于栽倒。他感觉自己的身体像是已经死去，神志也开始不清。扶着墙他一步一步挪到了床边，然后倒下，睡着过去。

一个上午他的仆人三度轻轻打开门，但看见主人一直都在睡梦里，身体一动不动，像一尊石雕。他的双眼、双唇紧闭，脸上毫无表情。到中午，仆人第四次想要叫醒主人。他故意大声咳嗽，用力敲门，可亨德尔照旧睡得跟死了一样，无论什么都无法把他弄醒。这时克里斯多夫·史密斯也来了，但他也没法让亨德尔醒过来。史密斯俯下身去看像凝固在床上的亨德尔，看到他如同一位获得胜利后倒在战场上的英雄，因为难以想象的艰难搏斗耗尽了精力而死去。但克里斯多夫·史密斯和仆人并不知道亨德尔取得的是怎样的胜利，做出了怎样的丰功伟绩。看到亨德尔这样，他们只是害怕，亨德尔在床上这样一动不动躺着的时间太长了，他们不知道发生了什么，担心他再一次中风。到晚上，他们尽管用力摇晃，亨德尔还是无法醒来——他躺在床上整整十七个小时了——不得已，克里斯多夫·史密斯只好再去找医生。但不巧詹金斯医生去泰晤士河钓鱼去了，因此他没能马上找到他；当最终找到后，詹金斯医生对这样的打搅很是不满。但当他听说亨德尔病了后，马上就收拾渔具，回家取了自己的医疗包——这倒不需要多少时间——以便需要时为亨德尔放血。一匹小马拉着一辆载有两个人的车，终于启程朝着布鲁克大街快步驶去。

当他们就快到时，看见那个仆人站在街对面冲着他们挥舞手臂，大声喊叫着："他已经起来了，现在正在吃东西，吃得比六个搬运工合起来还多。他吃了半只约克夏白猪做的肘子，我为他倒了差不多四品脱的啤酒，他还嚷嚷着不够。"

的确如此。走进屋内他们看见亨德尔坐在餐桌前，样子俨然像是一位国王在享受着满桌丰盛的食物。他像是在这一天一夜把三个星期失去的睡眠全都补了回来似的，而现在他那魁梧的身躯正在索取消耗掉了的巨大能量。他不停地吃着，就像是要一口气把在三个星期耗尽的精力一下子恢复回来似的。

还没看到詹金斯医生他就哈哈大笑起来，笑声越来越响亮，整幢屋子都被他的笑声震动。史密斯还记得，在之前的整整三个星期里，从没在亨德尔脸上见到过笑容，有的只是紧张和恼怒的神情。而现在，他那被积蓄起来的率真的愉快终于爆发出来了，化作笑声的海涛拍击着海岸——亨德尔一生中从未像这样快乐过。他笑得畅快、自然、天真，因为这笑证明了他身心的彻底痊愈，并对生活充满了信心和热爱，而正在这时他看见了詹金斯医生。他高举起啤酒杯，摇晃着向穿着黑色大氅的医生问候。詹金斯医生惊奇地看着他问："到底是谁要我来的？你这是怎么了？喝多了吗？怎么一下子变得这样兴趣盎然！到底发生了什么？"

亨德尔两眼放光看着医生，继续笑了会。然后他停下笑，变得严肃起来。他慢慢站起身来走到了羽管键琴前坐下，先是用手在键盘上挥了挥，仿佛是要赶走什么似的，然后转过身来诡谲地笑笑，随即开始轻声哼唱起那咏叹调："你们听着，我来告诉你们一个秘密"——这是《弥赛亚》中的一段歌词，正是这样诙谐地开始的。当他刚要把手指伸到温暖的空气中去时，温暖的空气似乎立刻就把他自己也吹走了。开始演奏后，亨德尔即刻就忘了在场的其他人，甚至也忘了自己。从羽管键琴里流出独特的音乐的激流。不一会，他就重新陷入自己的音乐作品里。他唱着，弹奏起最后的那几首合唱曲；之前，这几首合唱曲只是在梦里听到过，而现在，他第一次在清醒状态下听到了它们："啊，让你的痛苦死去吧！"这样的时刻里，他感到了自己内心洋溢的热情。他让歌声越来越高亢，好像他自己就是那唱着赞美歌、在热烈欢呼的合唱队。他边弹边唱，一直唱到"阿门，阿门，阿门"，此时他把全部的力量都贯注到了音乐中，顷刻间整个房间似乎都被各种声音汇聚起来的洪流冲破。

詹金斯医生被震撼了。当亨德尔站起身时，他不知所措，胡乱夸奖道："老兄，我还没听到过这样的音乐呢。你肯定是中魔了。"

当亨德尔再度转过身来时，他的脸色却阴郁了下来。是的，这部作品让他自己都感到吃惊，它仿佛是天使在梦中传授给他的。他开始有些羞涩起来，用几乎难以听清的声音轻轻说道："我更愿意相信这是上帝在帮助我。"

几个月后，两位衣冠楚楚的先生敲响了艾比大街上那幢公寓的大门。那位从伦敦来的高贵的客人——伟大的音乐家亨德尔旅居都柏林时就住在这幢公寓里。两位先生恭敬地说出了他们的请求。他们说这几个月来，这座爱尔兰的首府为能欣赏到亨德尔如此了不起的作品而感到无比荣幸与高兴，他们说在这座城市里，从来就没能有机会聆听到这样伟大的音乐作品，而现在他们听说将会在这里首演他的新作清唱剧《弥赛亚》，把自己最新的作品献给都柏林而不是伦敦，让他们感到荣幸之至。并且考虑到这部大型声乐协奏曲的出类拔萃，一定能获得不菲的收入，因此他们想问，这位慷慨大方的音乐大师是否愿意把首演的收入捐献给他们所代表的那家慈善机构。

亨德尔很友善地看着他们。他的确爱这座城市，因为正是这座城市给了他如此的厚爱，把他的心扉打开。他笑着说他愿意，不过他们应该说明要捐献的是哪家机构。"专门帮助那些身陷监狱的人的。"第一位先生和颜悦色、满头白发。"还有慈善医院里的病人。"另一位接着补充道。他们接下去还强调说，捐献的仅限于首演的收入，其余的演出收入全都归音乐大师所有。

但亨德尔拒绝了。他低声说："不，演出这部作品的全部收入我分文不要。我从不会欠人的债。这部作品应该属于那些被病痛折磨的人，以及那些身陷囹圄的人们，因为我就曾经是一个病人，正是这部作品治愈了我；我也一样曾身陷囹圄，同样是它拯救了我。"①

那两个男人抬起眼看着亨德尔，感到了迷惑。他们显然没有理解亨德尔这番话的意思。但他们还是再三表示感谢，鞠躬然后退了出去，然后把这个喜讯向都柏林全城的人们宣告。

一七四二年的四月七日，这是最后的一次排演的日子。排演只允许两个主教堂的合唱团成员的一部分亲属旁听，并且出于节省开支的目的，连灯光都尽可能减少了。来旁听的人三三两两坐在空荡荡的大厅里的长椅上，准备着聆听这位来自伦敦的音乐大师的最新作品。大厅宽敞而阴冷、潮湿。但随后发生了一件事：排演中，当如同激流奔腾的多声部合唱转为低沉的吟唱时，原本稀稀拉拉分开来坐在大厅里的人们聚集到了一起，形成了一个黑压压安静的人群；这群人倾听着，惊异赞叹。他们中的任何人都不曾听到过如此雄浑的音乐，他们本能地感觉到，要是单独一个人听，很可能会被这音乐产生的千钧之力压垮，会被强大的音乐的洪流冲走。因此他们聚集到一起，相互扶持着，像是要把大家的心合成一颗，恰似那聚集到教堂里的虔诚的信徒们。他们渴望从这气势磅礴的混声合唱中获得信心，各声部的合唱交织起来，不断变幻着形式。面对这样粗犷、强烈的巨大力量，任何人都会觉得自己的渺小，但又心甘情愿被这股洪流卷走。

欢乐一阵阵向人们袭来，就像是针对一个人似的。当"哈利路亚"雷鸣般的歌声第一次响起时，听众里有一个人情不自禁站了起来，然后其他人也跟着他站了起来，他们感觉到了一股强大的力量把他们俘获了，令他们无法继续匍匐在地。他们站起来，随着这"哈利路亚"的合唱更靠近一点上帝，并在上帝面前展示自己作为仆人的敬畏。这之后，他们走出音乐厅奔走相告：一部从未有过的声乐作品问世了。全城的人也都跟着一起高兴，为能听到这部伟大的杰作而激动。

四月十三日那天晚上，人们在音乐厅的大门口聚集起来。所有来的女士都没穿着钟式裙子，所有赶来的绅士们都没有携带自己的佩剑——只为了能为大厅腾

---

① 从这时候开始，亨德尔每年都会亲自指挥演出一次《弥赛亚》，专门用来为孤儿院募捐。即使是在他双眼失明后也没有间断。他禁止在他活着的时候出版这部作品，目的就是为了能募集更多的款项。

出更多的空间留给听众。七百人——这是前所未有的数字——挤满了音乐厅，在演出开始前人们交头接耳，谈论着这部作品所得到的赞誉，但当音乐开始后，整座大厅里顿时鸦雀无声，并越来越静寂。随着多声部合唱所迸发出的排山倒海般的气势，每个人的心都开始颤抖。亨德尔站在管风琴旁，他要亲自监督自己作品的排演。如今这部作品已经不属于他一人，他自己也被陶醉，甚至感觉到了一种陌生感，似乎这是他第一次听到、以前从未曾出现过、更没有被人演奏过的音乐。他的心开始被这巨流激荡起来。当最后大合唱"阿门"的声音响起时，他也不知不觉张大嘴，跟着合唱团一起唱起来。他感觉到自己是第一次唱出这样的声音。接着，音乐厅被人们赞美的欢呼声所淹没，欢呼声一阵高过一阵，在大厅内回荡起伏。而这时，他却悄悄溜出去，避开那些想要向他致谢的人们。因为他认为需要答谢的不是他，而是上帝，是上帝赐予了他这部作品。

既然闸门被打开了，声乐的激流就再也没停歇过，它年复一年地奔流不息。从那时候起，再也没有什么能令亨德尔屈服的了，谁也不可能把这个复活了的人重新埋葬起来。尽管他伦敦的歌剧院再度破产，债主们又开始向他逼债，但他抵挡住了这一切，从此真正站立了起来。那之后这位六十岁的老人泰然自若地沿着自己作品所指明的道路无所旁骛地走着。每当有人给他制造麻烦时，他都能战而胜之。尽管时间销蚀了他的精力，他的双臂不再那样灵巧；尽管痛风使得他的双腿不时痉挛，但他的心却不知疲倦，继续不断创作着。最后，他的双目失明了——那是在他创作《耶弗他》①这部作品的期间。但他仍然孜孜不倦地创作着，一如伟大的贝多芬用听不见的双耳创作一样。并且，他在人世间取得的成功越是了不起，他在上帝的面前就越是恭敬。

跟所有那些对自己严格要求的真正的艺术家们一样，亨德尔从不会为自己的作品而沾沾自喜，他只是深爱着自己的那部《弥赛亚》。之所以会这样，完全是出于一种感激之情，因为正是这部作品把他从绝望中拯救了出来。每年他都要在伦敦演出这部作品，然后把获得的五百英镑演出收入全都捐献给各家医院，帮助那些残疾人和那些身陷囹圄的人。同时，他也要用这部曾帮助他从地狱里走出来

---

① 《耶弗他》(Jephta)是亨德尔1751年创作的一部清唱剧。在创作这部作品的总谱时，亨德尔因患白内障左眼首先失明，之后虽经过多次手术，但最终在1753年1月完全失明。

的作品向世人告别。一七五九年的四月六日，七十四岁的亨德尔身染重疾，他还是坚持再度在柯文特花园剧院里走上指挥台。他高大的身躯站在了他的那些忠实的信徒中间，站在了那些音乐家和歌唱家的中间；虽然他的双目看不见光明，但当各种乐器奏出的声乐的波涛开始向他奔涌而至时，当无数人发出的赞美声狂风暴雨般朝他袭来时，他那疲倦的面容顿时变得神采奕奕。他张开双臂挥舞着指挥棒，控制着音乐的节奏和节拍，他跟着大家一起放声高歌，唱得是那样专注、虔诚，仿佛他就是那站在自己灵柩前的牧师，是为了拯救自己和所有人的灵魂在做着祈祷。只有一次，他的全身哆嗦了起来，那就是在他喊出"长号吹响"后，所有的管乐同时响起的时候，他昂首看着天空，好像是已经做好了准备，随时接受那最后的审判。他深知已经完成了自己的事业，而且还是尽了最大的努力。他明白自己可以抬起头、挺着胸走向上帝面前。

演出结束后，他的朋友们把他送回了家。他们都感到了这是最后的道别。躺在床上，他翕动的嘴唇喃喃地说着自己希望在耶稣受难日那天离开人世。对此医生们感到很好奇，他们不能理解他的想法，因为他们不清楚，那一年的耶稣受难日，也就是四月十三日那天，正是他被那沉重的一击打倒在地的日子①，也是他的《弥赛亚》第一次公演的日子。在他心中，属于他的一切都在那天死去了，但也同样是在那一天里复活的。而现在，他却宁愿自己在那一天死去，以便确信自己能得永生。

的确，我们唯一的意志——上帝既能够决定生，也能决定死。四月十三日那天，亨德尔耗尽了自己全部的精力。他无法看见，也再无法听见。他巨大的身躯一动不动地躺在垫褥上，看上去就像一个空空如也的躯壳，却似一个空了的贝壳能让大海的呼号充盈自己，听不见了的亨德尔的内心被音乐充盈着。这音乐的滚滚洪流缓缓从他那耗尽了全部精力的躯体里带走了他的灵魂，并高高托起，送入无垠的环宇中。第二天，当复活节的钟声还没敲响时，乔治·弗里德里希·亨德尔的那无法永生的躯壳终于死去。

---

① 这里指的是 1737 年亨德尔的那次中风。

# 一夜天才

　　这群马赛人唱的是什么歌？这样动人心弦？伴随着战鼓声，歌声仿佛是发出的号角声，拨动了人们的心弦，激荡起人们内心的激情："公民们，武装起来！公民们，投入战斗！"

　　一七九二年，对这次皇帝和国王们的联合行动是应战还是求和，法国议会经过三个月的讨论仍然没能得出结果。路易十六①自己也拿不定主意，完全看不出他的倾向。他既担心革命党的胜利带来的危险，也担心他们的失败可能带来的危险。各党派之间也是争执纷纭——吉伦特派②为了保持住自己的权力急于开战，而罗伯斯庇尔③跟雅各宾派④则想要借此机会夺取政权而力主和平。形势一天天变得紧张，各家报刊议论纷纷，各个俱乐部里也是争论不休，全巴黎谣言四起，并且越来越耸人听闻。公众舆论因此开始变得激昂起来，有失去控制的危险。当四月二十日，路易十六对奥地利皇帝和普鲁士国王宣战时，人们一下子像是得到了解脱。

---

① 路易十六（Louis XVI，1754 年 8 月 23 日—1793 年 1 月 21 日），法国波旁王朝国王，路易十五之孙，法兰西波旁王朝复辟前最后一任国王。法国历史上唯一被处决的国王，欧洲历史中第二个被处死的国王。
② 吉伦特派（Girondist），是法国大革命时期立法大会和国民公会中的一个主要政治派别，代表当时信奉自由主义的法国工商业界。
③ 马克西米连·佛朗索瓦·马里·伊西多·德·罗伯斯庇尔（Maximilien Franois Marie Isidore de Robespierre，1758 年 5 月 6 日—1794 年 7 月 28 日），法国革命家，大革命时期重要领袖，雅各宾派政府的实际首脑之一。
④ 雅各宾派是法国大革命时期参加雅各宾俱乐部的激进派政治团体。主要领导人有罗伯斯庇尔、丹东、马拉、圣茹斯特等。

这段时间里，巴黎的上空似乎是被一股强大的电流笼罩着的，人们都心烦意乱。那些边境城市更是人心浮动，惶惶不可终日。军队已经在临时营地集结，城市、乡村的武装志愿人员和国民自卫队都被动员了起来，人们到处检修工事要塞，尤其是阿尔萨斯①地区的人最清楚，德法之间的争斗又跟往常一样将要降临到他们的土地上。莱茵河对岸的所谓"敌人"对那里的人们来说，可不像对巴黎的人们那样不过是个模模糊糊，可以当作慷慨激昂的演说词的概念，而是实实在在、看得见的真实存在。在那里，无论是从被加固了的桥头堡旁，还是从主教教堂的塔楼上，都能清楚地看清对岸正在来来去去的普鲁士军队。每到夜里，对岸就会随着月光下河水的流动，传来隆隆的炮车移动的声音，还有各种武器碰撞时发出的叮当声和军号声。谁都清楚，只要一声令下，现在还是缄默着的普鲁士的大炮就会开始发出雷鸣般的轰响和闪电般的火光。就这样，法德之间延续了千年之久的纷争再一次开始——但这一次有点不同，一方是以保卫新的自由的名义，而另一方则是以维护已有秩序的名义。

因此，一七九二年四月二十五这一天就成了不同寻常的一天。这一天，各地驿站的紧急信差很快就把宣战的消息从巴黎传递到了斯特拉斯堡②。人们迅速从各自的家里走来，聚集到了公共广场。所有的驻军都开始为出征做最后的检阅。团队一个接一个在行进，身披三色绶带的迪特里希市长在中心广场主持了检阅仪式，他挥动缀着国徽的帽子向士兵们致意。军号和战鼓声，让所有人都屏住了呼吸。市长用法语和德语向聚集在广场上的人们宣读了宣战书。他的宣读结束后，军乐队吹奏了一支临时性的革命军歌《前进吧！》。本来这是一首纵情而诙谐的舞曲，但即将出征的团队却用自己沉重有力的正步赋予了这首曲子以威武雄壮的节奏感。那之后人群散去，把激发起了的热情带到大街小巷和各家各户。在那些咖啡馆和俱乐部里，人们在相继发表着富有煽动性的演讲和散发传单。所有的号召无不都是这样开头的："公民们，武装起来！举起战旗！警钟已经敲响！"演讲、报纸、布告，甚至每个人的嘴里都重复着这类铿锵有力、节奏感分明的呐

---

① 阿尔萨斯（Région Alsace），法国东北部地区名及旧省名。

② 斯特拉斯堡（Strasbourg），法国东北部城市，阿尔萨斯大区的首府和下莱茵省的省会。市区位于莱茵河西岸，东侧与德国巴登－符腾堡州隔河相望，西侧则为孚日山区。

喊："公民们，武装起来，让那些头戴王冠的暴君们颤抖吧！前进！自由的孩子们！"每次这样的呐喊声响起，人们都会为之欢呼。

欢呼声在大街小巷、在广场上传响。但在这无处不在的欢呼声里，也总会隐约传出不协调的杂音，有人会悄悄嘀咕，因为宣战同样也带来了恐慌和焦虑。但大多数时候，这样的声音只能在隐蔽的场所才会出现，要不就从嘴边憋回去，千万不要说出来。全世界的母亲都一样，她们的心里总是在念叨着：难道外国兵就不会杀死我们的孩子？全世界的农民都会一样关心他们的财产、土地和茅舍，还有家畜和庄稼。他们也会在心里犯嘀咕：难道自己的家就不会遭到暴徒的抢劫？难道自己的土地上就不会血流成河？但斯特拉斯堡的市长弗里德里希·迪特里希男爵——他是一位真正的贵族——跟当时法国所有追求进步的贵族一样，决心献身于争取自由的事业。他要用洪亮而铿锵的声音向人们表达这种信念。他有意要把宣战的这一天变成公众的狂欢。他的胸前斜披着三色绶带，从一个集会赶到另一个集会，鼓舞、激励着市民们。他用酒食犒劳那些即将出征的士兵；到了夜里，他召集起各级指挥官和军官，还有那些职位重要的文官，邀请他们到自己坐落在布罗格尼广场旁宽敞的宅邸，一起参加欢送宴会。热烈的气氛让欢送会有了庆功会的味道。始终都对胜利充满信心的将军们坐在主宾席上，那些觉得战争能为自己的生活添姿加彩的年轻军官们相互自由交谈着，彼此鼓励。他们有的挥舞军刀，有的相互拥抱，有的祝愿干杯，还有一些手拿酒杯在作着慷慨激昂的演讲。而在他们每个人说出的话语里，都有着对那些报刊和传单上的宣言的重复："公民们，武装起来！前进！拯救我们的祖国！让那些头戴王冠的暴君们颤抖吧。现在，胜利的旗帜已经展开，把三色旗插遍全世界的日子到来了！现在，每个人都要为了法国国王、为了三色旗和自由竭尽全力！"这样的时刻，举国都是对胜利的信心以及对自由事业的热情向往，人们达到了难得一见的空前团结。

就在这类演讲和祝酒进行时，迪特里希市长突然转向坐在自己身边的要塞部队的年轻上尉鲁热。他想起这位举止优雅、但长得并不出众的年轻军官，在半年前宪法公布的那一天写过一首很不错的自由颂歌，他所在的团队的那位音乐家普莱耶尔很快就为这首诗谱上了曲。这首朴实简单的歌曲很上口，适合演唱。因此军乐队练习了这首曲子，并在公共广场上演奏和合唱过。如今宣战和出征正好需要一种能表现庄严场合的音乐，因此这位市长就想起了年轻的鲁热上尉和他那首诗（这位上尉为自己的名字加上了一个贵族的标志"德"，并为自己取名"鲁热·德·里尔"。实话说他并没有这样的资格），不知道他是否愿意借助自己的爱国情绪，为即将出征的部队创作一些歌词。最好是能为明天就要去讨伐敌人的莱茵军团谱写一首战歌。

鲁热天性谦逊，是一个再普通不过的人了。他从没把自己看作是一个词作家——他的诗作从没刊印出来过，他写的那些歌剧也从未演出过——不过他知道自己擅长即兴写作。为了这位既是好友又是高官的市长大人，他立刻表示自己愿意试试。"好极了！鲁热。"坐在他对面的那位将军马上向他敬酒，并对他说，写好后立刻就交给他，他要带到战场上去，莱茵军团正需要这样一首鼓舞人心的爱国进行曲。这时候边上另一位开始夸夸其谈起来，接着又是敬酒、寒暄。很快，两人间的这次交谈就被现场的喧闹淹没。酒宴越来越让人欢乐，喧闹声掀起一阵阵热情的浪涛，使人们变得疯狂起来。当所有的来宾离开时，已经过了午夜。

午夜过去很久了，也就是说因为宣战而使得斯特拉斯堡振奋和喧嚣的一天——四月二十五日已经过去，四月二十六日已经开始。尽管黑夜里的斯特拉斯堡显得无比安静祥和，但这不过是一种表面现象，因为全城实际上处在一种躁动下。在军营里士兵们做着出征前的准备，一些胆小的人或许已经从店铺的后面悄悄溜出城去了。街上有一队队行进中的步兵，不时会传来通信骑兵的马蹄声；紧接着是沉重的炮车行进时发出的沉闷声响，口令声在一个个岗哨间传递。敌人已经离得很近，全城的人在这样一个决定性的时刻难以入睡。

而鲁热也不例外。他此时正登上中央大道一百二十六号那幢楼的旋转楼梯，走进自己的小小房间。他感到了某种特别的兴奋，因为自己许下的诺言，他得尽快为莱茵军团写出一首军歌，一首进行曲。在狭窄的屋子里他来回踱着步，内心很是不安。他在思考着如何开头，这才是最关键的。这时候各种传单、报刊的社论还有演讲与祝酒辞在他心头翻滚，那些鼓舞人心的词句太多了，让他理不出头绪。"公民们，武装起来！前进，自由的孩子们！……消灭专制……举起战旗！……"但与此同时他想到了以前听到过的一些话，想起那些为自己的儿子担忧的妇女们的声音，还有农民们的担心——他们害怕法国的田野会遭到外国士兵的践踏，担心那里会血流成河。他下意识写下了头两行歌词，无非是对那些呐喊的回应和复述。

前进，前进，祖国的儿郎。

那光荣的时刻已经来临！

但他马上停了下来。他呆住了，完全没想到会写得如此恰到好处。看来开头相当容易。现在需要的是找到相应的节奏，为这两行歌词找到旋律，他从柜子里拿出小提琴来，试着演奏了几下。很好，一开始的几个节拍很快就跟歌词的旋律融合起来。于是他迅速写下去，他感到身体里有股强大的力量涌出，驱使着他向前。所有的一切——他在街道上、宴会上听到的各种话语，感受到的各种情感，还有对暴君的仇恨、对故土的忧虑、对胜利的信心与渴望，以及对自由强烈的爱，等等，现在都汇聚了起来。鲁热根本不需要思考，不需要虚构，他只需要把今天一天中听到的那些词语合上韵，合上旋律和节奏就行，就能把全体国民心中的感受表达出来，无论是说还是唱都一样。而且，他还不需要谱曲，因为那节奏就在大街上，在时间中，在士兵行进的步伐中，在军号和战鼓的声音中，在炮车的辚辚声中；这种节奏和旋律穿透了百叶窗，贯入他的耳里——或者他并没有意识到，也没有去刻意用灵敏的耳朵倾听。但在这天夜里，蕴藏在他那无法永生的躯体里的来自时空的灵感已经感受到了这种节奏。因此，旋律开始渐渐驯服于这样的节奏——全体国民脉搏的律动。鲁热越写越快，歌词和乐谱像是由某个看不见的人在对他口述，而他仅仅是在记录。一个他这样的普通市民，原本有些狭隘的心胸里从未有过这样的激情。这根本不是一直属于他的亢奋与热情，而是来自某种神奇的魔力，这种魔力在某个瞬间突然汇聚到了一起，通过他迸发，并将他这个并不具备多少才华的人驱赶到了一个陌生的地方。他就像是一枚被发射出去的火箭，闪耀出了短暂而炫目的光芒与火焰，飞向了群星。一夜之间，我们的这位鲁热·德·里尔上尉就跻身于不朽者的行列中了。

从街头、报刊上汲取来的最初的呐喊声，构成了他那些极富创造性的歌词，并升华为一段永恒的诗章，一如这首注定会千古传唱的曲子一样。

我们在神圣的祖国面前，

立誓要向敌人复仇！

我们渴望珍贵的自由，

决心为它而战斗！

接下去的五个诗节，他几乎一气呵成。那汇聚起了各种力量的激情自始至终伴随着他，一直到最后一句。歌词与旋律简直就是浑然天成——在破晓前，这首注定将会不朽的歌曲完成了。鲁热把灯熄灭躺倒在床上。正如他不知道刚才为什么会如此思如泉涌、会如此灵感爆发一样，现在他也不知道为何会感到如此疲惫。他浑身无力，沉沉睡去。现在的他，天才诗人的灵感和创造力消失了，但在桌上已经存在着那件完成了的，不再属于这个正沉睡着的人的伟大作品。它就是那样不期而至，降临在了他这样一个人的心中。这就是奇迹。这首歌的词曲几乎是同时产生的，中间完全看不出间歇，词曲的结合是如此完美，这在人类所有民族的历史中是绝无仅有的。

当大教堂的钟声跟平时一样敲响时，新的一天到来。小规模的接触性战斗已经打响。莱茵河上的阵风不时将枪声吹来。鲁热醒来，他睡意仍浓，但他还是咬着牙强迫自己起来。在意识不是很清里，他感觉到有某件与自己有关的事发生过了，他只依稀记得一点。但不久后他就看见了桌上墨迹未干的纸张。诗歌？我什么时候写的？歌曲吗？我亲手写下的？但我什么时候为它谱过曲呢？啊——他想起来了！这不就是昨晚迪特里希市长要的那首莱茵军团军歌吗！鲁热拿起自己写的歌，开始轻轻哼唱，不过他也像每一个作者一样，对自己的作品总是觉得不满意。好在隔壁住着团里的一位战友。他就把这首歌拿过去给这位战友看，唱给他听。感觉这位战友很满意，只为他提了一些小小的修改意见。鲁热从这最初得到的赞许中获得了自信。他怀着一颗作者常有的忐忑和对自己能迅速完成许下的诺言的自豪，马上赶去了市长家。市长当时正在花园里散步，并在心里为一篇演讲打腹稿。说什么，鲁热？你说你已经写出来了吗？那好，我们就来看看，一起来试着唱唱。两人从花园回到了客厅，迪特里希来到钢琴前坐下，开始用钢琴伴奏，让鲁热唱。市长夫人被这清晨传来的音乐声惊动了，她也来到了客厅。她答应把这首歌抄写几份。作为一名训练有素的音乐家，她还答应为这首歌谱写伴奏曲，好在今晚里举办的社交晚会上跟别的歌曲一起演唱。一向为自己甜美的男高音感到自豪的迪特里希市长，此时开始仔细琢磨起这首歌来。四月二十六日那个晚上，在市长先生的客厅为那些经过挑选的上流社会人士首次演唱了这首歌曲——而这首歌是在那天凌晨完成的，也就是说还不到一天时间。

听众都友好地为之鼓掌，这通常是对在座的作者的一种礼貌的表示。但现在这些在斯特拉斯堡公共广场旁的德·布罗格尼饭店里的客人们，显然不可能预感到：一首不朽的歌曲，已经借着一双无形的翅膀降落到了人间。一般来说，一个人或者一部作品的伟大，往往很难被它同时代的人看出来。甚至连作为音乐家的市长夫人也没能意识到这是一个特殊的历史时刻。这点可以由她写给她兄弟的一封信里得到证明。在信中，她居然把这样一件奇迹轻描淡写，说成是一件社交界里发生的小事。她是这样写的："你知道，我们家总是招待很多人，也总是会想出一些法子来让大家得到乐趣。因此那天我丈夫想出了一个主意：让一个人给一首即兴歌词谱曲，工程部队的鲁热·德·里尔上尉是一名和蔼可亲的诗人兼作曲家，他很快就写出了一首军歌，而我丈夫又刚好是一个优秀的男高音，于是他就唱了一遍这首歌。这首歌很有魅力，富有特色，唱得也相当不错，很是生动活泼。我也尽力发挥了点作用，为钢琴和别的乐器的演奏写了总谱，为了这件事忙得我不亦乐乎。这首歌已经在我们这儿演奏过了，社交界认为还不错。"

"社交界认为还不错"——在今天的我们看来，这句话很是冷淡，仅仅是表示一种好的印象，或者不痛不痒的赞许。不过这在当时是可以理解的，原因是《马赛曲》这样一首歌曲在它的第一次演唱时，是很难显现出它的力量和价值的。《马赛曲》不是那种为小资产阶级沙龙谱写的歌曲，它并不适合用甜腻腻的男高音来演唱，同样也不适合混在浪漫曲或者意大利咏叹调之间用不同的腔调演唱。它是一首节奏鲜明、节拍强烈、情绪饱满的富有战斗性的歌曲。"公民们，武装起来！"——这完全就是面向群众，面向成群的人唱的，它真正的协奏曲应该是叮当作响的武器，是嘹亮的军号和正步行进的团队。它不是为那些冷静地坐在那欣赏的听众写的，而是为共同行动中的、战斗着的人们写的。这首歌不太适合女高音来独唱，同样也不适合男高音来演唱，它适合的是成千上万的群众的齐声高歌。是一首典型的进行曲、一首胜利的凯歌、哀悼之歌、祖国的颂歌、全体人民的国歌。因为它正是从全国人民的激情中诞生的，这种激情赋予了鲁热鼓舞的力量。只是在当时，这首歌还没有被大多数人注意到，更没有被广为流传。它的歌词还没有引起人们的共鸣，旋律还没有渗透到人民的心灵，军队也还没有把它当成是属于自己的歌，革命也还不知道这首属于它的不朽赞歌。

即使是奇迹在一夜里突然降临到自己身上——无论是鲁热·德·里尔还是其他人都一样，没人能意料到在那一夜里，自己会像一个梦游者似的，被偶然降临的神明指引着创造出了什么。作为一个胆大的逗人喜爱的平庸的人，自然是从心里感到了兴奋，因为那些前来的客人们在鼓掌，并彬彬有礼对作者表示祝贺，这让他这样一个不起眼的小人物的虚荣心得到了很大满足。他想要让这个小地方的每个人都知道自己取得的这项成就，于是他在咖啡馆里为战友们演唱这首歌，鼓励人们抄写下来，送给那些莱茵军团的将军们。在此期间，斯特拉斯堡的乐团在市长和军事当局的建议下，排练了这首《莱茵军军歌》。四天后，当部队出发时，斯特拉斯堡的国民自卫队的军乐队在广场演奏了这首新的进行曲。当地的出版社负责人满怀爱国情怀宣布说，他已经做好准备印发这首《莱茵军军歌》，原因是这首军歌是吕克内将军[①]麾下的一位军官怀着敬意献给这位将军的。但在莱茵军团里，暂时还没有一位将军想让自己的部队在进军时演唱这首歌，因此，看起来"前进，前进，祖国的儿郎！"的歌声，就像鲁热迄今为止所作的所有努力一样，不过是沙龙里的一天的成功，不过是一件发生在小地方的小事，很快就会被人忘记。

但一件作品固有的力量从来也不会被长期压抑甚至禁锢，它纵然有可能会被时间遗忘，或者遭到禁止而被彻底埋葬，然而它生命是顽强的，它注定会战胜没有生命的东西。那之后人们大约有一两个月没再听到这首战歌，这首歌的手抄本和不多的印刷本一直都在一些不相干的人手里。但一件作品能激发人们的热情，哪怕是一个人的激情，也就足够了。因为任何真正的热情是会激发出创造力的。在法国的另一端，在马赛的宪法之友俱乐部，六月二十二日这天为即将出征的志愿人员举行了宴会。长桌上坐着五百名身穿国民自卫队制服血气方刚的年轻人，在他们身上弥漫着的那股激情，跟四月二十五日那天弥漫在斯特拉斯堡人们身上的是一样的，区别在于马赛人的南方气质使得这种激情变得更加热烈和冲动，而

① 尼古拉·吕克内（Nicolas Luckner, 1722—1794），1763 年为法军少将，1791 年成为元帅，雅各宾专政时被处死。

且也不像宣战的最初一个小时那样吹嘘自己必胜；因为这些革命的法国军人跟那些喜欢高谈阔论的将军们不同，他们刚刚从莱茵河边的前线撤回，并且在回来的途中到处感受到了人们的热情。这时候，敌人已经深入法国领土，自由受到了巨大的威胁，它正处在危险中。

宴会上，有一位叫米勒的蒙彼利埃① 大学医学院的学生把自己手中的玻璃杯用力往桌上一顿，站了起来。所有人都看着他安静了下来。一开始大家以为他要发表演讲或者是致辞，但谁都没想到，这位年轻人挥起了自己的右手，开始唱起歌来。这是一首新歌，大家之前都没有听到过，而且也没人知道这首歌是如何到这位年轻人的手中的。"前进，前进，祖国的儿郎！"在这样的时刻，这歌声就像是在火药桶里插入电火花。人的情绪和感受，像正负两极相遇必定会产生出火花来。所有那些明天就要出征的年轻人，他们是去为自由而战的，做好了为祖国献身的准备。他们感觉到这首歌表达出了他们内心深处的感受与愿望，于是这首歌的节奏在他们的心中产生了强烈的共鸣，使得他们不由自主地产生出共同的激奋。那个年轻人唱着，每段歌词都引来了欢呼，他不得不反复唱了一遍又一遍。这时候曲调已经变成了属于他们的旋律，令他们激昂兴奋，所有人都站了起来，高举起手中的酒杯，雷鸣般唱起了这首歌的副歌："公民们，武装起来！公民们，投入战斗！"街上的人们好奇地围了过来，想听听这里在唱什么这样热烈。到了最后，所有的人都开始齐声高歌；到了第二天，成千上万的人都在哼唱着这首歌了。新的歌谱被散发出去，七月二日，当五百名义勇军出发时，这首歌便随着他们不胫而走。

当他们在公路上行走得疲惫了，当他们的脚步变得无力了，这时只要有谁带头唱起这首神圣的歌，它那动人的节拍就会带给大家新的力量。每当他们经过一座村庄时唱起这首歌，都会使得那些村民惊讶不已，他们会聚集起来，跟着一起唱。这首歌不知不觉已经成为了他们的歌。他们谁也不知道，这首歌最初是为莱茵军团谱写的，他们更不会知道这首歌的作者是谁、是在什么时候写的。他们只是把这首歌看作是自己神圣的军歌，看作是生与死的信条。这首歌就像一面属于他们的军旗，他们要把这首歌在进军中传遍全世界。

---

① 蒙彼利埃（Montpellier），是法国南部地中海沿岸城市。属于典型的地中海气候，全年温暖且日照充足，几乎没有冰雪天气，是法国的避寒圣地，被称为"阳光之城"。

《马赛曲》——因为鲁热写的这首歌不久后就得到了这个名字——第一次伟大的胜利来自巴黎。七月三十日那天，当来自马赛的营队从郊区进入巴黎城时，就是用军旗和这首歌作为先导的。无数的人们聚集在街头等候着迎接他们。而当这些马赛人，这五百名年轻英勇的男子在行进中反复唱着这首歌，踏着跟歌曲同样的节奏越来越近时，所有的人都被这旋律与节奏吸引住了。这群马赛人唱的是什么歌？这样动人心弦？伴随着战鼓声，歌声仿佛是发出的号角声，拨动了人们的心弦，激荡起人们内心的激情："公民们，武装起来！公民们，投入战斗！"

两三个小时后，这首歌的副歌已经在所有的大街小巷里传响。那首《前进吧！》的歌也像别的那些进行曲之类的歌一样，很快就被人遗忘了。革命已经找到了属于它自己的声音，终于有了它自己的歌。

这歌声如同雪崩似的扩散开去，势不可挡。宴会上、剧院里、俱乐部中，到处都传出这首圣歌的歌声，到了后来，连教堂都会在唱完感恩和赞美诗后，把这首歌唱一遍，并且要不了多久它就几乎取代了旧的感恩和赞美诗。仅仅一两个月时间，《马赛曲》就成为了法国的军歌，成了全体国民的歌。共和国的第一任军事部长赛旺尔以他敏锐的眼光认识到了这首歌对民族、对人民无与伦比的振奋和鼓舞作用，他下达了一项紧急命令，要求立刻印发十万份歌谱下发到军队中的每个小队。一时间这位不知名的作者的作品，其发行量在几个夜晚就远远超过了莫里哀[①]、拉辛[②]、伏尔泰[③]等人所有作品合起来的发行量。任何一个节日都会以《马赛曲》来作为结束曲，任何一次战斗无不是先以军乐队演奏这首自由之歌开始的。当在热马普和内尔万这些地方发起决定性的冲锋时，所有参加冲锋的团队就是高唱起这首歌开始编队的。这样一来所形成的气势仿佛大海的咆哮，当成千上万名战士同时高歌这首军歌时，那样的整齐和力量让敌人闻风丧胆。敌军那些靠

---

[①] 莫里哀（Molière，1622年1月15日—1673年2月17日），原名让·巴蒂斯特·波克兰（Jean Baptiste Poquelin），法国喜剧作家、演员、戏剧活动家。法国芭蕾舞喜剧的创始人。法国17世纪古典主义文学最重要的作家，古典主义喜剧的创建者。

[②] 让·拉辛（Jean Racine，1639年12月22日—1699年4月21日），法国剧作家，与高乃依和莫里哀合称17世纪最伟大的三位法国剧作家。

[③] 伏尔泰（Voltaire，1694年11月21日—1778年5月30日），本名弗朗索瓦·马利·阿鲁埃，伏尔泰是他的笔名，法国启蒙思想家、文学家、哲学家、著名学者、作家。18世纪法国资产阶级启蒙运动的主要代表人物。

着双份的薪俸这种传统的办法来刺激士兵的将领们惊奇地发现，他们完全想不出任何阻挡这首"可怕"的歌所产生的爆炸力的办法。现在，《马赛曲》已经在全法国境内所有的战场上空翱翔，带给无数人以热情和死亡。

而这时，那位名不见经传的小小的工程兵上尉鲁热，却坐在许宁根①的一间驻地营房里，正在认真地画着防御工事图。他很可能早已把自己在一七九二年四月二十六日那天晚上创作的这首《莱茵军军歌》忘了，当他通过报纸知道了这首歌征服了整个巴黎时，他难以相信。这首充满了必胜信心、现在已经成为"马赛人的战歌"的歌，它的歌词和曲子不过是那天夜里在他身上出现的一个奇迹罢了。命运一如既往地嘲弄人。尽管这首歌的歌声响彻云霄，却没人会想起创作这首歌的人。谁也不会关心这位鲁热·德·里尔上尉；就像所有那些歌曲一样，所赢得的巨大荣誉都只属于歌曲本身，而跟作者毫不相关。人们在印发歌谱时，不会想到应该把作者的名字印上去。鲁热自己也渐渐习惯了这样的被忽视，一点都不因此感到不平和懊恼。要知道这首歌的作者本人并非一个革命者——这种奇特的现象在历史上多次出现，也只有历史本身才能制造出来。他用这首不朽的歌曲推动了革命的进程，而他自己却要在后来竭力阻挡革命的进程。就在马赛人和巴黎暴动的民众高唱着这首歌猛攻杜伊勒里宫②并推翻国王时，鲁热·德·里尔上尉对革命已经感到厌烦了。他拒绝效忠共和国，宁愿辞去职务也不愿为雅各宾党人服务。这首圣歌里的那句"渴望珍贵的自由"的歌词，对这位耿直的人来讲并非一句空话。他对法国国民公会里的那些新的暴君和独裁者的憎恶，绝不亚于对国界外那些国王和皇帝的憎恶。当他的朋友——对《马赛曲》的诞生起到过很大作用的迪特里希市长和吕克内将军——他创作这首军歌就是献给这位将军的——以及所有那些在那天晚上成为这首歌的第一批听众的军官和贵族们一个个被送上断头台时，他公开向罗伯斯庇尔的福利委员会③表达了自己的不满。不久后，发生了一件极为荒唐的事：这位革命的诗人自己也被做为反革命分子遭到逮捕，并被控叛国罪。只是因为热月的九日罗伯斯庇尔被推翻，监狱的大门被打开，才使得法国

---

① 巴黎近郊的一个地方。
② 杜伊勒里宫(Palais des Tuileries)，曾是法国的王宫，位于巴黎塞纳河右岸，于1871年被焚毁。
③ 福利委员会是罗伯斯庇尔在1793年创建的一个附属于国民公会的政府机构。

大革命免遭巨大的耻辱——把这位革命的圣歌的作者交给"国民的剃刀"①。

　　要是当时鲁热被处死，可以说他的死会是英勇和壮烈的，他也不会在后来不清不白地生活在潦倒不堪中。因为在他接下来的那不幸的四十多年生涯里，他再也没有一天真正拥有过那种天才的创造力。后来，他被赶出军队，年金也被取消；他所写的那些诗歌、歌剧和歌词都没能得到出版和演出。他实际上只是一名平庸者，却不小心闯入了不朽者的行列，而命运并没有原谅他的这次莽撞的闯入。这个小人物后来还干过各种各样的行当，困苦地度过了自己平庸的一生。卡诺②和拿破仑都曾出于同情帮助过他，但仍然没能让他过得更好点。正是那次偶然的机会，命运让这个平庸的人在三个小时里成为了神明和天才，然后又毫无怜悯地把他扔回原本就属于他的微不足道的地位。命运的残酷让他的性格如同中毒了似的，变得无可救药的乖戾，导致他对任何当权者都充满了仇恨。他曾给想要帮助他的拿破仑写过一些措辞尖刻的无礼的信件，公开为自己在全民公投时投了拿破仑的反对票感到自豪。他经营的生意把他卷入一些不光彩的事里，他甚至为了一张空头支票而被扔进圣佩拉耳热的债务监狱。谁都不欢迎他，债主们四下里追踪他，他还经常受到警察的侦查，最后不得已藏在省内的某个地方，与世隔绝，渐渐被人们遗忘。在那里，他就像是从一座坟墓里窃听着他自己写的那首不朽的歌，目睹这首歌的命运的展开。他听说由这首歌演变而来的《马赛曲》随着战无不胜的拿破仑的大军走入欧洲的所有国家，然后他听说了拿破仑眼看自己就要当上皇帝，而事先把这首过于革命化的《马赛曲》从所有节目单上拿掉，最后，复辟的波旁王朝彻底禁止了这首歌。

　　但一代人后，当一八三〇年七月爆发了新的革命时，他写的这首歌又重新回到了巴黎街头的街垒，并恢复了曾经的魔力。资产阶级的国王路易·菲利普③把

① "国民的剃刀"指的是法国大革命时期的断头台。是1790年，一个名叫约吉坦的医生与法国的头号刽子手亨利·夏尔合作，由德国的巧匠托皮亚斯·施密特动手设计，最终由路易十六加以改进的断头机器。

② 拉扎尔·尼古拉·玛格丽特·卡诺（Lazare Nicolas Marguerite Carnot，1753年5月13日—1823年8月2日），法国数学家。他在法国大革命战争中获得"组织胜利的人"的美称，是极其优秀而成功的军备与后勤天才。

③ 路易·菲利普（Louis Philippe I，1773年10月6日—1850年8月26日），法国国王，法国奥尔良王朝唯一一位君王。1830年至1848年在位。

他看作是一位诗人，给了他一笔小小的年金。人们还能多少记得点他，只是这位被人遗忘的、下落不明的老人却觉得自己宛若做梦。当一八三六年这位老人以七十六岁的高龄在舒瓦齐勒罗瓦①去世时，已经无人能说得出他的名字。然而，当一代人逝去后，到了第一次世界大战时，由于《马赛曲》成为了法国国歌，在法国所有的前线战场上响起，这位被人遗忘了的小小上尉再度被人记起，并被移葬到了法国荣誉军人教堂里，跟那位小小的少尉拿破仑的遗体安放在一起。这样，这位一首不朽之歌的作者、本人却总是被遗忘的人，终于可以在带给他无尽失望的祖国的这块荣誉的墓地上长眠，但仅仅是作为一名有过一夜天才的诗人罢了。

---

① 舒瓦齐勒罗瓦，法国巴黎附近一座小城。在流进该城的塞纳河上有一座著名的桥梁舒瓦齐勒罗瓦大桥，是世界上第一座采用预制拼装建造的大桥。

# 滑铁卢的一秒钟

错过了那决定性一秒的格鲁西，在接下去的一个小时里表现出了一个军人该有的全部勇气和毅力——但一切都为时已晚！

命运之神总是朝那些强悍和傲视一切的人走去。无数个世代，命运总是让自己屈服于这类人——凯撒、亚历山大、拿破仑。因为命运喜欢这类强权人物，因为他们也一样难以捉摸。

但有时——当然，这在任何时代都极为罕见——命运也会出于好奇，让自己落入一个平庸的家伙手中。它把自己的——往往是历史上最令人惊奇的时刻——那根线交给一个笨蛋掌握。通常来说是英雄们的游戏风暴把这类平庸之辈卷入的。但重任一旦落在这类人身上，与其说是他们的幸运，还不如说是带给他们巨大的恐惧和不幸。他们几乎无法抓住那根线，总是因过于害怕而哆嗦着让这根线从自己手中掉落。一个平庸的家伙能抓住机会平步青云十分难得，因为伟大事业落在渺小人肩头这样的时刻，通常都是非常短暂的。一旦错过，就绝不会再有第二次。

## 格鲁西[①]

维也纳会议正在举行中。突然间，就在人们徜徉于各种舞会、调情、玩弄权术、无休无止的相互争吵中时，一个消息仿佛是一枚炮弹飞落了下来，让所有人

---

① 格鲁西（Emmanuel de Grouchy, 1766—1847），法国大革命时是一名士兵，1794 年任少将。在滑铁卢战役中指挥骑兵预备队，于 1815 年 6 月 16 日在林尼击败布吕歇尔将军的一个分遣队，但他未能阻止布吕歇尔的主力与威灵顿的部队会合，自己也未能及时去增援拿破仑，拿破仑失败后一度被流放，1831 年又任法国元帅，1832 年任贵族院议员。

都为之震惊：拿破仑这头被困住的雄狮挣脱了束缚他的铁链，从坚固的牢笼里跑了出来。不久后，消息随着信使的快马接踵而至：拿破仑占领了里昂①；法国国王被他赶走了；军队又高举起战旗回到了他的身边；拿破仑回到了巴黎；拿破仑住进了杜伊勒里宫……这样一来，莱比锡会战②和二十年生灵涂炭的战争全都白费功夫了。就像是被一只利爪攫住，刚刚还在相互埋怨、钩心斗角的大臣们重归于好。他们聚集到一起，急忙调集了一支由英国、奥地利、普鲁士和俄国军队组成的大军；他们再度联合了起来，要彻底击败这个篡位者。而全欧洲那些合法的帝王们前所未有的惊慌失措。威灵顿③率先从北方向法国进军，普鲁士将军布吕歇尔④统帅的普鲁士军队则从另一个方向进军。施瓦岑贝格⑤在莱茵河畔整装待发；作为后备队的俄国军队也携带了他们的全部装备开始缓慢穿越德国。

拿破仑很快就看清了形势，感觉到了致命的威胁。他深知，在这群猎犬集结成群前绝不能袖手旁观。他必须要在普鲁士人、英国人、奥地利人联合起来形成一支欧洲联军、并在自己的帝国没落前将他们分而击破。他需要做的事很多：如果不迅速行动起来，自己很快就会失去国内的支持；他要赶在共和分子重整旗鼓并跟保王党联合起来前打垮他们；他还得在富歇⑥这个奸诈的两面三刀的家伙跟他的一丘之貉塔列朗⑦结成联盟从背后捅自己刀子前凯旋归来；他必须利用军队的高涨热情，一鼓作气打败敌人。对他来说，时间就是最大的敌人，必须争分夺秒。

---

① 里昂（Lyon）是法国仅次于巴黎和马赛的第三大城市，法国重要的工业城市和除巴黎之外最重要的科教中心，法国最古老的城市之一，其城市的形成可溯源至公元前6世纪。

② 1813年10月在德国莱比锡附近发生的一场拿破仑与俄罗斯、普鲁士、奥地利及其他各国30万联军之间的战斗，以拿破仑的失败告终。之后拿破仑宣布无条件投降，被流放到厄尔巴岛。

③ 阿瑟·韦尔斯利，第一代威灵顿公爵（Arthur Wellesley, 1st Duke of Wellington, 1769年5月1日—1852年9月14日）英国军事家、政治家、陆军元帅、英国首相，19世纪最具影响力的军事、政治领导人物之一。拿破仑战争时期的英军将领，第21位英国首相。

④ 格布哈德·列博莱希特·冯·布吕歇尔（Gebhard Leberecht von Blücher，1742年12月16日—1819年9月12日），普鲁士王国元帅，瓦尔施塔特侯爵，在数次重大战役中名声远扬。他积极进攻的指挥风格为他赢得了"前进元帅"的称号。

⑤ 卡卡尔·菲利普·施瓦岑贝格（karl Philipp schwarzenberg，1771年4月18日—1820年10月15日），奥地利陆军元帅和外交家，反拿破仑联盟总司令。

⑥ 约瑟夫·富歇（Joseph Fouché，1759—1820），1809年受封为奥特朗特公爵。是法兰西第一帝国警务大臣（1804—1810,1815），法国警察组织的建立者。

⑦ 夏尔·莫里斯·德·塔列朗-佩里戈尔（Charles Maurice de Talleyrand-Périgord，1754—1838），法国大革命时期的政治人物，外交家。

于是他匆忙朝欧洲流血最多的战场比利时孤注一掷。六月十五日凌晨，拿破仑率领他的大军（也是他仅存的一支军队）越过边界进入比利时。十六日，在林尼①遭遇普鲁士军队，并击败了对方。这一打击虽然剧烈，但却不足以致命。被打败的普鲁士军队并没有被打垮，他们开始向布鲁塞尔撤退。

紧接着拿破仑准备击出第二击，向威灵顿公爵的部队发起攻击。他不想给敌人以喘息之机，因为时间的天平并非是朝向他的，每拖延一天，就会为敌人增添一份力量。并且他的这次胜利仿佛是一杯烈酒，让身后的国内和那些流了太多鲜血的人们欣喜若狂。十七日这天，拿破仑率领全军抵达滑铁卢附近的四臂村高地前，而威灵顿这位头脑冷静、意志坚强的对手早已在高地上布置好了工事严阵以待。同时，拿破仑所有的军事布置也从未像那天一样缜密。他的军令清晰明了，不仅对进攻方案反复斟酌，而且还对所面临的危险做了充分的估计。他清楚地意识到普鲁士布吕歇尔的军队只是被击溃，并没有被消灭。目前这支军队随时都有可能与威灵顿会合。他必须要防止这样的事发生，于是他抽调了一支部队前去追踪打击普鲁士人，阻止他们跟英军会合。

他把这支部队的指挥权交给了格鲁西元帅。格鲁西是很平常的人，没有什么过人之处。但他诚实可靠，兢兢业业。在担任骑兵队长期间一再被证明非常称职；但也仅仅是一名骑兵队长。他没有缪拉②的胆识与魄力，也不具备圣西尔③和贝尔蒂埃④那样的足智多谋，更缺乏内伊⑤的英雄气概。关于他从来没有过任何神话般的传说，也没人把他描绘成一个勇士。在拿破仑的伟大传奇生涯中，他没取得过任何显赫的成就和荣誉。这个人之所以闻名于世，仅仅是因为他的不幸和倒

---

① 在在比利时边境城市达博蒙以东 10 英里。在这里于 1815 年 6 日 14 日发生了一次普法之间的战役，是滑铁卢战役的前哨战。林尼之战是拿破仑赢得的最后一次胜利。

② 若阿尚·缪拉（Joachim Murat，1767 年 3 月 25 日—1815 年 10 月 13 日），法国军事家，拿破仑一世的元帅。

③ 古维翁·圣西尔（Gouvion St Cyr，1764 年 4 月 13 日—1830 年 3 月 17 日），法国军事家、野战指挥家、战术家、法国海军大臣兼殖民大臣。

④ 路易斯·亚历山大·贝尔蒂埃（Louis Alexandre Berthier，1753 年 2 月 20 日—1815 年 6 月 1 日），法国近代军事家，法兰西第一帝国元帅，著名的军队参谋长。

⑤ 米歇尔·内伊（Michel Ney，1769 年 1 月 10 日—1815 年 12 月 7 日），法兰西帝国"军中三杰"之一，有"最勇敢的红脸斗士"之称。法兰西第一帝国元帅，埃尔欣根公爵。

霉。他从军二十年，参加过西班牙、俄罗斯、尼德兰①和意大利的每一次战役。他升到元帅军衔的速度缓慢，基本上是一级一级上去的。如果说他一点贡献也没有那也不公平，但他的确没做出过任何特殊贡献。要不是奥地利人的子弹、埃及的烈日、阿拉伯人的弯刀、俄罗斯的酷寒使得他那些前任一个个相继丧命——德赛②死在马伦哥、克莱贝尔③死在开罗、拉纳④死在瓦格拉姆——为他腾出了位置，他怎么也难以成为法军的元帅。他完全是依靠二十年战争的苦熬，才水到渠成得到他的地位的。

拿破仑应该清楚格鲁西既没有气吞山河的豪迈气概，也不具备运筹帷幄的能力，他不过是一位诚实可靠、循规蹈矩的人。但他自己信任的那些将领如今一半都死去了，剩下的几位对戎马生涯失去了兴趣，躲在自己的庄园里聊以度日。因此，拿破仑也是出于无奈，才把这样的重任交给这样一个平庸的将领。

六月十七日，林尼战役后的第一天，也是滑铁卢战役的前一天。上午十一点，拿破仑第一次把独立指挥权交给了格鲁西元帅。这一天，在短短的某个瞬间，格鲁西一下子从一个唯唯诺诺、只懂得服从的平庸军人，走上了世界历史舞台。这是短暂的一瞬，却又是怎样的一个瞬间！拿破仑当时的命令清晰明了：当他发起对英军的进攻时，格鲁西必须要率领交给他的三分之一的法军兵力追击普鲁士军。这看起来似乎是一项再简单不过的任务了，因为它既不复杂，也不多变，然而就算是一把利剑也会是双刃的！在拿破仑跟格鲁西交代任务时，还特意对他强调一定要随时与主力保持联系。

格鲁西元帅就是在这样的情况下接受了这项任务的。他不习惯单独行事，但当时他的皇帝天才的目光给了他信心与安全感，于是他没多想就接受了。当然，他也一定能察觉到他手下的将军们的不满，还有谁也无法说清的命运的捉弄。总

---

① 尼德兰王国简称尼德兰（Nederland），因其北荷兰省和南荷兰省故又称荷兰（Holland）。

② 德赛（Desaix，1768—1800），拿破仑手下将军。1800年6月14日在意大利的马伦哥战役中被奥地利军队击毙。

③ 克莱贝尔（Jean Baptiste Kléber，1753年3月9日—1800年6月14日），法国大革命时期拿破仑的将领。后担任法国驻埃及军队的指挥官。1800年6月14日，一名居住在开罗的叙利亚学生苏莱曼·哈拉比，持刀向正在街头巡视的克莱贝尔行刺。克莱贝尔被刺中心脏，当场身亡。

④ 让·拉纳（Jean Lannes，1769年4月11日—1809年5月31日），法兰西帝国元帅，"军中三杰"之一。被誉为"法兰西的罗兰，骑士的楷模"。跟随拿破仑皇帝远征西班牙。第三次法奥战争中两腿被炮弹击中，截肢后受感染，1809年5月31日去世，安葬于先贤祠。

之让他放心的是大本营就在附近，只需要三个小时时间，他的部队就能跟皇帝的部队会合。

格鲁西的部队在行军途中遇到了大雨。士兵们不得不在泥泞的道路上艰难地行走，朝着普鲁士军队可能在的方向缓慢前进。或者我们也可以这样说，他们是朝着布吕歇尔部队的所在地进发。

# 卡右的夜

北方的大雨一直下个不停。拿破仑的师团前进得异常艰难。士兵们浑身湿透，脚下的靴子越来越沉重。周围找不到任何可以避雨的地方，没有一户人家，看不到一间房屋，连麦秆和稻草都湿透了，根本没法躺在上面。士兵们只好十个或者十二个人背靠背坐在地上，就那样在大雨中睡一会。拿破仑自己也没有休息。他心急如焚，坐卧不宁，因为在这样完全看不清任何东西的天气里，根本没法对敌人进行侦察。因此派出去后回来的侦察兵的报告大多语焉不详。更何况他根本没法确定威灵顿会不会迎战；而格鲁西那里一点消息都没有。到了半夜一点，拿破仑顾不得大雨如注，一直走到了英军的炮火射程内的前沿阵地。在一片迷雾下，他隐约看到英军阵地上的模糊灯光。拿破仑边走边思考着作战方案。到了拂晓才回到了设在卡右①的一所小房子里的简陋的统帅部。在这里，他第一次看到了格鲁西送来的报告。报告中说了普军撤退的大致方向，信息很是含糊，但总算是有了一些消息，不过大多是一些没多大用处的宽慰话。格鲁西对皇帝承诺自己会继续追击普军。皇帝焦虑地在屋内走来走去，这时候雨渐渐停了下来。他眺望着远方呈黄色的地平线，急切盼望着能看清远方，从而能下定自己的决心。

到了清晨五点，雨终于停了下来。他松了口气，下达了如下命令：全军务必要在早上九点钟时做好总攻的准备。然后他才在行军床上躺了两个小时。

---

① 卡右（Caillou），滑铁卢附近的一个地名。

# 滑铁卢的上午

　　已经是上午九点了，但部队还没完成集结。连着三天的雨让地面泥泞不堪，行军起来非常困难，尤其是影响到了炮兵的移动。到了这时，太阳才从阴云里露出头来照耀着大地。开始刮起了很大的风。今天的阳光可不像当年奥斯特里茨①的阳光那样灿烂，今天的阳光给人一种不祥的感觉，泛黄的太阳有气无力。这就是北方的阳光。法军终于准备就绪，正在等待命令。在战役打响前，拿破仑骑上他那匹白色的小母马再一次沿着前沿阵地巡视了一遍。寒风呼啸，旗手们高举起了战旗，骑兵手持战刀，步兵用刺刀挑着自己的军帽向皇帝致意。战鼓擂响了，所有的军号也发出嘹亮的号音。来自各个师团的欢呼声滚滚而来，响彻四方，掩盖住了其他所有的声响。这是七万名士兵一起发出的雷鸣般的欢呼，他们齐声高喊着："皇帝万岁！"

　　二十年时间里，拿破仑无数次检阅他的部队，但没有一次像今天这样让他觉得壮观、热烈。等欢呼声停歇，到了十一点整——比原计划时间晚了两个小时。而这两小时却是致命的！——炮手接到了开炮的命令，命令要求他们用榴弹轰击山头上穿红色军服的英国士兵。接着，"军中三杰"之一的内伊带领步兵率先发起了冲锋。至此，决定拿破仑命运的时刻到来了。关于这次战役，后人有过无数次的描述，但人们似乎从来也没有厌倦阅读那些对它的激动人心的记载。人们一会儿去阅读司各特②所写的鸿篇巨制，一会儿又去读司汤达③所写的那些片断小插曲。关于这次战役，无论是远看还是近睹，也无论是站在统帅所在的山头，还是从身披盔甲的骑兵的马鞍上看，它都足够扣人心弦，并具有多方面的历史意义。它是一部富于戏剧性的艺术杰作，一会儿让人畏惧，一会儿又让人充满希望；就

----

① 奥斯特里茨（Austerlitz）属于奥地利。1805 年拿破仑在此大败俄奥联军。

② 沃尔特·司各特爵士（Walter Scott），英国著名的历史小说家和诗人。主要作品有《艾凡赫》等。另著有《拿破仑传》。

③ 司汤达，原名玛利－亨利·贝尔（Marie-Henri Beyle，1783 年 1 月 23 日—1842 年 3 月 23 日），司汤达是他的笔名。他是 19 世纪的法国著名作家，主要作品有《红与黑》等。1806 年至 1814 年曾在拿破仑的军中任职。在他的《巴马修道院》一书中有关于滑铁卢战役的描写。

这样在二者之间来回交替，最终变成一场灭顶之灾。这次战役是如此悲壮，是一部典型性的悲剧，把全欧洲的命运与拿破仑这个人的命运系在了一起。拿破仑的存在犹如节日里的焰火，它冲上云霄，闪烁出耀眼的美丽光彩，然后迅速坠落，永远地熄灭。

从上午十一点开始直到下午一点，法军向英军占领的高地发起了一轮轮冲锋，曾一度占领了村庄和阵地，但很快又被击退。就这样两军反复展开拉锯战，空旷、泥泞的山坡被一万多具战士的尸体覆盖。但除了大量的消耗，法军一无所得。双方的军队都已疲惫不堪，双方的统帅也焦虑不安。因为双方都清楚，接下去谁的增援先到，谁就拥有了打开胜利之门的钥匙。威灵顿在焦急等待着布吕歇尔的普军；而拿破仑则在盼望着格鲁西。拿破仑的心情尤其焦灼，他时不时举起望远镜观望，接二连三派出转令兵到格鲁西那儿。他深知只要他的这位元帅能及时赶到的话，奥斯特里茨的阳光就会重新照耀法兰西的天空。

# 格鲁西的错误

但谁也想不到，格鲁西并未意识到拿破仑此时的命运已经掌握在了自己手上。他只是遵照命令在六月十七日晚上出发，按预定计划追击普军。当雨停下来后，那些第一次上战场的年轻士兵们才第一次闻到了战场的硝烟。他们显得无忧无虑，慢条斯理地行进，就像是在一个和平的国度里散步游玩。他们始终没能看到敌人，被击溃了的普军此时已了无踪迹。

当格鲁西元帅在一户农家急匆匆吃着他的早餐时，他脚下的大地突然传来轻微的颤动。在场的人都屏息聆听。从远处传来了一阵阵沉闷的大炮轰击声。听声音不是太远，有几个军官试着像印第安人那样伏在地上辨别方向。然后隆隆的炮声不断传来。炮声是来自圣让的山坡，是滑铁卢战役开始的象征。格鲁西征求了手下的意见。其中他的副司令官热拉尔①急切要求他"立即向炮声传来的方向运动"，而另一

---

① 艾蒂安·莫里斯·热拉尔（Étienne Maurice Gérard, 1773 年 4 月 4 日—1852 年 4 月 17 日），法国元帅，陆军部长，伯爵。

位军官也表示了赞同，他说："要赶紧朝着炮声传来的方向运动，一定要快！"这时候没人怀疑皇帝已经对英军阵地发起了进攻，一场重大的战役已经开始。可格鲁西拿不定主意，他一直以来都习惯了听从他人的命令，而且还过于谨小慎微。他拿着皇帝写给他的纸条，不敢违抗皇帝要求他追击撤退中的普军的命令。看到他犹豫不决，热拉尔着急了，他激动地喊道："赶快向炮声传来的方向运动！"这位副司令官是当着二十名军官和平民的面提出这样的要求的。他的口气更像是命令而不是请求，这让格鲁西非常不快。他严厉而生硬地回答说，在皇帝撤回成命前，他决不会改变自己的目标。军官们绝望了，而在这时，隆隆的炮声突然沉默了。

热拉尔做了最好的努力。他恳求至少让他带领自己的那个师团和一部分骑兵赶往那边的战场，他发誓自己一定能及时赶到。对此格鲁西稍作考虑，他的这次考虑大约只持续了一秒钟。

# 决定世界命运的一秒钟

恰恰正是格鲁西这一秒钟的思考决定了他自己、拿破仑以及整个世界的命运。在那个瓦尔海姆的农舍里，这消逝的一秒钟铸就了整个十九世纪。而这样的短短一秒，却要由一个庸人的嘴来定义。在那一秒钟时间里，这个庸人的手神经质地揉皱了那张皇帝写给他的纸条。——这是怎样的不幸呀！要是格鲁西在那一秒钟时间里突然有了一点点勇气或者魄力，不再拘泥于皇帝的命令，而是难得地相信一次自己，相信自己亲眼见到的明显的信号，那么那一天法国就会得救。但遗憾的是，这个家伙只会墨守成规，毫不动摇地顺从于皇帝写在纸上的命令条文，而不知道顺从于命运的召唤。

他用力挥挥手说，把这样一支原本就兵力不足的队伍再分散是不负责的行为，他的任务就是追击普军。就这样，他拒绝了所有有悖于皇帝命令的建议和请求。军官们都沉默了，四周一时间鸦雀无声。而这决定命运的一秒钟也在这样的沉默中悄悄溜走。这是在事后用怎样的言语和行为都无法弥补的一秒钟——这一秒把胜利拱手交给了威灵顿。

当格鲁西带领部队继续前进时，热拉尔和旺达姆愤怒地攥紧了自己的拳头。不久后，格鲁西自己也开始感到不安。随着时间一小时一小时过去，他对自己的决定越来越失去信心。因为很奇怪，他们始终没有看到普军，这表明普军改变了退往布鲁塞尔的决定。紧接着，情报人员发现了各种可疑迹象，表明普军在撤退过程中已分成了几路，正在朝着战斗激烈的战场移动。如果这时候格鲁西能赶紧前往增援皇帝，时间应该还来得及。但他什么也没做，只是怀着忐忑不安的心情在那等待消息，等待皇帝要他增援的命令。但命令一直没有到来，只有沉闷的炮声在隆隆作响，并且炮声越来越远。这时候，在滑铁卢，拿破仑孤注一掷的战斗正在激烈进行着，而炮弹正是那掷出的骰子。

# 滑铁卢的下午

到了下午一点，尽管拿破仑的四次进攻全都被击退，但威灵顿阵地的主要防线也出现了松动。拿破仑准备再一次发起攻击，他加强了针对英军阵地的炮击。炮火的硝烟弥漫英军据守的山头前，拿破仑朝着战场看了最后一眼。

正在这时，他发现东北方向出现了一片黑压压的人群，正朝着这边奔来，这群人像是从那边的树林里冒出来的。那是一支部队，一支生力军！所有的望远镜都对准了那个方向。难道是格鲁西违背自己的命令奇迹般及时赶到了？但错了！一个被俘虏的敌军人员说，这是布吕歇尔将军的前卫，是普鲁士军队。这时这位皇帝才意识到，被自己击溃的普军现在已经摆脱了追击，抢先赶来与英军会合了。而他拿破仑，却把自己的三分之一的兵力用在了毫无意义、没有目标的运动上。他即刻给格鲁西下了一项命令，要求他不惜一切代价，赶紧跟自己靠拢，并全力阻止普军向威灵顿的阵地集结。

也正是在这时，内伊元帅接到了发起新一轮进攻的命令。命令他赶在普军抵达前歼灭威灵顿的英军。现在，获胜的可能性猛然间减少了。到了这样的时刻，无论下多大的赌注都不能算是冒险了。整个下午，法军对威灵顿公爵的英军阵地发起了一次次进攻。战斗越来越残酷，投入的兵力也一次比一次大。法军数次冲入了被炮击摧毁了的村庄，一次次被击退，但法军还是举起飘扬的旗帜朝着被击溃了的方阵蜂拥而上。此时威灵顿的英军坚守在自己的阵地上岿然不动，而格鲁西那里一点消息都没有。看到普军的前卫渐渐逼近，拿破仑心神不宁地嘀咕起来："格鲁西在哪？他到底待在什么地方一动不动？"他手下的指挥官们也开始躁动不安。内伊元帅决定投入全部兵力做最后的殊死一战（此时他的坐骑已经换了第三匹了）——他即英勇又鲁莽，跟格鲁西的优柔寡断截然相反。内伊首先投入了自己全部的骑兵，一万名盔甲重装骑兵和步骑兵冲破了英军的方阵，砍死了英军的炮手，一直冲到了敌人的最后几道防线前。尽管他们再次被击退，但英军的抵抗也已到了衰竭的地步。山头上原本像铁桶似的防线开始松动。伤亡惨重的法军骑兵被炮火击退，而拿破仑的最后一支预备队——他的老近卫军正在艰难地向山头发起进攻。现在，全欧洲的命运都系在了这座小小的山包上。

# 最后的决战

从上午到现在，双方一共投入了四百门大炮。前沿阵地上传来一阵阵骑兵冲锋时响起的呐喊和震撼大地的马蹄声。战鼓响彻四面八方，整个平原都在为之震撼！但在对峙着的双方占据的山头上，双方的统帅似乎完全听不见这嘈杂的喧嚣，他们都在倾听那些更微弱细小的声音。

两位统帅手里的表在滴答响着，像两只小鸟的心跳。表微弱的声响此时掩盖住了战场上震天动地的厮杀声。拿破仑和威灵顿各自看着自己手中的计时器，计算着时间。到了最后，决定胜败的增援部队就该抵达了。威灵顿公爵已经知道了布吕歇尔就在附近，而拿破仑则希望格鲁西能及时赶到。双方的预备队现在都用完了，谁先得到增援，胜利的天平就会向谁倾斜。当两位统帅用望远镜观察树林的动静时，普军的先头部队已经出现在树林的边缘地带。这是一些被格鲁西击溃的散兵游勇？还是被追击的普军主力？这时候，无论是英军还是法军，都已经是强弩之末，就像两位拼尽了全力的摔跤手，各自的双臂已经无力抬起，都在做最后挣扎前的喘息，等着最后一个回合的铃声响起。

突然，在普军的侧翼响起了一阵枪声，听起来是轻兵器的声音。难道那一带发生了遭遇战？拿破仑不由得深吸一口气，"看来是格鲁西来了"！这时他认为自己的侧翼已经有了保护，可以集中最后的兵力向英军阵地发起进攻了。要知道作为主阵地，威灵顿的英军据守着的是通往布鲁塞尔大门的门栓，一定得夺到手。是时候了，必须冲破这道欧洲的大门。

可刚才响起的枪声不过是一场误会。那是刚刚赶到的普军对汉诺威①的士兵在开枪，因为汉诺威的士兵穿着与平时不一样的军装。只是这场误会很快就得到了澄清，双方停止了相互攻击。现在，普军的大队人马已毫无阻拦、浩浩荡荡从树林中走了出来。拿破仑现在可以确定了，迎面而来的并非格鲁西的部队，而是布吕歇尔的普军。命运就这样一下子决定了下来。当这消息在拿破仑的军队中传开时，部队就开始了退却，但还没到崩溃的地步。而威灵顿抓住了这一宝贵的机会，他骑着马出现在前沿阵地的山头，面对这片被他坚守住了的阵地，他脱下帽子，举过头顶朝正在退却的敌人挥动。他的士兵们马上明白了自己统帅的意思，他们从战壕里一跃而起，向敌人发起了冲锋。与此同时，普军也从侧面对开始溃败的法军发起攻击。战场上立刻传来一阵阵惊恐的喊叫："快逃命吧！"也就是那么几分钟时间，这支军威赫赫的部队变作了一股溃败的人的洪流。这股洪流卷走了一切，也把拿破仑本人卷走。后面策马追击的敌人骑兵就像是在击打毫无还手之力的流水，毫不留情地击打着。在一片惊慌恐惧的喊叫声中，他们毫不费力就夺取了拿破仑的御用马车和法军全部的辎重，法军的炮兵也被全部俘获。仅仅是因为夜幕的降临，才使得拿破仑保住了自己的性命。

在逃亡中拿破仑直到深夜才满身污泥、晕头晕脑来到一家低矮的乡村客栈，然后疲惫不堪地一屁股坐在一张扶手椅上。到了这时，他已不再是皇帝。他的帝国、他的王朝和他的命运全都结束了。一个微不足道的小人物的怯懦，毁灭了他这个历史上最具远见卓识的人物在二十年漫长时间里建立起来的全部丰功伟业。

---

① 指汉诺威公国的军队。当时汉诺威公国参加了反法同盟。汉诺威（Hannover）是德国下萨克森州的首府，位于北德平原和中德山地的相交处，既处于德国南北和东西铁路干线的交叉口，又濒临中德运河，是个水陆辐辏的交通枢纽。

# 回归平凡

在英军刚击溃拿破仑的部队时，一个在当时名不见经传的人，乘着一辆四轮马车朝着布鲁塞尔疾驶而去，然后又从布鲁塞尔疾驶到了海岸边。那里有一艘船正在等着他。他即刻扬帆起航，赶在政府的信使前抵达了伦敦。由于当时都还不知道拿破仑已经失败，这个人利用这个时间差做了一笔大宗的证券投机。这人就是罗斯柴尔德。正是靠着这样的敏锐和大胆，这个人后来建立起了一个另样的帝国，一个新的王朝。第二天，胜利的消息才传到英国。与此同时，巴黎的富歇——这个一贯靠出卖他人而发迹的家伙，也得知了拿破仑失败的消息。这时在布鲁塞尔和德国响起了胜利的钟声。

到了第二天，只有一个人还不知道滑铁卢所发生的事情，尽管他离那决定命运的地方不到四个小时的路程。这个人就是格鲁西，那个造成这所有不幸的人，因为正是他死抱着追击普军的命令不放。奇怪的是，他自始至终也没找到过普军。这让他很是忐忑。当炮声越来越近、越来越响的时候，就像是在大声呼救。大地震动着，每一声炮声都像是击打在他的心上。那时谁都明白了，这绝不可能仅仅是一次遭遇战，而是一场决定命运的大战。

而格鲁西骑在马上，在自己手下的军官们中惶恐地走着。所有的军官都避免和他说话，因为他们的建议都被他拒绝。

他们在瓦弗那个地方遇到了一支孤立的普军——那是布吕歇尔的后卫部队，他们以为自己终于找到了挽救危局的机会。于是开始疯狂地向普军发起了攻击。一马当先的热拉尔似乎是被一种不祥的预感驱使着，故意冲向前去找死的，他随即被一颗子弹击中落下马来。这位最喜欢表达自己不同意见的人就这样死了。随着夜幕降临，格鲁西的部队占领了那座村庄，但这时候他们也意识到了，对这支小小的后卫部队的胜利毫无意义。因为这时候主战场那边已经变得沉寂了。这样的沉寂让人不安，那是种阴森恐怖的安静，像死一般。对他们来说，宁愿听那隆隆的炮声。所有的人都陷入沉默里。这时格鲁西才收到拿破仑下达的要他即刻赶到滑铁卢增援的命令的便条（为时已晚）。滑铁卢一战具有决定意义，可到底谁是胜利者呢？就这样，格鲁西的部队又在原地毫无意义等了一个晚上！滑铁卢那边再也没有传来过消息，好像这支伟大的军队已经被人遗忘，他们就那样站在伸手不见五指的空荡荡黑暗中。清晨时分，他们拆除了营地继续开始行军。每个人都累得半死，而且已经意识到了自己现在所做的一切都失去了意义，他们不过是在毫无目的地漫游。到了上午，总参谋部的一位军官骑马奔驰而来。他们把他扶下马，七嘴八舌问了一堆问题。这位军官面色苍白、神情惊慌，连两鬓的头发都是湿漉漉的。也许是因为过度紧张了，他浑身颤抖着结结巴巴说了点什么，但大家都听不明白，或者是不愿意明白。这位军官告诉大家，再也没有皇帝了，再也没有皇帝的军队！法兰西战败了……到了这时，那些人还是把这个军官当作一个疯子，一个醉汉。然而他们最终还是从他嘴里把大致的情况弄清楚了。听完他让人沮丧的报告，大家几乎要瘫倒了。格鲁西面色苍白，浑身发抖，他用军刀努力支撑着自己。他知道到了自己殉难成仁的时刻了。他决心承担起这力不从心的任务，他想要弥补自己的过失带来的全部后果。正是这个只知道唯命是从的人，这个畏首畏尾的拿破仑的元帅，在最关键的一秒钟里做出了错误的决定。他完全不懂得捕捉战机，更不懂得在那样的时刻该做什么。而到了现在，他面对迫在眉睫的危险时，却一下子变成了一个男子汉，甚至像一个英雄。他把所有军官都召集起来，对他们发表了简短的演讲——那时候他眼里噙着愤怒和悲伤的泪水。他的讲话中有为自己的优柔寡断的辩解，同时也是在强烈地自责。那些昨日还对他充满怨恨的军官们，这时候全都默不作声。本来现在谁都可以指责他，谁也可以自我吹嘘自己的远见卓识，但没人这样干，也不愿意这样干。他们能做的唯有沉默。这突如其来的沉重打击让所有人都变成了哑巴。

错过了那决定性一秒的格鲁西，在接下去的一个小时里表现出了一个军人该有的全部勇气和毅力——但一切都为时已晚！当他重新恢复了自信并不再拘泥于文牍的命令后，他身上所具有的军人的美德——审慎、干练、周密、责任心——一展无遗。他虽然遭到了五倍于自己的敌军的包围，但他却成功率领部队突围，没有损失一兵一卒，也没有丢失一门大炮——这堪称历史上一次卓越的指挥。他要赶回法国去拯救法兰西，并解救这支属于拿破仑的最后一支军队。但当他回到那里时，皇帝已经不知所踪。没人感激他，他也不再有敌人。他的出现一如既往地太晚了！他总是这样，总是太晚，总是在不该赶到的时候赶到。尽管看起来他后来得到了升迁，被任命为法军总司令、贵族院议员，并且在所有的岗位上都表现得具有魄力和才干，但这些都无法帮他赎回他贻误战机的那一秒钟时间。那一瞬间原本可以让他成为命运的主人，但他错失了良机。

那关键的一秒就是这样做出可怕的报复的。在人世间，这样的瞬间从来都很少出现。当它无意中降临到这个人身上时，这个人却视而不见，不知该如何利用。在命运降临的伟大瞬间里，市民的所有美德——谨慎、顺从、勤勉等等都无济于事，它始终只会要求真正的天才人物，并赋予其不朽。命运从来都鄙视谨小慎微的人，把他们拒之门外。命运这位神祇，只会伸出双臂去拥抱勇敢者，并把他们高高举起送入天堂。

# 玛丽恩巴德悲歌

**正如策尔特尔所说："让他得以痊愈的，正是那支曾刺伤他的矛。"可以这样说：正是通过这首诗，歌德挽救了自己的性命。**

那是一八二三年的九月五日，一辆旅行马车正沿着乡村公路，从卡尔斯巴德①缓缓驶向埃格②。秋天的清晨寒气逼人，萧瑟的寒风在收割后的田野上肆虐，而辽阔的天空却是一片湛蓝。这辆四轮单驾的轻便马车里坐着三个男人——萨克森—魏玛公国③的枢密顾问冯·歌德④（在卡尔斯巴德疗养院的记录表上是这样称呼的）和他的两名随行人员：老仆人斯塔德尔曼和秘书约翰——这位秘书几乎抄写了新世纪歌德的全部著作。两人谁也不说话，因为他们的主人，这位年迈的老人，从在卡尔斯巴德和那些少妇及姑娘们吻别并相互祝愿后，一路上就再也没有开口说话。他就那样一动不动地坐在车里，全神贯注地思考着什么，目光不时闪烁。在抵达第一个驿站换马匹时，老人下车去了，两位随行看见他用铅笔在随手找到的一张纸上匆匆写着什么。那之后，在前往魏玛的剩下的路程中，无论是在车上还是下车休息，他都在不停地写着。

---

① 卡尔斯巴德（Karlsbad），今天捷克共和国境内著名疗养胜地卡罗维法利。

② 埃格（Eger），从卡尔斯巴德到魏玛途中需要经过的一座小镇。今在捷克境内。

③ 萨萨克森－魏玛（Sachsen-Weimar），德国历史上的一个邦国，1741 年和萨克森－艾森纳赫合并为萨克森－魏玛－艾森纳赫（Sachsen-Weimar-Eisenach）公国。1815 年正式成为德意志邦联的一个大公国。1871 年加入德意志帝国，1918 年君主制被推翻，1920 年成为魏玛共和国图林根州的一部分。

④ 约翰·沃尔夫冈·冯·歌德( Johann Wolfgang von Goethe,1749 年 8 月 28 日—1832 年 3 月 22 日)，德国著名思想家、诗人、作家、科学家，德国魏玛时期古典主义最著名的代表。世界文学领域的一个出类拔萃的人物。

第二天一到茨沃陶附近的哈腾贝格宫①，他就开始埋头奋笔疾书起来。后来在埃格、帕斯内克也是这样。整个旅程中，他所做的最主要的事就是这个，迅速把那些在行驶中的马车上浮现在脑海中的东西记录下来。后来在他的日记里对此做了简短的记载："修改诗句（九月六日）……'星期日，继续写那首诗（九月七日）'""途中多次润色（九月十二日）"。当抵达魏玛时，这首诗也大致完成了。这就是那首《玛丽恩巴德悲歌》②，歌德晚年最重要的作品。是来自他内心深处的产物，因此也是他最喜欢的作品。这首诗是他对过去所做出的英雄般的诀别，是一个全新时代的开始。

在一次谈话中，歌德曾把这首诗称之为"内心状态的记录"，很可能在他那些记录自己人生的日记中，没有哪一页像这些诗句这样把自己的情感如此直接、坦率、清晰地呈现在人们的面前——这是一次悲怆的追问，一次对自我内心深处情感的哀诉。在他年轻时，他的那些抒情诗歌都是对自我内心情感的宣泄，没有任何一首是如此直接基于某件具体事件和对象的。他自己说这是首"献给我们的最奇妙的歌"，我们可以通过每一个字、每一行诗句、每一个段落看清这首诗在时间中逐渐形成的整个过程。它是这位七十四岁的老人晚年最深沉、最成熟的作品，犹如那夕阳残照般绚丽。谁也没见到过他其他的作品像这首诗一样紧凑、严整，这样一气呵成，看不到丝毫雕琢痕迹。他曾对爱克曼③提到过这首诗，他说这是"激情达到巅峰时的产物"，与此同时，在形式上它又是这样的完美与克制。正因为如此，他才能把自己一生中最热烈的感受表述得这样坦率而又委婉。这就是他生命的那棵树在不停发出"簌簌"声响的繁茂树叶里，最靓丽鲜活的一片叶子。这片叶子直到一百年后的今天，依然保持着绿色，一点枯萎的迹象也没有。九月五日这一天是一个值得纪念的日子，在未来漫长的岁月中，这一天将永远作为一种情感留存在德国人的记忆中。

在这片叶子、这首诗、这个人、这个时刻的上方，闪耀着一颗让他获得新生的星星。一八二二年二月，歌德得了一场大病。连日的高烧使得他时常处在昏迷中，他的身体几乎支撑不住了。医生们谁也诊断不出原因，觉得情况很危急，却

---

① 茨沃陶，一条流经今天捷克和德国的河流。哈腾贝格(Hartenberg)，历史上属于霍亨索伦家族。
② 悲歌（Elegie），源于古希腊的一种诗体。既可用于哀歌、挽歌，亦可用于战争诗、政治诗、教谕诗、爱情诗。
③ 爱克曼（Eckermann, 1792—1854），德国作家。著有《歌德谈话录》一书。

又毫无办法。但就跟突然发病一样，歌德的病毫无征兆地好了。这一年的六月，歌德去了玛丽恩巴德①疗养，那时候他看起来像是换了一个人似的，似乎那场大病反倒让他返老还童，为他带来了一个"新的青春期"。歌德是一个沉默寡言、喜欢较真的人——在这个人身上，一切诗性的东西似乎都长着一层学术的厚壳——但在数十年后，他又一次能完全听凭自己的感觉行事了。就像他自己所说的，是"音乐让我心绪不宁"，只要一听见钢琴声，尤其是当演奏者是施玛诺芙斯卡②这样年轻美丽的女性时，他就会抑制不住热泪盈眶。由于一直都被深深埋藏着的欲望时不时地冲动一下，他忍不住经常跟年轻人在一起；他的同伴看到这位七十四岁的老男人跟那些女人直到深夜还在一起调笑，看到他在很多年后重又跳起了舞，无不感到惊奇。而他自己则自豪地说："在舞伴交换位置时，大多数漂亮的姑娘都会拉我的手。"也正是从这个夏天开始，他原本的那种刻板神奇地消失了，他的心扉完全打开，他的灵魂仿佛是被那位古老的魔法师——永恒的爱的魅力施了魔法。我们可以从他的日记中由诸如"春梦"这类词语察觉到，"昔日的维特"又在他的身上复活了。就像他在半个世纪前遇到了莉莉·舒勒曼③时一样，跟女人这样的亲近，使他写出了很多短小的诗歌，还有风趣幽默的戏剧与诙谐小品。只是到底选择哪一位女性，他没能确定。最初是一位美丽的波兰女子，后来他对十九岁的乌尔丽克·冯·莱弗佐④倾注了自己全部的激情。就在十五年前，他曾爱恋过这个女孩的母亲，并且仅仅在一年前，他还都是以父辈的口吻把她亲呢地称作是"小女孩"；然而现在却突然以一个男人的身份爱上了她，其中有了情欲的成分。这就像是被另一种疾病缠身了，火山般的情感爆发让他震颤。这么多年来，他从未有过这样的体验。这个七十四岁的老人变得像一个初涉情场的年轻男孩——一听到从林荫大道那传来的欢声笑语，就忍不住放下手头的工作，帽子

---

① 玛丽恩巴德（Marienbad），波西米亚的一处疗养胜地，以温泉和汤浴著称。在今天的捷克共和国境内，称"马里恩斯科温泉"。

② 施玛诺芙斯卡（Szymanowska），波兰女钢琴家，歌德是在玛丽恩巴德时认识的她。

③ 安安娜·伊丽莎白·"莉莉"·舒勒曼（Anna Elisabeth "Lili" Sch nemann，1758年6月23日—1817年5月6日），一位德国法兰克福银行家的女儿。1778年8月，她与另一位银行家伯恩哈特·弗里德里希·冯·图尔克海姆订婚并结婚，改姓夫姓为"莉莉"·冯·图尔克海姆。在1775年1月至10月间，她与歌德之间产生了强烈的恋情，歌德将其描述为他的"第一次伟大的爱情"。

④ 乌尔丽克·冯·莱弗佐男爵夫人（Ulrike Frei n von Levetzow，1804—1869），在1821年至1823年的几个夏季里，歌德在玛丽恩巴德疗养时曾住在她家，并向其求婚过。

也不戴，手杖也不拿就急匆匆跑出去，跑下台阶去迎接那个活泼可爱的女孩；并跟一个少年一样，学着男子汉的样子向她大献殷勤。一场荒诞的爱情喜剧——不过结局有些悲剧色彩——开场了。在跟自己的医生秘密商讨后，歌德就跟同伴中年龄最大的大公爵表露了自己的心声，请求大公爵在莱弗佐夫人面前为自己向她的女儿乌尔丽克求婚。如果想起了五十年前的那些他们一起经历过的良宵美景，大公爵也许正在心里暗自幸灾乐祸，嘲笑这位被德国和整个欧洲赞誉的本世纪最智慧、最深刻和成熟的哲人。大公爵一本正经佩戴上绶带勋章，去为这位七十四岁的人向一位十九岁的姑娘求婚，请求她母亲同意。他得到的答复是什么我们无从知晓——似乎是等待和拖延——但我们知道求婚者歌德没有得到明确答复。当他的渴望越来越强烈时，他得到的不过是些匆匆的亲吻、友好的词语而已。这个急不可耐的人想在一个最有利的时刻再做一次努力——他尾随那位心爱的女孩从玛丽恩巴德到了卡尔斯巴德。但在卡尔斯巴德，他那强烈的期盼仍然看不到任何成功的可能。那时候夏季就要过去，他的痛苦与日俱增。等到离别的时刻终于来临，他还是得不到任何明确的承诺，甚至连一点暗示都没有。当离去的车轮开始滚动时，这位敏感而善于预见的人感觉到，自己一生中的一件非同寻常的事件就此结束了。但在这黯然神伤的时刻，那位内心最痛苦的永恒陪伴者、那位最古老的安慰者出现了——来到了他的身边。当天才的悲痛在尘世中得不到安慰时，他就只有向上帝发出呼唤。歌德曾无数次从现实世界逃进诗歌，现在，他又一次经历了这样的逃遁。只是这次将会是最后一次。在四十年前，他曾为塔索①写下了这样的两行诗句：

> 当一个人因痛苦而无法言说时，
>
> 上帝却让我倾诉我的烦恼。②

出于以独特的方式对上帝这最后一次恩赐表达感恩的需要，这位七十四岁的老人把这两行诗句作为题诗放在了《玛丽恩巴德悲歌》的开篇，用来表达他对能再度拥有这样的经历感到惊奇。

---

① 托尔夸托·塔索（Torquato Tasso, 1544—1595），意大利文艺复兴时期叙事诗人，1575年因发表诗作《解放的耶路撒冷》而成名。一生富有传奇色彩，歌德曾以他为题材完成诗歌剧《托尔夸托·塔索》。

② 这两行诗是歌德的诗剧《托尔夸托·塔索》第五幕第五场中主人翁塔索的最后两句台词。

此时，坐在行驶中的马车里的这位老人陷入了沉思，他为自己心中接踵而至的问题得不到明确的答案而苦恼。清晨时，乌尔丽克还曾跟她的妹妹一起朝他迎来，在"喧闹的告别声中"为他送行。他还能感受到那洋溢着青春气息、可爱的嘴唇亲吻他时留下的感觉，难道这仅仅只是一个柔情的吻、一个女儿似的吻，并不表示她对他的爱吗？她会就此把自己忘掉吗？他自己的儿子、儿媳会容忍他的这种爱，甚至有可能的婚姻吗？世人难道不会因此嘲笑他？明年如果再见了，她难道不会觉得自己老态龙钟吗？即使是能够再见，又能有何指望呢？

一连串的疑问在他的心中翻腾。正在这时，一个最本质的问题化作了一个音节、一行诗句：

如今，花儿还无意绽开，

再相逢，又有何可期盼的？

在你面前为你敞开的，是天堂也是地狱，

我的心啊，竟这般踌躇反复！

现在，痛苦化作了晶莹的诗句，痛苦因自身的纷乱而得到了出色的净化。当诗人的内心处于痛苦的混乱中，"郁闷的氛围"无处着落时，他偶然从行驶的马车中看到了晨光中静谧的波希米亚风景，这份恬静与他内心的躁动形成鲜明对比。很快这幅画面就进入了他的诗句中：

世界不是依然存在吗？

峭壁悬崖不是依然在晨光中巍然挺立着吗？

庄稼不是已经熟了？

河畔的丛林和牧场，

难道不是一片碧绿？

笼罩大地的无垠苍穹

不是流云匆匆，在无穷变幻着吗？

但这样一个世界对他而言毫无生气。因为热恋中的他会将所见所闻全都与那个可爱的情影联系到一起。此时，那情影如影随形般又出现在他的眼前：

一个苗条的身影在碧空的薄雾里飘荡，

多么温柔明净，多么轻盈优美，

如同撒拉弗天使①拨开浓云，露出她的仙容，

你看——这姣美者中的佼佼者，

婆婆曼舞，多么欢快。


可你感觉到这替代真人的幻影，

不过是短暂的瞬间；

回到内心深处去吧！在那里你才能得到更多的发现，

她会在你心中变幻出无穷的丽影，

一个身姿都会变幻出无数的形象，

千姿百态，无比可爱。

这样的决心才刚刚出现，乌尔丽克的玉体就充满诱惑地浮现在他眼前。于是他开始描绘她是怎样对他亲近的，如何"一步步让他沉浸在幸福中"，她如何在最后的吻别后，还将"最终"的那一吻按在他的唇上。只是在美好的回忆中，这位年迈的大师以最精美的形式写出了关于奉献与爱情的感觉中至为纯洁的诗行，这在德语和其他任何语种的诗歌里都不曾有过：

我们纯洁的心中有一股热情的冲动，

出于感激，心甘情愿地把自己献给

一个更高贵、更纯洁和不熟悉的人，

向那永远难以称呼的人揭开自己的秘密；

我们称它为：虔诚！——当我站在她面前，

我觉得自己抵达了这种极乐的巅峰。

正是在这种极乐的境界中，这个孤寂的灵魂才饱尝了分离带来的痛苦。这痛苦难以压制，于是迸发而出，破坏了这首杰作的那种悲歌诗体该有的崇高情调，演变成了一种内心情感的宣泄，这是他多年的创作生涯中唯一一次把亲身经历转化为诗句的努力。但它也恰恰是感人至深的哀诉：

如今我已远离！眼前的时刻，

---

① 撒拉弗（Seraph），神的使者中最高位者，天使之首炽天使，爱和想象力的精灵。

我该如何安排？

她给了我某些享受美的财产，

但却成为了我的负担，我不得不抛开。

无法克制的渴望让我坐卧不宁，

一筹莫展的我，只有流不尽的泪水。

接下去就是那最后的、难以抑制的悲伤呼唤，这呼唤声越来越激昂，几乎达到了无以复加的程度：

忠实的旅伴，让我留在此间吧，

让我独自留在这沼泽地、青苔上、岩石边！

你们去吧！世界已为你们洞开，

大地辽阔，天空崇高而恢然，

去观察、去研究、去归纳，

自然的秘密会一步步被揭开。


我已然失去一切，连自我也不复存在，

不久前我还是众神的宠儿；

他们考验我，赐我以潘多拉①，

她身上有无数珍宝，但也有更多的危险；

他们逼我去吻她那令人陶醉的唇，

然后又将我拉开——把我抛进深渊。

这是这位一生大多数时间都善于控制情感的人写出的少有的情感诗句。少年时代，他就已开始懂得节制自己的情感，对于内心里的隐秘，他会采取隐喻的手法通过自己的作品象征性流露；谁也想不到到了古稀之年，他却会第一次采取这样不加掩饰的手法，在自己的诗歌中把情感袒露无遗。五十多年漫长的岁月里，这位本性多愁善感的伟大抒情诗人，在他的心里，或许不曾有过如此令他激情迸

---

① 潘多拉（Pandora，也译作潘朵拉）是希腊神话中赫淮斯托斯用黏土做成的第一个女人，作为对普罗米修斯盗火的惩罚，宙斯把她送给了人类。宙斯给潘多拉一个密封的盒子，里面装满了祸害、灾难和瘟疫等，让她送给娶她的男人。后来潘多拉被好奇心驱使，打开了那只盒子，里面所有的灾难、瘟疫和祸害都飞了出来，人类从此饱受灾难、瘟疫和祸害的折磨。

发的时刻，这应该是他生命的一个值得纪念的转折。

对这首诗，歌德自己也觉得充满了神秘，几乎就是某种命运对他的馈赠。一回到魏玛，在开始其他工作和处理家庭事务前，他就亲手誊抄了一遍这首悲歌。他用了三天时间，像个修道士一样深居简出，把自己关在一间净室内，在精心挑选的纸上一丝不苟用端庄的大字体誊写下来。然后把它藏了起来，不让家里的任何人，包括那些他最亲近、最信赖的人知道。为了不引起非议，他把诗稿装订成册，配上红色羊皮封面，再用一个红色的丝带捆扎起来（后来他换成了精致的蓝色亚麻布封面，就像今天我们在歌德—席勒资料馆里所见到的）。那段日子歌德显得易怒和闷闷不乐，他的再婚计划招致了人们的嘲笑，也引来了儿子公开的反对和敌视。无奈之下，他只得在自己的那些诗句里徜徉。直到那位美丽可爱的波兰女钢琴家施玛诺芙斯卡再次前来探望他，当他重温在玛丽恩巴德的那段日子产生的那段感情时，他才又变得健谈起来。十月二十七日这天，他把艾克曼叫到自己身边，用一种少见的庄严语调朗诵了自己这首诗的开头几行，这足以说明他对这首诗的深爱。仆人在书桌上放上两只烛台，艾克曼坐在书桌前阅读了这首悲歌。不久后，这首悲歌渐渐流传了出去，但一开始还是仅限于那些最亲近的人。按照艾克曼的说法，歌德就像是"守护着圣物一般"守护着这首诗。那之后的几个月表明了这首悲歌对歌德的特殊意义。在这位老人出现了一段返老还童现象后，他的身体开始出现了衰竭。他的情况显示他似乎是濒临死亡了。他一会儿挪步到扶手椅上，一会儿又会挪步到床上去，难得有片刻安静。当儿媳妇出门旅行以后，他的儿子对他怒气冲冲，因此歌德身边没有人照顾，更没人帮助这位孤独的老人。就在这时，他最知心的朋友策尔特尔①从柏林来了——很显然，是有人请求他来的。策尔特尔马上就发现了歌德的内心所受到的煎熬。对此他如此写道："我感觉到他的心简直就跟一个热恋中的人一样，备受着只有青春才会有的痛苦的煎熬。"为了帮助歌德走出这种内心痛苦的折磨，策尔特尔满怀"深深的同情"，一遍遍为他朗读这首不同寻常的悲歌。在听这首悲歌时，歌德从来也不会感到疲惫。在痊愈后给策尔特尔的信中他这样写道："你那充满感觉、轻柔的

---

① 卡尔·弗里德里希·策尔特尔（Carl Friedrich Zelter, 1758—1832），德国作曲家、音乐教育家，歌德的好友。

嗓音让我多次领悟到，我在爱里陷入得有多深，这是我对自己都不愿承认的。"他接着写道："我不能将它交给别人，我们在一起时，你不得不那么多次读给我听、唱给我听，到最后你都能背诵下来了。"

正如策尔特尔所说："让他得以痊愈的，正是那支曾刺伤他的矛。"可以这样说：正是通过这首诗，歌德挽救了自己的性命。终于，他战胜了痛苦，放弃了那最后的悲剧性的希望，跟心爱的"小女儿"以婚姻方式生活在一起的梦想就此结束。他知道自己再也不会去玛丽恩巴德、卡尔斯巴德，再也不会进入逍遥自在者们无忧无虑的游戏世界。从现在开始，他的生命只属于工作。这位饱经沧桑的人放弃了命运给予他的新的开端；不过，在他的生命里出现了另一个更伟大的词语——完成。他严肃认真地将目光投放到自己的作品上，这些作品有着六十年的时间跨度，显得零碎而分散。他既然没法开始新的创作了，就下决心开始搜集整理。他签署了编辑出版《全集》的合同，从而获得了版权保护。他不久前还在一位十九岁的姑娘身上投入炽烈的爱情，现在却要将这爱情奉献给青年时代两位最长久的伴侣——《威廉·迈斯特》和《浮士德》。他重新精力充沛地开始了写作，从那些已经发黄了的稿纸上复活了自己在上个世纪订下的计划。在他八十岁前，他完成了《威廉，迈斯特的漫游年代》。八十一岁时，又以令人难以置信的坚韧继续他毕生"最重要的事业"——《浮士德》的创作。在写下《悲歌》——这悲剧性的不幸的日子——以后的七年，他完成了他的《浮士德》。他怀着跟对待《悲歌》一样的虔诚，把它用漆封封存起来，对世界秘而不宣。

在感情的这两个不同的范畴——最后的"欲念"和最后的"节制"之间，在起点和结束之间，他告别卡尔斯巴德，告别爱情的九月五日这一天——那是令人难以忘怀的转折；通过震撼人心的哀诉进入了永恒的祥和、宁静中——是二者之间的分水岭。我们完全可以把这一天称作纪念日，因为从这之后，在德语诗歌里，再也没见到过谁能把情欲的冲动描写得如此出色，一如歌德在《玛丽恩巴德悲歌》中所达到的高度。

# 黄金国的发现

约翰·奥古斯特·苏特尔，加利福尼亚

一八四八年一月

人们把他抬走，就像把一个死掉的乞丐抬走一样。在他的口袋里还装着一份申辩状，要求按照人间的法律，保证给他和他的继承人一笔世上有史以来最大的财富。

## 一个厌倦了欧洲生活的人

一八三四年，一艘从勒哈弗尔①起航的轮船驶向了纽约。船上载有数百名亡命者，其中一位名叫约翰·奥古斯特·苏特尔②。此人原籍瑞士，生在巴塞尔附近的雷恩贝格，现年三十一岁。此时他正面临着欧洲好几个法庭的审判，他被控破产、盗窃、证券伪造。于是他只得抛下妻子跟三个孩子，弄了点钱，用一张假身份证开始了自己的逃亡生涯。七月七日这天，他抵达了纽约。

最初的两年他混迹在纽约，几乎什么都干。从打包工、药剂师、牙医、药材商到小酒馆老板，无论是什么，只要能挣到钱就行。最后他总算安定了下来，开了家客栈；但没多久他就卖掉了客栈，被一股魔幻般大迁徙的洪流卷到了密苏里，并在那里经营起农业来。一段时间后，他积蓄了一小笔财产，本来可以过上

---

① 勒哈弗尔（Le Havre，又名哈佛尔），法国北部诺曼底地区继鲁昂之后的第二大城市，位于塞纳河河口，濒临英吉利海峡，被称为"巴黎外港"，以重要的航运地位而著称。

② 约翰·奥古斯特·苏特尔（Johann August Sutter，1803—1880），加利福尼亚的拓荒者，1803年生于瑞士，1848年1月24日发现黄金国。

安稳的日子，可他门前总是有人来来去去，皮毛商、猎人、冒险家、士兵，这些人有的从西部来，有的正准备前往西部。渐渐"西部"这个词拥有了一种特殊的诱人魅力。人们知道到那里去先要穿越一望无际地奔跑着成群野牛的大草原，经常走上一整天也见不到一个人，只有那些红皮肤的印第安人在茫茫草原上追逐着猎物；然后是迎面而来的丛山峻岭，只有翻越过去才能抵达真正的"西部"。关于这片土地没人能说清楚，大家都说那个地方富得流油，完全没被开垦过。那就是一块淌着牛奶和蜂蜜的土地，谁想要什么就有什么——但遥远，而且遥远得难以抵达，想要去那地方就得冒生命危险。

但约翰·奥古斯特·苏特尔不在乎，他身上流的是冒险家的血液，安于一隅，老老实实过日子吸引不了他。一八三七年的某一天，他把全部的家产都变卖了，组织起一支装配了马匹、马车和牛群的远征队，从独立要塞①出发，朝那陌生而遥远的土地而去。

# 向加利福尼亚进军

一八三八年的一天，苏特尔带着两名军官、五名传教士和三名妇女乘坐牛车开始朝着茫茫无际的远方出发。他们穿越大草原，翻越丛山峻岭，来到了太平洋海岸。在路上他们连续行走了三个月时间，十月底抵达了温哥华堡②。途中两位军官离开了苏特尔，那些传教士再也走不动了，而三位妇女饿死在半路上。

现在只剩下苏特尔一人。人们劝他留在温哥华镇，为他提供了一份工作，但被他拒绝。"西部"这个拥有魔力的词语已侵入他的血液中。他独自驾驶一条破旧的帆船横渡了太平洋，先是到了夏威夷群岛，然后经历千辛万苦来到阿拉斯加海岸。他到的那个叫圣·弗朗西斯科的地方那时还是座名不见经传、人迹罕至的又小又穷的渔村，与今天这座地震后以飞快速度拔地而起的百万人口城市不可同

① 独立要塞（Fort Independence），马萨诸塞州波士顿的一座由花岗岩构成的堡垒，守卫着波士顿的港口。位于城堡岛上。
② 温哥华堡（Fort Van Couver），华盛顿西南部一城市，位于俄勒冈州波特兰市对面的哥伦比亚河上。它在19世纪20年代由哈德逊湾公司创建，是一个深水港。

日而语。这个地方的地名来自圣·弗朗西斯科教派①传教团，在当时还不是（后来从墨西哥并入美国）加利福尼亚②的首府；那时的加利福尼亚是一片无人管理的地区，属于美洲大陆自然资源最丰富的一块未开垦的处女地。

当时的西班牙处在混乱中，政府完全失去了权威，到处都是暴乱，任何东西都匮乏，也没人想到要励精图治。苏特尔租了匹马，骑着来到了肥沃的萨克拉门托山谷地带。在那里，他仅用了一天时间就弄明白：在这片土地上不仅可以建立一座农庄、一个大农场，而且完全可以建立起一个王国。第二天他骑马来到了蒙特雷伊③，在这个简陋的首府拜见了那里的总督阿尔瓦拉多④，表明了自己想要开垦这块土地的意愿。他从夏威夷带来了一些波利尼西亚人，并鼓励那里勤劳的非白种人自己定期迁移到那里，而他自己愿意承担起建立殖民地的责任。他想要在那地方建立一个名叫"新赫尔维西亚人"⑤的国家。

"为什么叫这样一个名字？"总督问他。

"我是瑞士人，而且还是一个共和主义者。"苏特尔回答说。

"那好，你想怎么干就怎么干。我把这块土地租给你，租期是十年。"

就这么简单，协议很快就达成了。在那块离文明千里之外的地方，一个人的能力会得到一种跟在家里完全不一样的回报。

# 新赫尔维西亚人

一八三九年。一支驮运着货物的队伍，沿着萨克拉门托河缓慢朝着上游前进。苏特尔骑着马走在队伍的最前面，他腰间插着手枪，三个欧洲人跟在他身

① 圣·弗朗西斯科教派旧译圣方济各教派。1209年意大利阿西西城富家子弟方济各（San Francesco di Assisi，1182—1226）得教皇英诺森三世的批准成立该会，1223年教皇洪诺留三世批准其会规。
② 1821年，墨西哥脱离西班牙独立，加利福尼亚是墨西哥的一个省份。自1846年起，美国与墨西哥之间发生军事冲突，后演变为战争。1850年，加利福尼亚才成为美国的第31个州。
③ 蒙特雷伊（Monterey），加利福尼亚西部的一座城市，位于加州中部太平洋的蒙特雷伊湾。
④ 胡安·巴蒂斯塔·阿尔瓦拉多（Juan Bautista Alvarado，1809—1882），墨西哥派驻加利福尼亚的行政长官。后出任实际上独立了的加利福尼亚总督。
⑤ 赫尔维西亚是"瑞士人"的意思。赫尔维西亚（Helvetia）是瑞士拉丁名，由瑞士原住民的一个部落名称赫尔维蒂（Helvetii）演变而来。

后，接着是一百五十名身穿短衫的波利尼西亚人，紧随着的是由三十辆牛车组成的运送粮食、种子、弹药和生活用品的牛车，还有五十匹马、七十五头骡子和一大群奶牛、绵羊。走在这支繁杂庞大的队伍最后的是一支小小的后卫队——这就是前去开垦新赫尔维西亚的全部人马。

抵达目的地后，他们用火把森林点燃，这比砍伐要简单得多。大火刚烧过的土地上，残留的树干还在冒着烟，他们就开始工作。他们在烧过的土地上修建仓库，挖掘水井，为带来的牲畜搭建起围栏。这片土地完全不需要翻耕，只要播撒上种子就行。随着开垦工作的展开，离他们不远的传教士垦殖团的人也纷纷迁移了过来。

他们在这片土地上取得的成功是前所未有的。播下的种子获得了五倍的回报，粮食问题得到了很好的解决。不久后那些带来的牲畜就发展到了数千头之多。尽管还存在着很多困难，例如需要和那些不断入侵这片越来越繁荣的土地的当地土著进行战斗，但新赫尔维西亚的疆域还是日渐扩大。在这片炎热地区，很快就出现了大量的水渠、磨坊、贸易货栈，河道也被开通，船只开始在河流里来来去去。苏特尔不单为温哥华堡和夏威夷群岛提供物资，并且还为那些来往于加利福尼亚的帆船提供补给。今天享誉世界的加利福尼亚水果，就是他率先开始种植的。看到水果在这片土地上生长得格外繁茂，他就从法国和欧洲的莱茵地区引入了葡萄，几年后，这片地区就到处都是葡萄园。至于苏特尔，他为自己建造了不少的房屋和壮观的庄园，并且花了一百八十天时间，从巴黎航运来一架普莱耶尔钢琴①。然后他靠六十头牛横穿了整个新大陆，从纽约运来了一台蒸汽机。在英国和法国的那些大银行里，苏特尔都有巨额存款和不错的信誉。四十五岁时，他到了自己事业的巅峰。这时他想起了被自己扔下的妻子和三个孩子，于是给他们写信，请求他们到自己拥有的这片领土来。这时他感觉到自己已经能很好控制这里的一切了，他是这片土地的主人，是新赫尔维西亚的主人，还是世上最富有的人之一，并且还会一直富有下去。不久后，美利坚合众国政府终于把这片无人管辖的殖民地从墨西哥手里夺了过去，纳入了自己的版图，使这里变得更安全和有

---

① 卡米尔·普莱耶尔钢琴(Camille Pleyel)，法国著名钢琴品牌。始创于1831年，由法国作曲家、音乐家普莱耶尔之子卡米尔·普莱耶尔创立。

保障。就这样又过了一些年，苏特尔变得更加富有。

# 带来厄运的一锹

那是发生在一八四一年一月的事。一天，约翰·奥古斯特·苏特尔手下的一位细木匠詹姆斯·威尔逊·马歇尔冲到了苏特尔的家里，他说自己有点事得跟苏特尔谈谈。见到马歇尔苏特尔有些惊讶，因为他昨天刚把他派到柯罗马自己的农庄去修建一个锯木厂，可马歇尔在没有得到自己批准的情况下擅自返回。马歇尔看上去非常激动，他浑身哆嗦，把苏特尔推进屋内，把门关上后从口袋里掏出一把带着些黄色颗粒的沙土。他告诉苏特尔，这是自己昨天不小心挖到的，他认为这些黄色的颗粒应该是黄金，但没人相信他。听了马歇尔的讲述，苏特尔渐渐变得严肃起来。他把这些带有黄色颗粒的沙土拿去做了分析化验，证明了那的确是金子。于是他决定第二天跟马歇尔一起骑马到那座农庄去看看。但没想到的是，这名木匠急于证明自己的发现，没有等苏特尔，而是冒着暴风雨在当晚就赶回到了那座农庄。——他是第一个被那种可怕的黄色狂热俘获的人，但绝非最后一个。要不了多久，这股狂热就开始在全世界蔓延。

苏特尔上校在第二天赶到了柯罗马农庄。他命令人们把水渠堵了起来，对水渠里的泥沙进行检测。人们只需要把泥沙放在筛子里在水中轻轻摇动，就能在黑色的滤网上看到一些金子的颗粒。于是苏特尔把几个白人召集到一起，要求他们发誓对此事保密，一直等到锯木厂建成为止。当他回到农庄后，尽管表面上看着严肃而坚毅，但实际上内心无法平静。在人类的记忆里，从未有过人能如此轻易就得到黄金这种金属——竟然完全裸露在地面。而这片土地是属于他苏特尔的。看来真的是一个晚上就把十年的时间都跨越了，他苏特尔——现在是世上最富有的人。

# 淘金热

世上最富有的人？不！这个人最终成了这个世上最穷、最可悲、最绝望的乞丐。在发现黄金后的第八天，这个秘密就被泄露了出去。是一个女人——通常都是女人！——把这件事说给了一个过路的人，并且还送给了对方几粒金沙。接下去发生的事情可谓史无前例。苏特尔的手下全都放弃了自己的工作，铁匠离开了铁匠铺，牧人丢下了牧群，果农抛弃了果园，士兵们撂下了手中的枪；所有人都像是中了邪，拿起筛子、盘子飞奔到锯木厂，开始从河里的泥沙中淘金。那片原本繁荣的土地几乎一夜间就被人们抛弃。奶牛没有人为其挤奶，在那大声哞哞叫着，有的甚至死掉了；围栏里的野牛冲破了围栏，在田野里肆虐着地里的庄稼；该收割的庄稼因为无人收割而烂在地里；制造奶酪的工厂停工了，谷仓倒塌了，巨型联动装置的轮盘不再转动。发现黄金的消息被电报不停传播到全世界，于是人们蜂拥到这片土地上来。水手们扔下自己的船不管，政府的公务员们离开了职守，人们络绎不绝，形成了一个延绵得看不到尽头的队伍，从四面八方赶来；步行、骑马、坐车——所有的交通方式和工具都用上了。这些淘金者像是蝗虫。他们所到之处一切的法律和道德都消失，剩下的只有枪支与拳头；这些淘金者不承认任何权威和法令，他们唯一相信的只有自己手里的左轮枪。

现在，在这片曾欣欣向荣的殖民地上，到处都游荡着一群群天不怕地不怕、冷酷残忍的乌合之众。在这些人眼里，这里的一切都是无主的；谁也不敢对这群暴徒说什么，谁也拿他们没办法。他们杀掉了苏特尔的奶牛，拆毁了苏特尔的谷仓，他们在苏特尔的土地上随意盖起自己的房屋，糟蹋了苏特尔的耕地，偷走苏特尔的机器——几乎就在一夜之间，约翰·奥古斯特·苏特尔变得一贫如洗，就像那位迈达斯的国王①一样，被自己点化的黄金噎死。

---

① 传说中的古希腊王国国王。据说他盛情款待了森林之神西勒诺斯和酒神狄俄尼索斯，两位神祇为了回报他，赋予了他点化黄金的能力。结果被他碰到的任何东西都变成了黄金，食物、水，甚至是他的女儿。

这一史无前例的黄金狂热愈演愈烈，很快就吸引了来自世界各地的淘金者们；单纽约驶往这片土地的船就有上百艘之多。在一八四八年到一八五一年这四年时间里，从法国、英国、德国等地涌来了无数被淘金热吸引的人。甚至有人不惜冒风险绕过合恩角①赶来，但对所有那些急不可耐想要得到黄金的人们来说，这条路过于遥远，所需的时间太长，于是有人选择了穿越最危险的巴拿马地峡。一家公司借此机会迅速决定在地峡铺设一条铁路，这导致了数千名铺路工死于那一带肆虐的热病，而他们不过是为了那些淘金者能早几个星期淘到黄金。这股淘金者的洪流包括了不同种族、不同民族的人，他们说着千差万别的语言，把苏特尔的土地翻了个遍，就像是在自己的土地上似的。随着这股淘金热，一座城市奇迹般在这片叫作圣·弗朗西斯科的土地上拔地而起，互不相识的人们彼此出售着据说是他们的土地和财产——而这片土地的真正主人却是约翰·奥古斯特·苏特尔，他手里有政府签署的正规公文文书。但这片属于他的王国——新赫尔维西亚，终于在那个更耀眼的名字"黄金国""加利福尼亚"前消失了。

约翰·奥古斯特·苏特尔又一次破产了，他眼睁睁看着自己遭到掠夺却毫无办法。最开始他还想与这些人据理力争，他也想跟自己的伙伴、部下还有仆人们一起分享这份财富，但所有的人都离他而去。不得已，他只好从淘金区域里彻底退出，回到他那座与世隔绝的山谷农庄，远远避开那条该诅咒的河流和河流里邪恶的泥沙。在他回到自己的农庄里不久，他的妻子就带着三个已经成年的孩子来到了那里和他会合。但他的妻子到达后不久，就因长途旅行的疲惫和疾病离世。三个儿子现在总算到了他的身边，他们加在一起有了八只胳膊。于是约翰·奥古斯特·苏特尔跟自己的儿子们从头开始，再次振作起精神继续经营着农业。他们默默地坚持着，努力利用这块土地出奇的肥沃。在苏特尔的心中，又有一个新的宏伟计划在酝酿着。

---

① 合恩角是智利南部合恩岛上的一处陡峭岬角。位于南美洲最南端，以1616年绕过此角的荷兰航海家斯豪滕（Willem Corneliszoon Schouten）的出生地合恩命名。合恩角洋面波涛汹涌，航行危险，终年强风不断，气候寒冷。合恩角是太平洋与大西洋的分界线。

# 诉　讼

到了一八五〇年，当加利福尼亚成为美利坚合众国的第三十一个州后，法律和秩序重新回到了这片被黄金热席卷的土地。无政府现象终于得到了遏制。

就在这个时候，约翰·奥古斯特·苏特尔突然提出了自己的权益要求。他指出：根据法律，整个圣·弗朗西斯科的土地都是属于他的。而州政府有义务对他遭到的掠夺和盗窃所造成的损失进行赔偿。那些从这片土地上挖掘出来的黄金，他都理所当然应该享有其中一份。于是一个诉讼程序开始了，而这项诉讼涉及的范围之广，在人类历史上前所未有。约翰·奥古斯特·苏特尔总共对一万七千二百二十一名在属于他的垦殖区里定居的农民提起诉讼，要求他们从私自占有的土地上搬走。他要求加州政府给予他两千五百万美元，作为对那些私人建筑的道路、水渠、桥梁、大坝、磨坊等的赎买金；还要求加州政府另外给予他两千五百万美元的赔偿款，作为他财产损失的补偿。为此，他的大儿子专门去华盛顿学习法律。他把从他的新农场里赚得的丰厚收益全部都投入了这场史无前例的诉讼里。他整整花费了四年时间来完成诉讼所需的相关事务。

判决书在一八五五年三月十五日这天下达了。那位堪称清廉公正的法官汤普森——当时加州最高的行政长官承认了约翰·奥古斯特·苏特尔对这片土地的合法所有权，而这样的权利不容侵犯。

在一天里，约翰·奥古斯特·苏特尔又成了世上最富有的人，他的目标得以实现。

# 结　局

最富有的人？不！绝对没有。他最终还是成为了一个最贫穷、最不幸、遭到最惨痛失败的人。命运再次和他开了一个玩笑，给了他致命的打击。而这一次他没能翻过身来。法庭的判决流传开去后，整个圣·弗朗西斯科和加利福尼亚掀起了一场巨大的风暴。上万人聚集起来，他们感到自己的财产受到了威胁，那些原本就是混混和流氓的人，那些习惯了巧取豪夺、打家劫舍的人，开始冲击法院，到处放火；他们叫嚣要把做出这项判决的法官处以私刑；一大群集结起来的队伍前往约翰·奥古斯特·苏特尔的农庄，他们洗劫了他全部的财产。他的大儿子在匪徒们的围困下饮弹自尽，而二儿子被人杀害；只有三儿子逃得性命，但却在回家的路上被淹死。一时间新赫尔维西亚这片土地上火光冲天，苏特尔的农庄被烧毁，葡萄园遭到践踏，所有的东西都被洗劫一空。人们满怀愤怒把属于他的这片领地变成了废墟。苏特尔侥幸逃得性命。

这一次，苏特尔再也没能缓过气来。他丧失了一切，包括自己的儿子们。他的精神开始出现问题。在他那已经变得呆滞迟钝的脑子里，只有一个念头萦绕不去：寻求法律保护，继续诉讼下去。

后来人们注意到一位衣衫褴褛、精神不振的老人，在华盛顿的法庭大厦周围游荡了二十五年之久。所有法庭的人员都认识这位一身肮脏的外衣、一双破烂的鞋子的"将军"。他要求重新得回原本就属于自己的几十亿美元的财产，并且还真有一些律师、冒险家和奸猾之徒觊觎他的那点养老金，唆使他重新打一场官司。实际上苏特尔本人并不是真想要得到钱财，那时候的他已经对钱财充满了憎恨。正是代表金钱的黄金让他一贫如洗，也正是黄金杀死了他的三个儿子，毁了他的一生。他所想要得到的是自己本该享有的权利。他带着偏执的狂热开始向参议院、向国会申诉。他对那些形形色色说要给予他帮助的人无比信任，而这些人却让他穿上那可笑的将军制服，使得他看上去像是一个木偶，从一个机构走到另一个机构，从一个参议员的办公室走到另一位参议员的办公室。这种情形从一八六〇年到一八八〇年持续了二十年之久；在这二十年里他过着乞丐般的生活。他日复一日在国会大厦周围打转，被所有官员嘲笑，被那些街头不良少年欺辱。而他，本该是那片丰饶的土地的所有者，而在那片没有了他的土地上，第二座巨大的城市已经耸立在原本属于他的土地上，并且日新月异。只是人们一直都让这个令人讨厌的家伙等着。一八八〇年七月十七日下午，这位老人终于因心脏病猝发，死在了国会大厦的台阶上，结束了这不堪的一切——人们把他抬走，就像把一个死掉的乞丐抬走一样。在他的口袋里还装着一份申辩状，要求按照人间的法律，保证给他和他的继承人一笔世上有史以来最大的财富。

只是时至今日，一直没有人对苏特尔的这笔财产提出产权诉求，也没有什么继承人提出继承权的诉求。圣·弗朗西斯科一直都巍然耸立在这片土地上，这里的归属权在法律上仍然没有得到解决。唯有一位作家布莱斯·桑德拉① 给了这位被人们忘却了的约翰·奥古斯特·苏特尔以一点点他应有的权利——也是命运给予这个人的唯一一种权利，后人在回忆起他的一生时所表现出的惊诧。

———————

① 布莱斯·桑德拉（Blaise Cendrars，1887—1961），生于瑞士的法国作家，也被看作是用法语写作的瑞士作家。他最著名的作品是散文《黄金》（1925），其中有关于苏特尔的生动讲述。

# 英雄的瞬间

陀思妥耶夫斯基彼得堡谢苗诺夫斯基教场

一八四九年十二月二十二日

而那些死而后生的人，伤痛会变为欢乐，反倒是幸福会成为磨难。


深夜，他们把他从梦中叫醒，

军刀的碰撞声在地牢中响着。

吆喝、命令声；如同飘来飘去的

幽灵般令人恐惧的影子。

他被他们推搡着向前，沿着过道

暗且深长，深长且暗。

铁的门闩发出尖厉的声音，铁的牢门铿锵；

刹那间冰凉的空气和天空向他扑面而来。

他被人急匆匆塞进一辆马车的车厢，

塞进那座滚动的坟墓。


车内一共有九位他的同志，

全都被用脚镣手铐锁着，

他们都沉默不语，面色苍白；

因为谁都知道，

这辆车将载着他们驶往何方，

似乎他们的生命系在了

车轮上飞快转动的

轮辐之上。


当马车嘎吱一声停下，

车门被打开时发出刺耳的声响：

那一隅阴郁暗黑世界的

昏昏欲睡的目光

正从被打开的栅栏后冷冷看着他们。

周围的房屋围了起来，

围成一块四四方方的广场，

冰霜覆盖了低矮、肮脏的屋顶，

到处都是积雪，到处都是鬼魅的暗影。


蒙蒙的雾霾

弥漫了刑场，

从金色教堂的尖顶那边

黎明淌着鲜血般清冷的赤红。

他们排成沉默的一排。

那位宣读判词的少尉宣判他们：

死刑！

因为谋反。

死这个词犹如一块

坠入安静的冰湖的石块，

发出砰然巨响

似乎是在砸碎什么事物后，

回响在虚空之中的回声

消失在冰冷的黎明的

坟茔般的静寂之中。


他感觉到眼前的一切

像梦中的

和人生的道别。

一个士兵走到他的身前，悄无声息地

为他披上一件飘动的白色死囚的服装。

他该向他的伙伴们作最后的诀别了，

用热烈的目光和无声的呐喊，

神情肃然的牧师把十字架递给他，示意着，

要他吻吻正在受难的耶稣；

然后他们三个一组，一共是十个人

被绑在了每一根行刑柱上。


当一个哥萨克①士兵大步走过来，

想要把他盯着步枪的双眼蒙上。

他匆忙而贪婪地瞪眼看那

灰蒙蒙的天空下的一小块世界——

他理解了：这是他能看的最后一眼。

他看到了在殷红的晨曦中闪烁的教堂：

仿佛是去往天国前最后的那顿晚餐

这神圣的朝霞中

血色的教堂。

他眺望着，猛然间心中有了幸福的感觉

---

① 哥萨克是一群生活在东欧大草原（乌克兰、俄罗斯南部）的游牧社群，以骁勇善战著称。哥萨克（Kozacy, Cossacks）一词源于突厥语，意思是"自由自在的人"或"勇敢的人"。最初是由一些为了逃避蒙古中钦察汗国统治而流落到俄罗斯南部地区，包括顿河流域、第聂伯河下游和伏尔加河流域的斯拉夫人组成，后不断加入大量的城市贫民和不愿做农奴的乌拉尔农民，形成了后来的哥萨克。

就像是真的看到了通往天国的道路……


接着，他们将黑夜绑缚在了他的目光上。


可在内心里

血的流动开始有了颜色

在血流中，

他所有的生活经历

如镜像般纷至沓来。

他感觉到

在死神降临的这一秒里，

往事一无遗漏在灵魂中展现：

他的生命又开始醒来了

以图片的方式串起的回忆

苍白、孤单而灰色的童年

父母，兄弟，还有姑娘，

三杯友情，两盏欢乐，

一场富的梦，一堆屈辱的醒来；

丢失了的青春时代，拥挤着

沿着血管火辣辣地奔淌

再一次在内心深处，他感觉到了自己整个的存在，

直到被绑到行刑柱上的

那一秒之前。

只是到了这时，思念

——黑色而且沉重——

才将灵魂覆盖。


这时，

他感觉到有人向他走来，

感觉到那黑色的、沉默的脚步的震颤。

近了，非常近，

一只手放在了他的心头，

心跳变弱了……变弱……然后不再

跳动——

还有一秒钟———切都将结束。

哥萨克们

在对面列好了射击的队形……

背枪的皮带甩过……子弹被推上枪膛……

鼓声急促，仿佛要撕碎空气。

而这一秒钟胜似千年。


猛然间，传来一声断喝：

住手！

一名军官挥动着一张白纸出现，

在静静等待的时刻，

他的声音显得格外清亮：

沙皇圣谕

仁慈为怀

原判撤销

改为发配。


这词语听着

让人不解：他一时无法抓住它奥妙的含义

但身体里流动的血液

又变得鲜红，

重新开始流动，开始轻唱。

死神困惑地

从他僵硬的四肢关节里爬出，

蒙住双眼的黑暗尽管还没被揭去

永恒的光明却已在等候。


行刑者

无言解开绑住他的绳子

两手像剥开桦树皮一样，

从他滚烫的太阳穴上

扯下蒙住眼的白色绷带。

他的双眼如同刚从坟墓里爬出，模模糊糊

光明的刺痛让他视线游离

犹豫着再次进入这个

即将要对他关上门的世界。


这时他看到

在冉冉上升的晨曦中

教堂的一座尖顶染上了

神秘燃烧着的金色。

晨曦有着成熟玫瑰般的颜色

环绕着教堂，如同一个虔诚的祈祷

那熠熠生辉的圣像，

用他那被钉在十字架上的手，

高举起神圣之剑，指向苍穹里

那红得娇艳的云朵。

仿佛在这教堂的上方，

上帝神圣的殿堂正在辉煌的曙光中升起。

光的环流卷起

那火浪般的彩霞

涌向乐声缭绕的天庭。


团团雾霭

如同满载了尘世的昏暗

升起到

上帝的晨光中。

有无数的声音正从深渊里直冲云霄，

仿佛是千万人在齐声高唱。

他平生第一次听到了

这人世间全部的磨难，

是怎样把自己燃烧着的痛苦，

烈焰般席卷大地。

他聆听到了卑微贫弱者的声音：

那些徒然以身相许的妇人，

那些哀怨自嘲的卖身女郎，

被侮辱、被损害者的内心无声的控诉，

孤独者从不会有笑声的哀戚，

孩子们的抽泣和哭诉，

还有那被诱拐者声嘶力竭的求告。


他听到了所有这些被遗弃、被侮辱的

受苦受难者已然麻木了的声音，

那些一切街巷和时间里

没有被戴上荆冠的殉难者。

他听到他们的声音，他们以

最强悍的旋律，

向着敞开的天空升腾而去。

他看到

只有伤痛在向着上帝飞升，

而另外的人

则将沉重地生活，

以铅铸般的幸运黏在世间。

但在这尘世苦难的合唱的

聚合之下

天空的无垠却越来越明亮。


他知道，他们所有人的呼喊声

都会被上帝听到，

上帝的天国响彻着慈悲之声！

上帝不会审判可怜的人。

永恒之光辉耀在他的殿堂，

那是无尽无休的悲悯。

末世的四骑士已经出发，

给人间带来了瘟疫、战争、饥馑和死亡

而那些死而后生的人，

伤痛会变为欢乐，反倒是幸福会成为磨难。

激情的天使，

像一束光穿透了大地

他会将神圣的、于伤痛中生出的神圣的爱之光辉

深深播撒在正在瑟瑟发抖的心扉。


这时的他像是跌倒了

双膝跪地。

他又一次感到了

在无尽痛苦中的世界。

他的身体在颤抖，

满嘴都是白沫，

抽搐扭曲了他的脸，

可幸福的泪水

浸湿了死囚的衣衫

因为他感觉到，

唯有触碰到了死神的嘴唇后，

他的心才感觉到生命的甜美，

他的灵魂才如此渴望经受那折磨和伤痛。

他清楚，

在这一秒钟里，

他成了另一个人，

正如那千年之前被钉于十字架上的人。

他领受了死神那燃烧般的死亡之吻后，

又不得不为受难而热爱生活。


士兵将他从行刑柱上拖开了。

他面无血色，

像一片燃烧后的灰烬。

不由分说

他们将他推回囚犯之中。

他的目光诡异

他陷入沉思里。

在他歪斜的嘴角上，挂着一抹

卡拉马佐夫① 般酸涩的苦笑。

---

① 卡拉马佐夫出自陀思妥耶夫斯基的长篇小说《卡拉马佐夫兄弟》。

# 第一次跨越大洋的通话

塞勒斯·韦斯特·菲尔德

一八五八年七月二十八日

一个人找到了他的人生使命，而使命也找到了它所需要的那个人。

## 新的节律

从被称为人的这种生物在地球上出现以来，在数千年也许是数万年的时间里，除了马的奔跑、车轮的滚动、桨橹的划动和帆船的风帆被风吹动外，地球上还没有过任何一种比这些速度更高的连续性运动存在过。在被称为历史的这一人类记忆力所能及的狭小范围内，世界上所有的技术进步都没能让运动节律有过显著的加快。华伦斯坦①军队的前进速度并不比凯撒大帝②的罗马军团更快，拿破仑的军队也不会比成吉思汗的蒙古骑兵更迅速；而纳尔逊③的三桅战舰也仅仅只比维京人④的海盗船以及更古老的腓尼基人⑤的商船快那么一点点。

---

① 阿尔伯莱希特·华伦斯坦（Albrecht Wallenstein, 1583—1634），德国化了的捷克贵族，天主教徒，三十年战争（1618—1648）中神圣罗马帝国的军事统帅。

② 盖盖乌斯·尤利乌斯·凯撒（Gaius Julius Caesar，前100年7月13日—前44年3月15日），罗马共和国末期的军事统帅、政治家。他破坏了旧的贵族共和体制，把军政大权集中于一身，基本上完成了罗马向君主独裁制的过渡。

③ 霍纳肖·纳尔逊（Horatio Nelson, 1758年9月29日—1805年10月21日），英国18世纪末19世纪初著名海军将领及军事家。率领英国舰队多次打败法国、西班牙的舰队。

④ 维京人（Viking），泛指北欧海盗。在公元8世纪到11世纪，他们一直侵扰欧洲沿海和英国岛屿，其足迹遍及欧洲大陆至北极的广阔疆域。欧洲这一时期被称为"维京时期"。

⑤ 腓尼基人是生活在今地中海东岸，相当于今天的黎巴嫩和叙利亚的古老民族。属于闪米特人种，善于航海与经商，全盛期曾控制了西地中海的贸易。

拜伦爵士①在他的《恰尔德·哈罗尔德游记》（Childe Harold's Pilgrimage）里，每天行进的路程也只不过比奥维德②被流放到黑海东岸的草原时多几英里。十八世纪的歌德旅行时并不比一千多年前的使徒保罗更快、更舒适。国与国之间的时空距离，在拿破仑时代跟罗马帝国时代是一样的，不可能有多少缩减。物理世界的规则仍然要远远强过人类的意志。

　　一直到十九世纪，地球上的速度和节律才发生根本性的改变。在十九世纪开始的十年到二十年时间里，人类世界的各个族群、国家往来的速度就已经超过了之前的任何时候。一般来说，以前需要数天时间的路程，因为有了火车和轮船，通常在一天之内就可以走完。而以前需要很多个小时传递的信息，更是被压缩到了一刻钟甚至几分钟时间。火车和蒸汽船为人类带来了新的速度，这在那个时代被看作是了不起的进步，但这类发明毕竟还在可理解的范围内。因为这类新型交通工具也不过是把人类迄今为止的运动速度提高了五倍、十倍，最多二十倍。但它们还具有能见并可触及的物理特质，所创造的奇迹还能被人解释。但当第一批电气设备出现后，它们所产生的效果就完全超出了人们的感知范畴。电这个赫拉克勒斯③，当它刚一产生，所冲击的就是人类认知迄今为止所有的现行规律与尺度。对电已习以为常的我们，永远也无法想象，那些见证了人类世界第一份电报的人们所受到的震惊程度。正是这种小到几乎难以察觉的电火花——昨天它还只能在莱顿瓶④内发出噼啪的声响，产生不过像手指关节那么长、不足一英寸的电弧；如今却已经产生出了巨大的魔力，能翻山越岭，跨越所有的大洋、大洲。一个念头几乎是刚产生，或者是一个字刚写出来墨迹未干，一秒钟内在千里之外的另一个人就已经获悉，能看到、读到。这肉眼看不见的电流原本往返于小小伏打电堆⑤的两极之间，现在却能绕着整个地球从这一端到另一端；这物理实验室里的试验仪器里的玩意，昨天刚能通过摩擦玻璃板吸起小纸片，如今却能通过它获

---

① 乔治·戈登·拜伦（George Gordon Byron，1788年1月22日—1824年4月19日），英国19世纪初期伟大的浪漫主义诗人，代表作品有《恰尔德·哈罗尔德游记》《唐璜》等。
② 奥维德（Publius Ovidius Naso，前43年3月20日—前17/18？），古罗马诗人。代表作《变形记》《爱的艺术》和《爱情三论》。曾因罪被流放至寒冷的黑海地区，并最终客死他乡。
③ 赫拉克勒斯，希腊神话中奇迹般地完成十二项艰巨任务的英雄。
④ 最初的电容器。1746年在荷兰的莱顿大学被发明，因而得名。
⑤ 伏打电堆（Voltaic pile），最早的化学电池，由意大利的物理学家伏打（Alessandro Volta）发明。

得比人的肌肉大几百万倍的力量、快数亿倍的速度。它能传递讯息、驱动有轨电车、照亮街道和房屋，像精灵一样在空中来去。由于电的发现，时空关系才有了自创世纪以来最具革命性的改变。

一八三七年对人类世界来说是具有决定意义的一年。正是在这一年出现了电报，让过去被物理空间隔绝起来的人类，能在同一时间里知道世上所发生的事情。很可惜，这一年在我们的教科书中很少被提及；我们的教科书的编撰者总以为叙述国与国之间的战争，以及那些统帅们的胜利更为重要，而对这类真正属于全人类的胜利没有多少兴趣。就对人类心理的影响而言，近代史上还没有什么日期是能与电报发明的这一日期相提并论的，电报的出现具有划时代的意义。电报的出现，使得在巴黎的你能在几乎同一分钟时间里，就知道在阿姆斯特丹、莫斯科、那不勒斯或者里斯本发生的某件事。世界因此被改变。不过还需要走完最后一步，才能把整个世界都纳入一个庞大的体系中来，从而为全体人类制造出共同的意识。

自然，对此自然界还是进行了最后的抵抗。这样一个体系的产生，还需要跨越一个巨大的障碍，电被发现后的二十年里，被大海隔开的各个国家仍然处在无法进行电讯联系的状态中。因为在电报杆上，由于有绝缘瓷瓶的缘故，电讯信号可以不受阻碍地传送，而海水则会导致电流的流散。在一种能让电流在水里绝缘的包在铜线或铁线外的物资被发明出来前，想要在大海中铺设一条横跨整个大洋的电缆，是绝对不可能的。

多亏了时代的不断进步，现在这种有效的绝缘物质已经被发明出来了。电报在陆地上顺利被传递后几年，古塔胶[①]被发现。正是这种特殊的材料能让电线在水中绝缘。于是人们就有了把欧洲大陆和海峡那边的英国用电报网联接起来的想法。一名叫布雷特[②]的工程师铺设了第一条海底电缆——后来布莱里奥[③]以同一位

① 古塔胶，一种天然橡胶。由热带地区产的山榄植物的树皮和树叶中的胶乳制成，广泛被用于制造海底电缆。
② 约翰·沃特金斯·布雷特（John Watkins Brett，1805—1863），英国电报工程师，是铺设海底电报电缆的先驱者之一。他与弟弟雅各布一起，于1850年成功地铺设了穿越英吉利海峡的水下电缆。1858年参与了跨大西洋海底电缆的铺设项目。
③ 路易·布莱里奥（Louis Blériot，1872—1936），法国工程师和航空界先驱，是飞越英吉利海峡的第一人。1909年7月25日，他驾驶自己制造的单翼飞机从法国北部的加莱抵达英国的丹佛，距离35公里，耗时37分钟，平均飞行高度100米。他是首位商业性飞机制造者，被称为"现代单翼机之父"。

置为起点，驾驶一架飞机首度飞越了海峡——仅仅因为一个傻瓜干了件蠢事，才使得这一就要成功的工程遭到破坏：一个布伦①的渔民以为自己捕到的是一条巨大的电鳗，就把铺设好了的电缆从海底拽了出来。但在一八五一年十一月十三日进行的第二次试验非常成功。英国和欧洲就此被连接了起来，欧洲因此才成了真正的欧洲，能像一个人一样，用同一个大脑、心脏来感受时代发生的变化。

短短数年——但从人类历史来看，十年不过是一瞬间——能取得如此巨大成果，这自然会激发起那一代人无边的勇气。人们进行的尝试都取得了成功，而且梦幻般迅速。几年后，英国又与爱尔兰、丹麦跟瑞典、科西嘉岛与大陆都通过电报连在了一起。人们已经在酝酿要把埃及和印度也纳入这个网络。只有一个大洲，一个恰好是最重要的地方，似乎注定要长期与这个联接世界的网络无缘——那就是美洲。无论是大西洋还是太平洋都浩瀚无边，没有可资利用的中间站，怎么才能用一根电缆跨越呢？在电的童年，还有很多未知的因素人们不曾知晓。大海的深度还没被测量，地理结构也只是大体上了解。至于在深海铺设的电缆能否承受海水巨大的压力，对此还没做过全面测试。即便技术上可行，但如何才能有把握地将这样长的电缆安全放入深海里？一条船如何能装载两千海里长的铜铁合金的电缆？另外，还需要有巨大功率的发电机，来把电流不间断地在如此漫长的距离上输送，而这样的距离轮船横渡至少需要两三个星期。所有这些前提条件在当时都还不具备。人们还不知道，在大洋深处是否会存在磁场活动影响到电流；人们还没有足够的绝缘物，也没有能准确测量的仪器——那时人们还对把自己从千百年沉睡中唤醒、打开眼界的电这个东西知之甚少。"不可能！绝对不可能！太可笑了！"——只要一有人提到铺设跨越大洋电缆的计划，学者们就会激烈反对。"以后也许可行"——技术人员中最有勇气的人会这么说。即使是莫尔斯②这位对电报的广泛使用居功至伟的人，似乎也觉得这计划不可思议。但他还是如先知般预言道：如果跨大西洋电缆能够铺设成功，那将是"本世纪最大的功绩"。

一件奇迹或非凡之事的发生，最初总是因为某个人相信这奇迹会发生，无论如何这都是奇迹发生的前提。当学者们还在犹豫不决时，无知者无畏的天真勇气

---

① 布伦（Boulogne），法国北部城市，濒临英吉利海峡。

② 萨缪尔·芬利·布里斯·莫尔斯（Samuel Finley Breese Morse, 1791 年 4 月 27 日—1872 年 4 月 2 日），美国画家兼发明家。莫尔斯电码的发明者。

往往会产生出创造性的推动力。这次也不例外，一个偶然机遇开启了一次伟大的行动。一八五四年，一名叫吉斯博纳的英国工程师想在纽约与美国最东边的纽芬兰岛之间铺设一条海底电缆，以便可以提前几天获悉船只的消息。但这个工程不得不中途停止，因为他耗尽了财力。他去了纽约，想在那里寻求到投资人。完全是一个偶然的机会——偶然往往是丰功伟绩之父——他遇到了一位名叫塞勒斯·韦斯特·菲尔德[1]的年轻人，这位年轻人是一个传教士的儿子，他靠经商迅速积累了一笔巨大的财富，但他年纪轻轻就带着这笔巨额财富回到私人生活领域隐居起来。只是无所事事对他这样年轻的人来说，导致了旺盛的精力得不到发泄。吉斯博纳想要得到这位年轻的富翁的支持，以便完成他铺设纽约到纽芬兰的工程。而这位塞勒斯·韦斯特·菲尔德既非技术人员又非专家——或许人们可以说：多亏了他什么也不是。他对电一窍不通，更是从没见过电缆。但在这个传教士的儿子的身体里有着一种基因，一种典型的美国人的冒险精神。当吉斯博纳这位专业的工程师看到的是直接的技术性的可能性——将纽约和纽芬兰连接起来时，这位富于灵性的年轻人却看到了更远的地方。既然能通过电缆把纽约与纽芬兰连接起来，那为什么不能把爱尔兰也连接到一起呢？于是塞勒斯·韦斯特·菲尔德毫不犹豫就决心开始这项宏伟的计划。从那时起，这位年轻人把全部的精力都投入这项事业中，拿出了自己所有的财产——在那些年里，他三十一次往返于大西洋。就这样，星星之火燃烧成了火焰，最终燃烧成了熊熊大火。这种新的、带来奇迹般效果的电力与另外一种强大的动力因素人的意志结合到了一起。一个人找到了他的人生使命，而使命也找到了它所需要的那个人。

# 筹　备

　　塞勒斯·韦斯特·菲尔德全身心投入这项事业中，他有着令人难以置信的坚毅。他首先和专家们建立了联系，然后请求政府给予支持，赋予他开发权。为了

---

[1]　塞勒斯·韦斯特·菲尔德（Cyrus West Field 1819—1892），美国实业家，以经营造纸业起家，后集资铺设了横跨大西洋、连接欧美的海底电缆。

筹措资金，他游走于欧美两大洲，展开了一场募集活动。这位之前完全不为人知的人造成的冲击力是巨大的，他的信念是如此坚定，他坚信电将会是一种创造出奇迹的能源，这使得他发起的三十万英镑的原始股权，在英国几天内就被全部认购。实际上只要把利物浦、曼彻斯特和伦敦的那些最有钱的商人邀请到一起商讨这件事就行了。在认购名单上有萨克雷①和拜伦夫人②——而且他们的目的并非为了赚钱，仅仅是抱着一种促进科学事业发展的理想主义精神。在那个斯蒂文森③、布鲁内尔④和别的一些伟大工程师的时代，对技术和机械的乐观主义态度充斥着英国。只要有人振臂一呼，就会有人出钱为某个完全不切实际的计划建立起基金，提供资金支持。

在开始阶段，唯一有把握的是对铺设电缆所需费用的大体估算。而在技术实施上，没有任何先例可循。类似规模的工程项目在十九世纪还没人计划、尝试过。跨越多佛与加莱⑤之间狭窄水域跟跨越整个大洋是完全没有可比性的；前者只需要从一艘明轮蒸汽船⑥的露天甲板上放下三四十英里的电缆，把电缆一段段慢慢放下去，就像从绞盘上把锚链放下一样。在海峡铺设电缆时，可以心平气和等一个天气特别晴好的日子；人们对海水的深度、海底的地质情况知道得很清楚；从船上可以直接看到对面的海岸，这样就能避开任何危险的偶然情况的发生；铺设工作在一天内就能轻松完成。但铺设跨越大洋的电缆，至少需要三个星期不间断的航行；所需电缆要长一百倍、重一百倍，这么大的绞盘卷筒也不可能露天放在甲板上，暴露在各种恶劣的天气下。另外，当时还没有一条船大到足以装载这些由铜、铁和树胶构成的庞然大物，也没有一条船足以承载这样的重量。基本情况下就得两艘船一同运作——一艘做主船，一艘做辅助船，以便保持航线的精确，并在出现问题时能及时给予帮助。英国政府虽然同意让"阿伽门农"号这艘曾经

---

① 萨克雷（William Thackeray，1811—1863），英国著名小说家，代表作为《名利场》。
② 拜伦夫人安娜·密尔班克，一位业余数学爱好者。
③ 斯蒂文森（George Stephenson，1781—1848），英国著名的工程师和发明家，蒸汽机车的发明者。
④ 布鲁内尔爵士（Sir Marc Isambard Brunel，1769—1849），工程师、建筑学家和发明家，修建了第一条横穿泰晤士河的隧道。
⑤ 多佛位于英国东南部多佛港和法国加莱以西的格里内角之间。
⑥ 明轮船是指在船的两侧装有轮子的一种船，由于轮子的一部分露出水面，因此被称为明轮船。一般有两种推进方式，一种是原始的以人力踩踏木轮推进，一种是现代的以蒸汽机和螺旋桨推进。

作为旗舰在塞瓦斯托波尔战役①中服役过的当时英国最大的战舰参与这项工程，美国政府也同意五千吨级的三桅战舰"尼亚加拉"号（当时最大规模的战舰）参与，但两艘舰船都得经过改装，然后才能把用来连接两块大陆的电缆分成两部分分别装在两艘船上。但最主要的问题还是电缆本身。这些电缆的技术要求在当时高到难以想象。必须如钢缆般结实、不易损坏，还要能保持柔韧性，以便能轻易铺开；它必须经得住各种内应力与外力，并且还要像丝线样光滑，以便于卷起；它必须是实心的，但绝缘层又不能填塞太紧；它同时需要坚韧和精确，能让最微弱的电波通过它被输到两千海里外的地方。上面的任何一道最细微的裂纹、不平滑，都会导致这根大绳子出现故障，导致十四天航程的铺设工程前功尽弃。

但仍有人勇于去做！几家工厂开始日以继夜地生产所需电缆。来自一个人的魔鬼般的意志，在驱动着所有相关的轮子运转。很多冶炼厂都在围绕这根电缆展开运作。为了给这根电缆制造古塔胶，几乎所有的橡胶树种植园都在为它流淌乳胶液。为了说明这项工程究竟有多宏伟，我们只能这样形容：三十六万七千海里长的单股铜铁合金线的长度，足以绕地球十三圈，也是从地球到月球的距离。自从《圣经》里关于巴别塔②的记载以来，人类还从未曾建造过如此宏伟的工程。

# 初　航

在整整一年时间里，工厂的机器开足了马力运转。延绵不绝的细金属丝不停地被卷到两艘船的舱内，在卷绕了上万次后，全部电缆终于被分成两部分装到两艘船上。用来铺设电缆的新设计的机器也安装就绪。机器上安装了专门的刹车和倒行装置，它们要一口气在一个星期、两个星期、三个星期时间里，不间断地将电缆送到大海的深处。最优秀的电气专家和技术专家，包括莫尔斯本人都集中到

---

① 塞瓦斯托波尔是乌克兰濒临黑海的城市。1783年这里被改造成了要塞。1854年到1855年此处爆发了克里米亚战争。当时二十六岁的托尔斯泰参加了这次战争，并担任了最危险的第四棱堡的炮兵连连长。为此托尔斯泰专门写下了小说《塞瓦斯托波尔故事》。

② 《圣经·旧约·创世记》第11章记载，人类曾联合起来兴建能通往天堂的高塔。为阻止人类的计划，上帝让人类说不同的语言，制造了人类间的沟通困难，计划因此失败。

了船上，以便在整个铺设过程中，用各种仪器对电缆的情况进行监测。一些新闻记者和画家也来到船上，为的是用文字和画笔描述这次从哥伦布和麦哲伦以来，最令人激动的航行。

终于，启航的所有准备都完成了。尽管怀疑论调依然占据上风，但整个英国公众的兴趣已经集中到了这项壮举上来。一八五七年的八月五日那天，在爱尔兰的瓦伦西亚这个小小的海港里，聚集起了数百条的各式小船。它们把即将出航的电缆铺设船团团围住，想要亲眼目睹这一历史性的时刻。他们亲眼目睹电缆的一端被驳船拉到岸上，在欧洲坚实的土地上被牢牢固定下来。并非出于当事者的本愿，这一告别仪式成了一个盛大的庆祝活动。政府派来了代表致辞祝贺；一位牧师在他感人的演讲中祈求上帝保佑这一大胆的行动："啊，永恒的上帝，"他祈祷道，"您是唯一的主，是您让天空放晴，是您主宰着大海的波涛，风和海浪都听从您的吩咐，请您慈悲地向下看您的仆人……因您的眷顾，我们将会破除任何艰难险阻。"之后，沙滩上和海面上数千只手和帽子向海面上启航的两艘船挥舞致意。陆地渐渐退去，人类开始实现自己最伟大的梦想。

# 遭遇挫折

最初的计划是两艘船先航驶到预先计算出来的中间点位置，在那里把分成两部分的电缆连接起来，然后再各自朝着不同方向航行——一艘驶向纽芬兰，一艘驶往爱尔兰。但由于担心第一次试验就用完全部的电缆不免有点冒失，于是决定还是由大陆开始铺设第一段电缆。因为人们没有把握确定，这么远距离的海底电报传输是否可行。

以大陆为起点铺设电缆的任务交给了"尼亚加拉"号。这艘美国三桅战舰缓缓地小心航行，像一只从身体里吐出蛛线的巨大蜘蛛。安装在甲板上的铺设机器不紧不慢发出节奏分明的嘎嘎声响——就像把锚链从绞盘上放进水里似的。几小时后，船上的人渐渐开始习惯了这种有规律的声响，他们不再那么在意，就好比一个人不会特别注意自己的心跳。

船向着大洋中间驶去，电缆被不断从船的龙骨后面放入大海。看起来风平浪静，完全不像是在冒险。在一个特殊的舱室里坐着电气专家，他们一直在倾听，始终和爱尔兰的陆地保持着联系。令人好奇的是，尽管早就看不到海岸了，水下电缆传输的信号却异常清晰，就像从一个欧洲城市传来的电报讯号一样。很快远离了浅水区，穿过了位于爱尔兰后面所谓的深海平原。这根金属线从船尾不断滑进大海，沉入海底，就像是沙漏里的细沙一般，同时讯号也在不断传来、传出。

已经铺设了三百三十五海里的电缆，超过多佛到加莱距离的十倍还多；经过五天五夜心里没底的煎熬，到了第六天傍晚，也就是八月十一日，菲尔德不得不躺下休息会。就在这时，铺设机的嘎嘎声突然消失。不知道发生了什么，就像火车紧急刹车把一个正在熟睡的人甩向了前方；又有点像水磨的水轮猛然停止，惊动了正在熟睡的磨坊主人。船上的人都醒来了。大家第一眼看到的是机器在空转。电缆不知为何脱离了绞盘，想要及时控制住脱掉的另一端显然不可能。但听凭电缆滚落海底，再想要把它打捞起来几乎不可能。最后检查的结果是一个小小的技术错误，导致数年的辛勤工作毁于一旦。所有的人都垂头丧气，不情愿地回到了英格兰。在那里，因为突然间信号消失了，人们已经预感到情况不妙，心理上对可能的坏消息已经有所准备。

# 再受挫折

塞勒斯·韦斯特·菲尔德是英雄同时也是商人，是所有人中唯一不为所动的人。他对损失做了一个估算。三百英里长的电缆，大约十万英镑的投入。可最让他感到沮丧的是损失了整整一年时间。因为每年只有夏季才可能出现适合进行施工的天气，而现在季节已经过去。但也不能说完全没有一点收获，他在另一张纸上记下了通过这次尝试获得的一些实践经验。而且还证明了电缆本身的可行性，可以把它们卷起来留待下次实验时使用。但必须要对铺线的机器加以改进，正是它导致的这次失败。

就这样，在重新筹备和等待中一年就过去了。到了一八五八年六月十日，还是同样的两艘船，装载着新的勇气和旧的电缆再度启航。由于在第一次实验中电缆讯号传输完美无缺，因此他们还是决定按照最初的方案，电缆的铺设从大洋中间开始，分别朝着相反的方向延展。新的实验起初几天显得很平静。出航后的第七天，他们抵达了计划的开始点，真正的工作开始。此次航行是一次或者说看起来像是一次漫游。铺线机还没开始工作，水手们可以休息，天气也很好，万里无云，大海显得格外平静。

但到了第三天，"阿伽门农"号的船长开始感到不安起来。船上气压表上的水银柱正在以很快的速度下降，这预示着一场特大的风暴正在逼近。的确，在第四天，一场连像他这样在大西洋上久经磨炼的老海员也很少遇到过的风暴来了，而这样的风暴正好让"阿伽门农"号遇上了。这艘英国战舰装备精良，曾多次在不同海域和海战中经历过最严峻的考验，按说是能对付这种糟糕天气的。但不幸的是，这艘战舰因为铺设电缆而进行了改装，以便能把重量巨大的电缆堆装到船上。并且它和一般货船不同，在这条船上不可能把重量均匀地分布在各个舱位里，而是大部分集中在了船的中部，只有一小部分被装到前舱。这带来了严重的后果，每次的上下颠簸都导致了船的摇摆力度增加一倍。于是，风暴就把这艘船当作一件玩具，不停玩自己危险的游戏：船一会儿朝左边倾斜，一会儿又朝右；一会儿船首高高翘起，一会儿船尾又高高向上。最厉害的时候倾斜度几乎到了四十五度。巨浪冲击着甲板，把甲板上所有的东西都击得粉碎。其中一个巨浪使得整艘船从龙骨到桅杆都严重摇晃起来，这一突如其来的灾难把甲板上隔挡煤块的挡板摧毁了，所有的煤块像冰雹似的倾泻而下，坚硬的煤块击打在那些本来已经精疲力竭的水手身上。其中几位水手受了严重的伤，另外还有几人被倒下来的锅炉烫伤。十天的风暴让一名水手精神失常了。这时，已经有人想要把电缆扔进海里，但最终被船长阻止。他不愿因此承担责任，并且他这样做最终被证明是正确的。"阿伽门农"号经受住了这些严峻的考验，熬过了十天的风暴。尽管晚了，但还是抵达了预计的地点，跟别的船会合，并开始了铺设工作。

可现在他们才发现，受到持续的严重颠簸摇晃，这批被绕了几千圈的昂贵、容易损伤的电缆受到了很大损伤。可以说是乱成一团，很多地方表层的古塔胶出现破损。但人们还是怀着侥幸心尝试着铺设了几次，结果无非是白白浪费了大约两百海里的电缆。这也就是说，第二次的实验失败了，他们只好灰溜溜而不是凯旋着返航。

# 事不过三

伦敦的股东们已获知这一不愉快的消息，他们脸色惨白地等着他们的经理人和诱骗者塞勒斯·韦斯特·菲尔德。两次实验已经损耗了股本的一半，却什么也没证明，什么结果也没有。谁都能想到，多数人会说"够了"！董事长主张先想法尽量挽回损失，他赞同把余下来的电缆搬下船，有必要的话就亏本卖掉。这也就是说，他想彻底否定这个横跨大西洋的电缆铺设计划。为了附和他，副董事长发来一份书面的辞职信，以此表明自己不愿再与这个荒唐的工程继续有任何关系。但菲尔德的坚韧和理想主义的献身精神使得他丝毫也没有动摇。他解释说：什么也没损失，实验本身证明了电缆的性能良好，并且船上剩下的电缆完全足够再进行一次实验。而且如今船队已经装配好，船员也都招募齐了。正因为上次航行遭遇到了罕见的极端气候，因此这次倒是可以指望有一阵天气良好的日子。现在所需要的是勇气，是再次尝试的勇气！要么现在敢于做最后一次实验，要么永远失去机会。

股东们面面相觑，犹豫不决：难道他们还要继续把最后剩下的这点钱交给这个疯子吗？但菲尔德有强烈的意志，他要拽着犹豫不定的股东跟他朝前跑，于是，在塞勒斯·韦斯特·菲尔德的催促下，新的一次出航终于开始。一八五八年七月十七日这一天，在不幸的第二次航行五个星期后，船队第三次启航离开了英国的母港。

古老的经验再次得到验证——重大的事件往往是在悄然中进行并获得成功的。这次出航谁也没注意到。船队启航时，再也没有欢送的船只，也没有围观的人群；没有隆重的告别宴会，更没有人祝词；也没有神父为他们向上帝祈祷。他们的船队是静悄悄、似乎有些羞涩地离开港口的，那情形更像是一次海盗出航。可这次大海非常友好地迎接了他们。在从爱尔兰的昆斯顿启航后的第十一天，也就是七月二十八日——正好是约定的那天，"阿伽门农"号跟"尼亚加拉"号在大西洋中间预订的地点会合，然后开始了这项伟大的工作。

场面极具戏剧性——两条船船尾对着船尾。现在，电缆在两条船的中间被接到一起。没有任何仪式，甚至船上的人也对这个过程没有表现出多大兴趣——经历了两次失败，他们已经感到疲惫和厌倦。那根铜铁合金的粗电缆在两船之间缓缓沉入海底。然后，两条船上的人互相问候，打旗语告别——英国的船驶向英国，美国的船驶向美国。它们之间相距越来越远，在无尽的大洋上渐渐变成两个行进中的小点，而电缆却一直将他们连在一起——这是人类有史以来的第一次，两条船能超越风浪、物理空间被无形的电流联系在一起。每隔几个小时，一艘船就会用电信号跟另一艘船通过在海底渐渐铺展开的电缆进行联系，报告铺设情况；而每一次得到的回答都是：天气很好，他们也铺设了同等长度的电缆。一天、两天、三天，直到第四天还是如此。八月五日，"尼亚加拉"号终于报告说，他们抵达了纽芬兰的特里尼蒂海湾①，能看到美洲海岸了。这时他们已经铺设了不少于一千零三十海里的电缆。而"阿伽门农"号也同样报告了胜利的消息：他们看到了爱尔兰海岸。现在，人类第一次能通过电缆从一个大陆向另一个大陆传递话语。但只有这两条船上的人，只有这几百个坐在他们的木制船舱里的人知道自己完成了这项壮举，全世界对此一无所知，实际上人们早已忘了这件事。没有人在海滩上迎接他们凯旋，无论是在纽芬兰还是爱尔兰都没有。但在大洋电缆与陆地电缆连接在一起的那一秒里，人类将会知道他们所取得的巨大的共同性胜利。

# 皆大欢喜

正因为这欢乐的闪电犹如晴天霹雳，它点燃的烈焰才更加旺盛。在八月的最初几天，旧大陆和新大陆几乎在同一时刻获悉工程成功的消息。这一消息所产生的反响是如此非同寻常。在英国，原本谨慎的《泰晤士报》发表社论说："自哥伦布的大发现以来，就人类活动范围的扩展程度而言，还没有哪个事件堪与此次

---

① 特里尼蒂海湾（Trinity Bay），在今加拿大纽芬兰东南部，约有一百公里长的一道海湾。

成功媲美。"城市陷入一片欢腾之中。但英国人这种自豪的喜悦，如果和在美国引起的狂欢相比，那简直就不值一谈，会显得过于矜持与含蓄。在美国，当消息刚刚传来时，人们即刻陷入狂欢中。所有的商店都把门关上了，大街小巷里挤满了喧闹的人群，人们相互打听着、谈论着。塞勒斯·韦斯特·菲尔德——这个名不见经传的人，一夜之间成了国家的英雄。人们把他和富兰克林、哥伦布相提并论。整座纽约城以及其他上百座城市的人们都翘首以盼，想要一睹他的丰采。正是这个人"把年轻的美洲大陆和古老的欧洲世界连接到了一起"。这个梦想得以实现。但这还没有到达兴奋的最高点，因为当下的消息无非是"电缆铺设完成"，但电缆能否通话却还没有得到证实。究竟能否成功呢？可以用它通话吗？接下来就出现了一个令人激动的场面：全城、全国，所有的人都在等待着从大洋彼岸传来的第一句话——仅仅一句话。人们得知，英国女王将发来贺电，而所有人都在等待着贺电的到来。随着时间的过去，人们变得越来越焦急，而宣布的贺电还是没有到来。原因是纽约通往纽芬兰的电缆在这时出现了故障，因此，一直等待八月十六日，英国女王的贺电才传到纽约。

这个消息来得太晚了，以至于报纸已无法将其排进已排好版的当日新闻栏目中。消息发到各电报局和编辑部，那里马上就聚集了大量的人。报童们不得不从人群当中挤过，他们擦破了皮肤、扯坏了衣裳。在剧院、餐馆，这个消息被传播，成千上万的人还很难理解电报要比最快的船还要快好几天这一点，他们习惯地涌向布鲁克林的港口，来迎接"尼亚加拉"号这艘英雄船。在第二天，也就是八月十七日，各家报纸才用大号字体的醒目标题宣布这次胜利："电缆传输成功""人人欣喜若狂""全城轰动""普天同庆的时刻"！这是史无前例的，因为自地球上有思想以来，还从未有过类似的情形：一个想法能以相同的速度，在同一时间飞越辽阔的大洋被大洋彼岸的人得知。礼炮鸣响了一百下，现在，再也没人怀疑了。到了夜里，纽约和其他所有大城市都亮起了成千上万的灯光和火炬。每个窗口都亮起来了，市政厅的圆顶因此失了火，但这丝毫不影响人们的喜悦之情。第二天还有一个新的庆祝活动——迎接"尼亚加拉"号的返航。塞勒斯·韦斯特·菲尔德这个伟大的英雄回来了！在胜利的狂欢中，剩下的电缆被拉到城里，他的团队受到了热情的款待。从太平洋到墨西哥湾，现在每座城市都在一天天演绎着同样的欢腾景象，好像是在第二次庆祝发现美洲大陆。

但是这还不够！真正的胜利大游行要比这更华美，那是新大陆从来没有过的。准备工作进行了两个星期。到了八月三十一日，整个城市都在为一个人欢呼——塞勒斯·韦斯特·菲尔德。自从凯撒以来，没有哪个胜利者得到过他的人民这样的欢呼。在这个秋高气爽的日子，人们为他准备了一个花街游行，长长的队伍用了六个小时才从城市的一端走到另一端。最前面的是军人——他们扛着旗帜走过欢腾的街道；接下来是乐队、合唱队、歌咏队、消防队、学生、退伍老兵的看不到尽头的队伍。每个能够走动的人都出来了；每个能唱歌的人都在歌唱；每个能够欢呼的人都在欢呼。塞勒斯·韦斯特·菲尔德坐在一辆四匹马拉的车里，如同一位古代凯旋的帝王；另一辆车里坐着的是"尼亚加拉"号的指挥官；第三辆车上坐着的才是美国总统；后面跟着市长、各级官员和教授们。持续不断的致辞、宴会、火炬游行，教堂的钟声此起彼伏，礼炮声声。这位新的哥伦布，这位把新旧世界连接起来的人，在这个时刻成了美国最受人崇拜的人。

# 背上沉重的十字架

这一天有成千上万的声音在喧哗、在雀跃欢呼。但只有一个声音、一个最重要的声音却一直保持着缄默，那就是从海底电缆传输过来的电报。很可能塞勒斯·韦斯特·菲尔德已经知道了这个可怕的事实：正是在这一天里，大西洋电缆停止了工作。并且，几天前传来的讯号就已经变得混乱不堪，几乎没法辨认，简直就像是一个垂死的人发出的最后的喘息。而到这一天，电报的传输彻底停止。他是唯一知道这一情况的人。在整个美国，除了负责在纽芬兰接收电报的几个人外，没人知道甚至没人会想到电缆会出现这样的情况。即便是知情，面对人们这种无度的狂热，也会犹豫是否要把这一令人痛苦的消息告诉人们。但纸包不住火，这消息最终还是传了出去，引起了人们的注意。美国原本每隔一小时就会有信息传到大洋彼岸，但实际情况完全不是这样，除了偶尔会有一点点含混不清、无法辨认的信息传来，就没有别的了。谣言不胫而走，说是因为有人急于求成，为了达到更好的传输效果，对电缆输送了过量的电荷，导致这条电缆遭到彻底的损坏。人们还希望能排除故障。但很快就没法掩饰了，信号越来越混乱，越来越无法让人看明白。就在那个大型庆祝活动的第二天九月一日，再也没有清楚的声音传来，甚至连纯粹的电流振荡也消失。

当人们从欢欣中清醒过来后，他们最不能原谅的就是整个事情的背后推手。人们在他身上的一切期许，后来都变成失望。在这受到很多赞美的电报不再好使的传言几乎还没有被证实时，排山倒海般的欢呼就转化成了恶意的指责，人们气势汹汹扑向这个无辜的罪人塞勒斯·韦斯特·菲尔德。认为他欺骗了整座城市、整个国家、整个世界。这座城市里的人声称，他早就知道电报行不通，但为了他的自私的目的，刻意制造出虚假的消息让人们为之欢呼。说他也利用这段时间出清了手里的股票，赚取了不可思议的巨大利润。其中最险恶的说法是有人无端地声称：大西洋电缆从没被真正使用过，所有消息都是谎言和欺骗，英国女王的电报也是事先写好，根本不是通过海底电缆传送过来的。此外还谣传说：在整个过程里，所谓从大洋彼岸传来的电报完全无法辨认，都是电报局的局长们根据自己的想象虚构出来的。这样一来，掀起了一场轩然大波。而掀起这场狂涛恶浪的，恰恰是那些昨天发出最响亮欢呼声的人。整座城市、整个国家都在为自己过热的、过早的兴奋而感到羞愧，而塞勒斯·韦斯特·菲尔德成了这种羞愧与愤怒的牺牲品。这位昨日的英雄、富兰克林的兄弟和哥伦布的后继人，现在成了过街老鼠，不得不躲藏起来。真可谓此一时彼一时。他也没想到失败来得这样迅猛、这样惨烈。资金全部损失掉了，名誉也扫地。并且这根现在毫无用处的电缆，却像传说中的那条环绕地球的巨蟒①，悄悄躺在深不可测的大洋深处。

# 六年的沉默

这条电缆在大洋深处被人逐渐遗忘了，它毫无用处地躺在那儿整整六年时间。在这六年里，两块大陆之间恢复了以往的冷清与缄默。而在这之前，世界曾

---

① 北欧神话传说地球被一条巨蟒（Midgardschlange）缠绕着。

有过一个小时时间被紧紧连在了一起，脉动起同一个脉搏。美洲大陆和欧洲大陆曾有过数百句话的交谈，而现在重新跟无数个世代一样被难以逾越的障碍隔开。这个十九世纪最大胆的项目几乎就要获得成功，但如今却成了一个神话和传奇。不用想，就知道没人会继续去干这件成功了一半的事业。失败过于惨重，几乎把人们所有的勇气和热情都扼杀了。在美国，南北战争吸引走了所有的注意力；而在英国，委员会还不时开会，但他们用了两年时间才给出了一个内容简短的结论：原则上海底电缆是可行的。从理论上的鉴定结果到实际实施，中间隔着一条宽阔无比的鸿沟。因此在这六年时间里，所有相关工作都停顿了，如同海底那根被遗忘的电缆。

六年在历史里不过是一瞬间，但对像电学这样年轻的科学来说，却相当于千年。每一年、每个月在这个领域里都有新的发现。发电机功率越来越大、越来越精良，它的应用越来越广泛。每个大陆上的电报网络都已经建成，电报电缆已跨越了地中海，将非洲和欧洲连接起来。可是，铺设跨越大西洋的计划渐渐被人遗忘。对那些长期以来一直都热衷于这个项目的富于幻想的人，人们越来越没有兴趣。但是，再次尝试这项实验的时间一天天临近，并且迟早会到来。现在所缺的只是一个为这一计划重新注入力量的人。

突然间，这个人就出现了。还是他，还是过去那个塞勒斯·韦斯特·菲尔德。他带着同样的信念和信心，从沉默的被放逐和幸灾乐祸的蔑视中又站了起来。他第三十次跨越大洋，又出现在伦敦。他成功地以一笔六十万英镑的新资金获得了原有的经营权。现在，他也有了他梦寐以求的巨轮——著名的"伟大的东方人"号。这艘巨轮吃水两万两千吨，拥有四个烟囱，是由伊桑姆巴·布鲁内尔[①]

设计建造的。真是机缘巧合，这艘巨轮在一八六五年这一年里正好被闲置着，因为它的设计太过超前。两天内菲尔德就买下了这艘船，并对它进行了必要的改装。

一下子，过去难以克服的困难现在变得容易了。一八六五年七月二十三日，这艘巨船装载着新电缆驶离泰晤士河。尽管第一次试验又失败了——当铺设到目

---

① 伊桑姆巴·布鲁内尔（Isambard Kingdom Brunel, 1806—1859），英国铁路及造船工程师，前文提到的布鲁内尔爵士的儿子。

的地前的两天电缆断裂，大西洋再度吞没了六十万英镑。但现在技术已经成熟，完全有把握完成这项工程，所以没人因此丧失信心。一八六六年的七月十三日，"伟大的东方人"号再度启航，这次终于获得成功。经由这次铺设的电缆从美洲传到欧洲的信号非常清晰。几天后，那根曾经失踪的旧电缆也被找到。于是，两条电缆把古老的欧洲和新的美洲世界连了起来。在昨日被看作是不可能实现的事，在今天变成了现实。从这一刻开始，地球有了一个共同的心跳。现在，从地球的一端到另一端，人类生活在同一时间维度下；他们彼此倾听、观看、了解，通过创造性的力量，他们让自己像上帝般无所不在。当战胜了时空的障碍后，但愿人类能永远成为一体，相互友爱，不再被那企图破坏这一伟大统一的、及人定胜天这样狂妄的念头所左右。

# 逃往苍天

一九一〇年十月末

为列夫·托尔斯泰未完成的剧本《光在黑暗中闪烁》补写的结尾

## 前　言

　　一八九〇年，列夫·托尔斯泰开始创作一部自传性的剧本《光在黑暗中闪烁》。这部戏剧剧本最后作为他的遗稿，其中已完成的部分被发表并公演。这部未完成的剧本（第一场就已很清楚表明）不过是以隐晦的手法在描述他自己的家庭悲剧，为酝酿中的离家出走辩护，同时也是想要以此来得到妻子的原谅。这也就是说：这是一部祈求获得精神上平衡、抚慰破碎心灵的作品。

　　有一点显而易见，托尔斯泰在剧本中塑造的尼古拉·米哈伊洛维奇·萨林采夫这个形象，就是他自己的真实写照，并且可以这样断定：这个形象是这部悲剧里虚构成分最少的。他之所以要塑造这样一个形象，看来是想为自己后来的行为做提前的辩白，他不得不从自己的生活中解脱出来，但无论是在戏剧中，还是在现实生活中，也无论是在一八九〇年还是十年后的一九〇〇年，托尔斯泰都没能找到决裂的勇气与方式。因为意志的薄弱，剧本也始终没能完成，只留下一些片断。在写到主人翁举起双手向上帝祈求帮助，以求结束内心让他痛苦不堪的矛盾纠结时就中止了。

　　后来，托尔斯泰再也没有试图去补上所缺的最后一幕。但重要的是他用自己的生活把这一幕补写上了。一九一〇年十月最后那几天，在历经四分之一世纪漫长的犹豫不决后，他毅然决定把自己从这场没完没了的危机中解救出来。经过好几次极富戏剧性的冲突后，他离家出走了。并且他的出走恰到好处，因为没过多久，他就安详、如愿以偿地离开了人世，他以静穆为自己一生做了最后的祭奠。

因此我认为，把托尔斯泰自己最后的结局，用来作为他这部悲剧的结尾是最合适的。鉴于此，我决定尽可能忠实于历史事实以及历史文献，把这唯一可能的结局写出来。我完全没有想要以此来随意地认为自己能代替列夫·托尔斯泰作自白；我可不想把自己跟他的悲剧搅和到一起，我不过是想为他这部我很喜欢的未完成作品尽点力。但事先声明：我的目的绝非是想越俎代庖，以为自己能帮他完成这部悲剧；我只是想试着为他这部作品和他那没有结局的悲剧来一个悲壮的结局。这就是这部作品尾声的含义，以及我满怀敬重努力想要为他做点什么的宗旨。要是有可能公演尾声部分，那么就要强调，尾声中发生的情节在时间上要比原作晚十六年，这点必须要通过托尔斯泰的外貌变化来体现。我认为可以用他晚年的几张肖像作为化妆的参考，尤其是那幅他在沙马尔金诺修道院他妹妹那里[①]的那张，当然还有他在灵床上的照片。至于他的工作室，也应该布置得简朴而令人肃然起敬，以便符合历史真实。我还希望能把尾声部分并入这部悲剧的片段里的第四幕，但幕间需要间隔较长时间（在尾声中，主人翁用了托尔斯泰自己的名字，而不是萨林采夫这个作者的影射人名）。我没想过让尾声单独存在。

# 尾声里的人物

列夫·尼古拉耶维奇·托尔斯泰（已经步入他人生的第八十三个年头）

索菲亚·安德烈耶夫娜·托尔斯泰（伯爵夫人）——托尔斯泰的夫人

亚历山德拉·李沃夫娜（萨莎）——托尔斯泰的女儿。

符拉基米尔·格奥尔格维奇——秘书

杜山·彼得罗维奇·马科维茨基[②]——托尔斯泰的家庭医生和朋友

---

① 1910年10月28日凌晨5点，列夫·托尔斯泰瞒着妻子离家出走，离开了亚斯纳亚·波利亚纳。第二天他去了柯泽尔斯科附近的沙马尔金诺修道院看望在那里当修女的妹妹玛利亚·尼古拉耶夫娜，向她道别。他在那里待了两天。

② 杜山·彼得罗维奇·马科维茨基，斯洛伐克人，医生。托尔斯泰的密友。托尔斯泰去世后，他一直留在亚斯纳亚·波利亚纳到一九二〇年，为当地农民治病。

伊万·伊凡诺维奇·奥索林——阿斯塔波沃火车站站长

基里尔·格里戈罗维奇——阿斯塔波沃的警长

大学生甲

大学生乙

三名旅客

前面两场的时间是一九一〇年十月末的最后几天，发生在亚斯纳亚－波利亚纳的列夫－托尔斯泰的工作室。最后那场发生在阿斯塔波沃火车站的候车室，时间是这一年的十月三十一日。

# 第一场

一九一零年十月末，亚斯纳亚·波利亚纳

托尔斯泰的工作室，简朴，不加任何装饰，和人们熟悉的那张照片上一样。

秘书把两位大学生引进来。两人俄罗斯传统装束，贴身的黑上衣，面容年轻、严肃，举止矜持，有些自负。

秘书：请坐一会。列夫·托尔斯泰是不会让你们久候的。我不过是希望你们能想到他的年纪。列夫·托尔斯泰很喜欢与人交谈，所以他总是忘记自己的身体会很容易疲劳。

大学生甲：我们只是想问问列夫·托尔斯泰，好吧……其实也就一个问题，当然了，是一个对我们和对他都很关键的问题。我们答应您，只待一会儿。不过……前提是我们能自由交谈。

秘书：当然可以。越是不拘形式，他越是喜欢。但有一点需要说明，那就是你们不要用老爷或者贵族称号称呼……他很不喜欢。

大学生乙：（忍不住笑出声来）这个您完全不需要担心。

秘书：他已经下楼来了。

（托尔斯泰入场。他步履迅捷，像一阵风似的。就他的年龄来说，他的行动足够敏捷，他也显然容易激动。当他说话时，手里经常会拿着一支铅笔不停转动，或者是揉着一张纸，并且他还喜欢抢白别人。他快步朝两名大学生走来，向他们伸出手，两眼炯炯有神，严肃地打量着两人。不一会，他就在油布的扶手椅上坐下，面对这两名大学生。）

托尔斯泰：你们是委员会派到我这里来的那两位……（他在一封信上找什么）哦，对不起，我忘了你们两位的名字……

大学生甲：我俩的名字请您别在意。我们是代表成千上万人到您这里来的。

托尔斯泰：（眼睛盯着他）您想问我什么问题？

大学生甲：我有一个问题。

托尔斯泰：（转向大学生乙）您呢？

大学生乙：我跟他一样，我们都只有一个问题想要问您。列夫·尼古拉耶维奇·托尔斯泰。我们全部——俄国所有的革命青年都只想问您一个问题，那就是：您为什么不跟我们站在一起？

托尔斯泰：（显得很平静）关于这个问题，我想我已经在我的书中，当然还有一些公开发表的书信里说得很清楚……你们读过我的书吗？

大学生甲：（激动起来）我们读过您的书没有？列夫·托尔斯泰，您这个问题也太奇怪了。这简直……我们读过您的书没有！您要知道，从童年时我们就是伴着您的书长大的，在我们青年时期，正是您唤醒了我们的灵魂。不是您，还有谁教导我们看清人间财富分配的不公平？……正是您的书，也只有您的书才使得我们决心挣脱国家、教会和一个不维护人民利益、只知道维护人间不公的统治者。是您，也只有您让我们决心终生为了摧毁这种不公正的制度而奋斗……

托尔斯泰：（想要打断他）但并非通过暴力……

大学生甲：（不加理会）从我们学会说话以来，我们就没有像信任您一样信任过任何人。当我们问自己：谁将会是消灭这种不公的人？这时我们就会大声说：他！当我们问：谁又会站出来，去跟这种卑鄙的行径作斗争？我们就会毫不犹豫地说：是他——列夫·托尔斯泰。我们都曾是您的学生、您的仆人和奴隶。至少我深信，在那时只要您手一挥，我就会毫不犹豫去死；要是在几年前，如果我能走进这幢房子见到您，我会立刻在您面前深深鞠躬，就像是面对一位圣人。列夫·托尔斯泰，也就是在几年前，对我们和成千上万的人、对全俄罗斯的年轻人，您都是一位圣人。可我真的感到遗憾，后来您就开始疏远我们，最后几乎成了我们的敌人。

托尔斯泰：（显得有些心软）好吧，您说说看，为了跟你们保持一致，我该做点什么呢？

大学生甲：我可没有想要教训您，我还没这样狂妄。可您应该知道，是您自己使得我们……俄罗斯的青年一代开始疏远您。

大学生乙：为什么不直接说呢？唉，我们的事业这样重要，没时间在乎礼貌了。我们想要说的是：您应该把眼睛睁开看看政府对人民犯下了怎样的罪行，您不能再这样摇摆不定了。您得从您的写字台前站起来，公开、明确、毫无保留地表明您的态度，站到革命一边来。列夫·托尔斯泰，您应该很清楚我们的运动遭到了怎样的镇压，目前的监狱里到处都是正在腐烂发臭的人，比起您这庄园里的落叶还多。这一切您都目睹了。可大家都在说，您也许会偶尔在某家英文报纸上发表一两篇文章，谈论一下人的生命如何神圣之类的话题。但您要知道，今天还想靠言论来制止这种暴政已经无济于事。当务之急是要展开革命彻底推翻这个旧政权。而您，您的声音就能为革命召集起一支军队。因为正是您，使我们这些人成了革命者。但现在眼看革命就要成熟了，您却变得谨小慎微，躲到一边去了。您这样做实际上是在帮助这个暴政！

托尔斯泰：可我从没赞同过暴政，绝对没有过！这三十年来，我所做的一切都是在跟那些权势者的犯罪行为作斗争。从三十年前开始——我想那时你们都还没出生——我就开始呼吁改善这个社会，并且还提出要建立一个新的社会制度。说起来比起你们，我更加激进。

大学生乙：（有些粗暴地打断）可结果呢？三十年来我们采纳了您的哪些建议？而他们又给了我们什么？看看吧，那几位杜霍包尔教徒①不正是为了完成您给他们的使命而遭到了鞭挞，他们胸膛被射进了六颗子弹吗？您这种过于温和的要求，您的书籍和小册子，又给俄国带来了什么？难道您还不清楚？……您要求人们要宽

---

① 杜霍包尔教徒是来自德语的"Duchoborzen"一词，意思是"精神战斗者"，是一个存在于俄国的宗教派别。这个派别拒绝接受世俗的政府权威，属于严格的和平主义者，反对暴力和战争。这一教派在十九世纪末和二十世纪初遭到了俄国当局的镇压，并遭到驱逐，其中大部分移民到美国和加拿大。托尔斯泰是这个教派的同情者和支持者，他一人就资助了其中两千多人移民到美国。

容、忍让，要求他们等待千年王国的到来，这难道不是在帮助那些压迫者吗？不！您根本没看清。列夫·托尔斯泰，想要用爱去感召这些残暴的家伙们，纵使您口吐莲花也无济于事。那些沙皇的奴才绝不会为了您的耶稣基督从他们口袋里掏出哪怕一个卢布，如果我们不用拳头猛击他们的咽喉，他们是不会退让一步的。人民等您的所谓博爱已经等得够久了，现在我们不能再继续等待，现在我们需要的是行动。

托尔斯泰：（非常激动）我当然知道，在你们的宣言中，你们甚至会把"引入仇恨"的行为也称作"神圣的行动"。可我从不知道什么叫仇恨，也不想知道。就算那些对我们的人民犯下了罪行的人，我也不会去仇恨他们。因为作恶多端的人比遭受他们欺凌的人的灵魂更加不幸——我可怜这些人，但不恨他们。

大学生甲：（愤怒地）我恨所有那些对人类不公的人——那些残暴不仁的血腥的畜生，我恨他们中的每个人！不，列夫·托尔斯泰，您永远也无法让我对这些罪犯生出同情。

托尔斯泰：就算是罪犯，但他们也是我的兄弟。

大学生甲：就算罪犯是我的兄弟，是我母亲的孩子，如果他给人类带来痛苦，我也会将他打倒在地，像对一只疯狗。不，绝不要给予没有同情的人以同情！在俄国大地上，在沙皇和男爵们的尸体被埋葬前不会有安宁。如果我们不采取强制手段，就不会有符合人道和道德的秩序。

托尔斯泰：任何一种道德秩序都不可能靠暴力来强行建立，因为任何暴力都不可避免会导致新的暴力。只要你们拿起武器，你们就是在制造新的暴君。不要去推翻，而是要拒绝。

大学生甲：但除了摧毁，没有其他跟权力对抗的手段。

托尔斯泰：我承认。但我永远也不会使用一种连自己都不认可的手段。真正的强大在于，请相信我，不是以暴制暴，而是通过忍让使暴力无能为力。福音书上写着……

大学生乙：（粗暴地打断他）别提您的福音书了。那些教士早就把它做成麻痹人民的药酒了。两千年前就是这样，对任何人都没有帮助，否则这个世界也不会充满血腥和苦难。不，列夫·托尔斯泰，《圣经》是没法缩小剥削者与被剥削者、主子与仆人间的鸿沟的——在这鸿沟的两岸有太多苦难。成百上千的信徒、乐于助人的人如今正在西伯利亚或监狱里受着折磨，并且明天还会有成千上万的人遭受同样的命运。我问您，难道就因为那么几个有罪者，就真的要让千百万无辜者受苦受难吗？

托尔斯泰：（明显在克制自己）受苦总要好于继续流血。恰恰是无辜者的苦难是反对不公的最有效武器。

大学生乙：（有些疯狂）您居然说俄罗斯人民近千年来所受的苦难有好处？那好，您去监狱里看看吧，列夫·托尔斯泰，您去问问那些遭到鞭打的人，去问问我们城市和乡村里忍饥挨饿的人，问问他们这苦难是否真的有好处。

托尔斯泰：（开始发怒了）受苦受难总好过流血牺牲。你们真的相信，用炸弹和手枪可以将罪恶从这个世界上清除？不，罪恶的行为以后就会出现在你们身上。我再对你们说一次，为自己认定的东西去受苦，要百倍好于为它去杀人。

大学生甲：（同样怒气冲冲）好吧，如果受苦有好处，是善行，列夫·托尔斯泰，那您自己为什么不去受苦？为什么您总是在别人面前宣扬殉难，而自己却坐在温暖的房子里，用银餐具吃饭，可您的农民——我亲眼所见——却穿着破衣烂衫，在饿死的边缘挣扎？为什么您不让自己遭受鞭笞，而让那些"杜霍包尔教徒"为了您的学说而遭受酷刑？为什么您不最终离开这个伯爵府邸到大街上，让自己在风霜雨雪中，去亲身体验一下您所谓的好处？为什么您不按照您自己的学说去实践呢？为什么您自己不能做个典范？

（托尔斯泰一时说不出话来。秘书急忙上前想要阻止大学生甲，他想要严厉斥责，但这时托尔斯泰已恢复镇静，将秘书轻轻推到一边。）

托尔斯泰：让他说完！这位年轻人向我的良心提出这样一个问题，很好……一个很好、非常好的问题，一个有必要尽快加以解决的问题。（他向那位大学生走近一步，有些迟疑，接着打起精神来，声音有些嘶哑，语气相当委婉）您问我，为什么我不按照自己的学说和言论所表述的那样去做？我非常惭愧地回答您：如果我到目前为止没能履行我最神圣的义务，那是因为……我想说……是因为我太懦弱，是一个卑下、有罪的人……因为上帝直到今天也没有赐予我勇气，去做这件无可推脱的事。您这位年轻的陌生人，深深触痛到了我的灵魂。我知道，我所做的连我应该做的千分之一都不到。我对此深感羞愧，我不得不承认，离开这奢侈的家，抛弃这种我自己都觉得罪恶的生活，如您说的那样像一个朝圣者在外面行走——这早就是我该做的。可我除了在灵魂深处感到内疚，并屈服于我所憎恶的事外，我也不知道该怎么办。（两名大学生后退一步，一下子被震惊了，他们一时不知道说什么。过了会，托尔斯泰用更微弱的声音继续说）也许……也许我也在受苦……也许正因为不够坚强、不够诚实，不能把自己对他人宣扬的东西付诸行动，我才会这样痛苦和倍受折磨。也许上帝恰好给我打造了这个十字架，让这座房子作为我的监狱，让我在监狱中接受的惩罚远超过戴着镣铐在真正监狱里所受的……但您是对的，这种痛苦是没有用的，因为这只是为我一个人，我太高估自己了，还以为这痛苦会给我增添荣光。

大学生甲：（有些惭愧）请您原谅，列夫·尼古拉耶维奇·托尔斯泰，如果我因为激动而伤害了您……

托尔斯泰：不，不，恰恰相反，我很感谢您！良药总是苦的。（出现一阵沉默。然后托尔斯泰平静地说）您二位还有其他问题吗？

大学生甲：没有了。这是我们唯一的问题。我相信，您拒绝支持我们，这是俄国和整个人类的不幸。因为再没有人能阻止这一次的推翻暴政的行动了，谁也没法阻止一场革命的发生。我认为，这场革命会变得很可怕，比地球上已经发生的任何一场革命都更可怕。那些决定要做这件事的人，会是不屈不挠、毫无顾忌的人，绝不会有任何温情。假如您能出现在我们队伍的最前面，您的榜样将会赢得数百万人的响应，那样就会减少很多不必要的牺牲。

托尔斯泰：我无法承担这种道义的职责，哪怕仅仅只有一个人因为我的过错而丧失生命。

（这时从房屋的底层传来了钟声）

秘书：（他朝托尔斯泰走去，想要终止这次谈话）午饭时间到了。

托尔斯泰：（神情很是苦涩）是呀是呀，吃饭、闲聊、吃饭、睡觉、休息、闲聊——这就是我饱食终日、无所事事的生活。而其他人都在劳作，在为上帝服役。（转向两位大学生）

大学生乙：这是不是等于说，我们除了您的拒绝，就没法给我们的朋友们带回去任何别的东西？您难道连句鼓励的话都不想说吗？

托尔斯泰：（很严肃，在斟酌）请以我的名义带给你们的朋友这样几句话：我爱你们，尊敬你们，俄罗斯的年轻人；因为你们是如此强烈地感受到了你们的同胞们所受的苦难，并愿意为改善他们的处境而献身。（语气相当坚定、生硬和不顾情面）但其他方面我无法赞同你们，同时只要你们不认可所有人都该心怀兄弟情谊相互施与仁爱，我就会拒绝和你们站在一起。

（两位大学生默不作声。一会后，大学生乙很坚定地走到他身前，语气同样生硬）

大学生乙：感谢您能接见我们，也感谢您的直率。我想我再也不会这样站在您面前了——因此我请求您允许我——这样一个卑微的陌生人在告别时向您坦白地说上一句。列夫·托尔斯泰，您如果坚决认为人与人之间的关系，通过爱就能改善，那么我想对您说您完全错了。它很可能适合那些有钱人以及那些无所事事的人们，但对那些从小就需要忍受饥寒，一生都要被老爷们驱使的人来说，他们再也无法等待基督耶稣从天上带来的什么博爱了，他们等得厌倦了。所以现在他们宁愿用自己的拳头。列夫·尼古拉耶维奇·托尔斯泰，在您离开人世前，我想对您说：这世界将遭受血的洗礼，不仅那些老爷们将会被打死，并被碎尸万段，而且他们的后人也无法幸免，否则他们的后代又会为这个世界带来罪孽。但愿您不要成为您的错误的目击者——这是我对您最诚挚的祝愿！愿老天保佑您能心安理得地死去！

（托尔斯泰震惊了。这个年轻人竟然会如此激烈，这让他一时间无法适应。但很快他就镇静下来，向大学生乙走近一步，神情淡淡的）

托尔斯泰：您最后那几句我很感激。您的祝愿也正是我自己三十年来一直都在渴求的。我想能心平气和地死去，不仅跟上帝，也跟所有人都保持和平。（两位大学生鞠躬，然后走了。托尔斯泰目送他们。大学生走后，托尔斯泰开始在屋内激动地走来走去。）多出色的年轻人，大胆、骄傲和强大，这些年轻的俄国人！了不起，了不起，这些有信仰、有热血的年轻人！六十年前我在塞瓦斯托波尔①就见识过，那些年轻人也是这样带着自由而不羁的目光面对死亡和各种危

---

① 塞瓦斯托波尔是乌克兰濒临黑海的城市。1783 年这里被改造成了要塞。1854 年到 1855 年此处爆发了克里米亚战争。当时二十六岁的托尔斯泰参加了这次战争，并担任了最危险的第四棱堡的炮兵连连长。为此托尔斯泰专门写下了小说《塞瓦斯托波尔故事》。

险——叛逆并随时准备带着笑容去死，将如此美好的年轻生命弃之不顾，仅仅为了一个空的核桃和空洞的词汇，为一个没有真实的理念，为一种献身的快感。太不可思议了，这些俄国青年！居然能带着这样的热血和激情去服务于仇恨和谋杀，好像那是件神圣的事！不过这两个人让我感到愉快！让我受到震撼。他们是对的，我的确必须跳出我的软弱，去践行自己的主张！离死期只有两步之遥，但我还犹豫不决！真的，正确的事只能从年轻人那里学到，只能从年轻人那里学来！

（门被打开了，伯爵夫人像一阵穿堂风似的走进来，她神情紧张，心神不宁。她的举止显得她不太有把握，眼睛从一件东西转到另一件东西。人们可以感觉到她心事重重，有些心不在焉，脸色也很憔悴。她故意对秘书视而不见，只对自己的丈夫说话。她的女儿萨莎跟在她后面，给人的印象是她跟在母亲的后面是专门来监视她的。）

伯爵夫人：已经打了午饭铃了。《每日电讯报》的编辑在下面等了半个小时，为的是你那篇反对死刑的文章，你居然因为这两个没教养、混账的臭小子让人家等着。在楼下时，仆人问他们是否和伯爵联络过，他们中的一个回答说：没有，我们没在伯爵那登记过，列夫·托尔斯泰让我们来的。你允许这样的小混蛋来找你，他们最愿意干的就是把世界弄得一团糟，如同他们自己的头脑一样！（她不安地环视一遍房间）看这里到处是东西，书都在地上，到处是尘土。真的，要是被体面人看到了，可真是丢脸。（她走向扶手椅，用手碰碰）这把油布椅坏了，真丢脸，不行，真是没法看。幸好明天就有裱糊匠从图拉来，让他把这椅子修好。（没有人回答她的话。她不安地上下看着）那好吧，现在请下楼去！不能让人家一直等着你。

托尔斯泰：（突然面色苍白，神情不安）我马上就去，我只是想要……把有些东西收拾一下……萨莎会帮我的……你先下楼去陪一下那位先生，替我道歉，我马上就来。（伯爵夫人又环视了房间一遍才出去。托尔斯泰几乎不等她出去就冲到门口，迅速把门关上，并锁好。）

萨莎：（对父亲的举动很是惊讶）你这是干吗？

托尔斯泰：（极度紧张，手压在心脏上，说话有一些断断续续地）裱糊匠明天……还有时间……感谢上帝。

萨莎：怎么了？

托尔斯泰：（样子很不安）刀，快拿把刀或者剪子来……（秘书满面怀疑地从写字台上拿过一把裁纸剪子递给他。托尔斯泰有些神经质，不时会害怕地看门。他把剪子伸到油布上的裂口，把裂口剪得更开一些，然后他用手在里面的马鬃里摸索，直到取出一封信。）还在这里……是吗？这真可笑，难以置信，简直像蹩脚的法国通俗小说里写的……真是丢人……我，一个头脑清醒的男人，在自己的房里，一个八十三岁的人居然要把重要的文件藏起来，因为我的什么东西都会被翻个遍，因为总有人在窥视着我！啊，真是丢人，我简直就像是生活在地狱里，全都是谎言！（他安静些了，打开信开始读。然后转向萨莎）十三年前我写了这封信，当时，我准备离开你母亲，离开这座地狱般的房子。这是与她的告别，但最终我没有这份勇气。（他拿着信的手在发抖，信纸也因此沙沙作响，他声音不大地读给自己听）"……对我来说不再可能继续这样生活下去。十六年来我一直都过着这样的生活，一方面与你们斗争，同时也会激怒你们。所以，我决定去做我早就应该做的事，逃离你们……如果我摊牌，那就会让大家都不愉快。我也许会变软弱了，不能去践行我的意志，而这是必须要实行的。如果我走出的这一步给你们带来痛苦，我请求你们的原谅，尤其是你，索菲亚，我请求你出于美好的意愿将我从你心中抹掉，不要找我，不要抱怨我和谴责我。"（他的呼吸有些艰难）啊，十三年了，从那时起我接着折磨了自己十三年，每个词都还那么真实，就像是今天刚发生的。今天的我一如从前那样怯懦和软弱。我一直没能离家出走，我一直在等，但又不知道在等什么。我一直都觉得自己很清楚，但却一直都没法有正确的行为。我太软弱，无法与他们的意志对抗！我把信藏在这里，如同一名小学生在老师面前藏起一本不体面的书一样。在另外那份遗嘱里我曾请求她把我的著述所得赠给全人类。我把这份遗嘱交到她的手里，只是想在这座屋里得到宁静，而不是良心的和平。（停顿）

秘书：您相信，列夫·尼古拉耶维奇·托尔斯泰，请允许我提一个问题，因为我突然想到……您知道的……如果上帝将您召唤去了……那……那么……您放弃您著作权这个最后、最紧迫的愿望，能实现吗？

托尔斯泰：（很吃惊的样子）当然……您是说……（很不安）不，我不知道……你怎么看，萨莎？

（萨莎转过身去，一句话也不说）

托尔斯泰：上帝啊，我从没考虑过这一点。或者说……不，我又没说实话。我只是不愿意去想到这个，我又在回避了，像通常那样回避做出明确、直接的决定。（他直视着秘书）不，我知道，我肯定知道，我的夫人和儿子们，他们不会太在意我的愿望，就像他们今天不太在意我的信仰和我的灵魂责任一样。他们会拿我的著作跟人谈个好价钱，这样一来，即使我死了，世人还是会把我看作一个撒谎者，一个无法践行自己诺言的人。（他做出一个动作，显示出他的决心）但不该这样，也不可以这样！必须要做出明确的保证！今天这个大学生怎么说的，这个真正诚实的人怎么说的？他说这个世界要求我采取行动，要求我诚实地做出清清楚楚、明白无误的决断——这就是一个预兆！一个已经八十三岁了的人，不能对死神再睁一只眼闭一只眼，他必须要正视死神的来临，并在死神把他带走前做出自己明确的决断。是这两位陌生人提醒我，所有不作为的背后，都隐藏着一个怯弱的灵魂。而一个人必须清醒和真实。我终于要成为这样的人，在我垂暮之年，第八十三个年头。（他转向秘书和女儿）萨莎，符拉基米尔·格奥尔格维奇，明天我要立遗嘱，我要把我的决定清晰明了地写下来，不能有任何歧义，并且一定要有约束力。我要在我的遗嘱里把我全部的著述所得以及来自稿酬的存款利息——这都是些不干净的钱——全部捐献出去，捐献给全人类。我是为了全人类，才把出自自己心灵的东西写下来、说出来的，我决不允许用我的著作去做交易。你们明天上午就来我这里，带一个第二证人——我不能再犹豫，也许死神会阻碍我做这件事。

萨莎：再想想吧，父亲——我可不是想要劝阻你，我是怕会有困难，如果母亲看到我们四个人在这里的话。她会即刻生疑心的，说不定最后一分钟你会动摇。

托尔斯泰：（沉思地）你说得对！在这房子里我根本没法光明正大地做自己想做的事。这里的全部生活都是谎言。（对秘书）我看就这样安排，你们明天上午十一点在格鲁蒙特树林那里的黑麦田后左边的那棵大树那跟我会面。我假装像平常一样出去骑马。把一切都准备好，在那里我……我希望上帝能赐给我决心，让我终于能从这种枷锁里解脱出来。

（午饭的铃声第二次响起，这次显得更激烈了）

秘书：您现在最好不要让伯爵夫人有任何察觉，否则一切都白费。

托尔斯泰：（深吸一口气）真可怕呀！一个人在自己家里也必须不断伪装自己、掩饰自己。而这是一个一直都想在世界面前、在上帝面前、在他自己面前襟怀坦白的人。可他却没法在自己的妻子和孩子面前做到。不，一个人怎么能这样生活呢，决不能！

萨莎：（有些惊慌）母亲来了！

（秘书迅速把门打开，拿走钥匙，托尔斯泰则走向他的写字台，为了掩饰情绪，他背对门口。）

托尔斯泰：（叹气）这个房子里的谎言让我中毒了——啊，什么时候能真正真实一次啊，在临死前至少有一次吧！

伯爵夫人：（快速地走进来）为什么你们还不下来？你总是需要那么长时间。

托尔斯泰：（转向她，脸上的表情已经平静下来，开始慢条斯理地说话，那种语气只有另外两个人才明白）对，你说的对，我做什么都是这样，总是需要太长的时间。但现在只有一件事是真正重要的，把剩下的时间用来做正确的事。

# 第二场

（仍然是托尔斯泰的工作室。第二天深夜。）

秘书：您今晚应该早点上床，列夫·尼古拉耶维奇·托尔斯泰。您骑马的时间太长了，也过于兴奋，您会累坏的。

托尔斯泰：不，我一点都不累。让人疲劳的只有一件事：犹豫不决和焦虑不安。每做一件事，都是一种解放，即便坏的作为也比什么都不做好。（他在房间里来回走动）我不知道今天我是不是做对了，我得问问自己的良知。我把作品交还给世人，这让我的灵魂感到宽慰。但是我觉得，原本我不该这样偷偷立下遗嘱，而是应该公开当着大家的面，这本来就是件光明正大的事，我该带着信念和勇敢说出来。我这样做也许并不合适。但感谢上帝，现在总算做了，我的生命也因此向前迈出了一步，同时也离死亡更近了。现在剩下的是最后也是最困难的一件事——一个人临死前是否该像一头野兽那样及时爬回丛林莽原？因为死在这个家里，跟我活着时没有区别。我已经八十三岁了，始终没能找到让自己不受世俗力量控制的办法，也许在这最后的时刻我依然会错过。

秘书：谁也不可能知道那个时刻什么时候到来！要是能知道，那一切都好办了。

托尔斯泰：不，符拉基米尔·格奥尔格维奇，那样一点都不好。你难道不知道那个传说吗？那是一个农民告诉我的。他对我说：耶稣基督降临人世，他发现一些农民没有种地，而是过着罪恶的生活。他于是责问他们中的一个，问他为什么这样懈怠。那个可怜的家伙嘟囔着回答说，要是他知道自己经没法收获，那他在地里耕种又有什么意义呢？耶稣基督这时意识到，让人们事先知道自己何时死会很不好。于是他收回了人对自己何时死的预知能力。而从那以后，农民就不得不努力在地里干活，直到他生命的最后一天，那样子像是他能一直活下去似的。但这也没错，因为如果不劳作，人就没法分享上帝的爱。看来我今天还得（指着自己的日记）继续完成我每天的耕耘任务。

（一阵急促的脚步声。伯爵夫人登场。她已经穿上睡衣，恶狠狠看了一眼秘书。）

伯爵夫人：啊，怎么还在这里……我以为你现在是一个人在，我有话要跟你说……

秘书：（鞠躬）我该走了。

托尔斯泰：好吧，再见，祝您一切都好，亲爱的符拉基米尔·格奥尔格维奇。

伯爵夫人：（门刚关上）他总是跟你形影不离，像根挂在你身上的链子……看得出他讨厌我、恨我。他就是想把我跟你分开，真是个险恶的家伙。

托尔斯泰：你这样对他不公正，索菲亚。

伯爵夫人：对他我不想什么公正！是他自己插在我们之间的，并且还暗地里想把你从我和孩子们的身边拉走。从他到这个家里后，你心里就没有我了。如今你，还有这幢房子都属于全世界了，唯独没有我的份，我已经不是你最亲近的人了。

托尔斯泰：要是这样就好了！这也是上帝的旨意，一个人是属于所有人的，而不应该只为他自己和他的家人留着。

伯爵夫人：对，我知道，这就是他灌输给你的。这是个贼，我知道是他让你和我们所有人作对的。我再也没法忍受他在这个房子里出现，这个挑拨离间的人，我不想再看到他。

托尔斯泰：可索菲亚，你知道，我的工作需要他。

伯爵夫人：你可以找上百个别的人！（很嫌弃的样子）我无法忍受他在你身边！我不要在你我之间隔着这样一个家伙。

托尔斯泰：索菲亚，亲爱的，我请求你不要激动。来，坐在这里，让我们心平气和地好好谈谈——就像过去那样，像我们刚开始生活在一起的时候。你想想，我们还能有几天好好说话的日子！（伯爵夫人不安地看了一下四周，颤巍巍地坐下）索菲亚，你要知道我需要这个人——或许我需要他是因为我对自己的信仰表现出的软弱，索菲亚，在这方面我并非像我希望的那样坚强。尽管每一天都在被证实，这世上有千百万的人在追随我的信仰——嗯，他们散布在世界的不同角落。但你也知道，世俗之人的心总是这样的：为了能保持对自己的信仰的信心，他至少需要从一个人那里得到那种看得见、摸得着、感受得到的爱。也许圣人可以没有任何助手，一个人在他的静修室里也可以做到同样程度的坚定，不会因为身边没有见证人就对自己失去信心。可你看，索菲亚，我不是圣人。我只是一个软弱、苍老的人。因此，我必须有个人在身边，一个和我有共同信仰的人，这信仰现在是我这苍老的、孤单的生活中最宝贵的东西。当然了，要是你——我四十八年来都对你怀着感激之情——能拥有和我一样的信仰，我会感到非常幸福。问题是你，索菲亚，你从不想这样做。我灵魂里那些最珍贵的东西，对你来说却毫无价值。我甚至都怀疑你对我的信仰心怀仇恨。（伯爵夫人显然有些吃惊）索菲亚，不要误解我，我不是在指责你。你给了我你所能给予的一切，也有着世上最深切的母爱，并给予了我精心的照料。我无论如何也不该要求你为你心中并不存在的信仰而做出牺牲。我怎么能因为你没有我内心那些思想而责备你呢？——毕竟一个人的精神生活，他最终的想法是他和上帝之间的一个秘密。可你看，一个人来了，终于有个人在我的房间里，并且这个人为了自己的信念在西伯利亚受过苦难。他与我有相同的信仰，对我来说，他是帮助我的人，是我的客人，他对我内心生活有所帮助并使其强大——为什么你要把这个人从我的身边赶走呢？

伯爵夫人：因为他让你疏远我，这我不能忍受，不能忍受。这让我气得要发疯了，让我生病，因为我很清楚地感到了你们就是在针对我。今天又是这样。中午，我看到他急匆匆把一份文件藏了起来，你们谁也不敢正眼看我。他、你、还有萨莎，你们都不敢正眼看我！你们所有人都在对我隐瞒什么。对，我知道，你们一定是对我做了什么坏事。

托尔斯泰：我希望，上帝在我将死的时候，不要让我明知故犯去做任何恶事。

伯爵夫人：（愤怒地）但是你没法否认你们是在干什么秘密的事……某些针对我的事。啊，你知道，你不能像欺骗别人那样欺骗我。

托尔斯泰：（很生气）我在别人面前撒谎？你这样说我？你要让我在所有的人面前以一个说谎者的面目出现。（努力克制着自己）我希望上帝明白，我从来也没有明知故犯想要做一名说谎者。也许我软弱，做不到一直说真话，但我相信，我还算不上一个说谎者、欺骗者。

伯爵夫人：那告诉我，你们做了什么——那信是什么，就是一张纸……不要再折磨我……

托尔斯泰：（走到她身边，非常温柔地）索菲亚·安德烈耶夫娜，不是我折磨你，而是你自己在折磨自己，因为你不再爱我。如果你还对我有爱，你就会信任——即使是无法理解，你也会信任我。索菲亚·安德烈耶夫娜，我请求你，好好回想一下我们在一起生活的这四十八年！也许你能从这么多年里，从那些被遗忘的岁月里，从你内心里的某个角落里发现一点你对我的爱，那么我请求你抓住这一点点的爱，让它燃烧起来，但愿你能像当初那样爱我、信任我、体贴我。索菲亚，看看你现在是怎么对我的，有时候真让我害怕。

伯爵夫人：（伤心、激动）我自己也不知道我现在怎么会这样。对，你说对了，我变得丑陋而且恶毒。但眼看着你折磨你自己，把自己折磨得没有个人样，谁能忍受得了呢？——你总是愤愤不平，说真的，这是罪孽。因为孤傲就是罪孽，固执和拒绝顺从也是，而且你还急着想要去见上帝，去找什么对我们毫无用处的真理。可以前不是这样，以前我们在一起是美好、和谐的。我们都过着诚实、纯真的生活，你有自己的工作，也有自己的兴趣。孩子们在成长，我们高兴地等着进入老年。可突然间你就变了，那是三十年前，是你的那个可怕的妄想，你所谓的信仰让我们大家都开始不幸起来。直到今天我还是没法明白，你的这种信仰有什么意义。你开始自己擦炉子、挑水、补靴子，但全世界都把你看作一个伟大的艺术家，爱戴你。不，我没法明白，为什么我们就不能继续安安静静、清清白白地生活——勤劳、节俭、朴素地生活。怎么突然这些就成了对别人的犯罪。不，我不能理解，不能。

托尔斯泰：（非常温柔）你看，索菲亚，这正好是我所说的：在你不能明白的地方，才需要相信爱的力量。对人是这样，对上帝也如此。你以为，我真奢求能知道什么是正确的？不，我只是相信人们这么执着地做事情、经受折磨，这在上帝面前以及在人的面前不会完全没有意义和价值。你也试着多少有些信仰，在你不再能理解我的地方，至少相信我是在追求正确的理念，如果能这样，那都还好办。

伯爵夫人：（不安地）可你得告诉我……告诉我你们今天都干了什么。

托尔斯泰：（非常平静）我会把一切都告诉你的，在我生命的最后时刻，我不想再对你隐瞒什么，更不想背着你干什么。我只是在等谢辽什卡和安德烈伊回来，然后我就会当着你们的面，把我这几天做出的决定坦率地告诉你们。这要不了多长时间，索菲亚，这之前请求你不要疑神疑鬼，也不要偷偷跟踪我，在背后调查我——这是我对你的唯一的恳切请求。索菲亚·安德烈耶夫娜，你能答应我吗？

伯爵夫人：嗯……好吧……当然……答应……

托尔斯泰：谢谢你。你看，一旦有了信任，我们就能开诚布公，这会让事情变得容易很多！我们能这样心平气和地推心置腹真好！你让我的心又感到了温暖。你刚进来时，你满脸都是对我的不信任。你脸上的那种不安和憎恶让我感到陌生，简直认不出你来了。你变得不再是从前的那个你。但现在多好，你的额角舒展了，我也能从你的眼里认出你来。索菲亚·安德烈耶夫娜，你曾有过一双和善的眼睛，那样看着我。不过，你最好先去睡觉，亲爱的，时间很晚了！我真心感激你。

（他吻了她的额头一下，伯爵夫人退下，在门口她又转过身来，显得很兴奋。）

伯爵夫人：那你会告诉我一切？全部？

托尔斯泰：（仍然平静）一切，索菲亚。但你也要记着你的承诺。（伯爵夫人不安地看一眼写字台，快快离去。）

托尔斯泰：（在房间里来回走着，然后坐在写字台前，在日记里写了些什么。很快站起来，继续来回踱步。再度回到写字台边，若有所思的样子翻看自己的日记，并轻声念了出来）"我努力在索菲亚·安德烈耶夫娜面前保持镇静，我相信，我或多或少达到了让她安心的目的……今天我第一次看到这种可能性，在善言善语和爱面前，她会做出让步……啊，要是她……那该……"（他放下日记，喘息着走到隔壁房间里，点上灯，但马上又转回来，费力地脱掉脚上那双笨重的农民的靴子和身上的外套。接着把灯灭掉，穿着肥大的内裤和工作衫到隔壁卧室去。）

（房间里安静而黑暗。有一段时间什么也没有发生，连呼吸声都听不到。然后突然工作室的门被轻轻地小心推开，有人光着脚像小偷一样走进漆黑的房间，手里拿着一盏遮光灯，只有细细的一束光照射在地板上。是伯爵夫人。她害怕地东张西望，先在卧室的门旁边偷听了一会，然后似乎放心了，踮着脚向写字台走去。放到桌上的遮光灯在黑暗中照亮了写字台，形成一个白色的光圈。在这白色的光圈中只能看见伯爵夫人抖个不停的双手，她开始在桌子上的文稿中翻找，仓皇不安地读日记。接下来一个接一个拉开写字台的抽屉，在各种文件中搜寻，速度越来越快，但最终什么也没找到。她猛然将遮光灯拿在手里走了出去。她脸上的表情恍惚，像是夜游症患者的脸。她刚一关上门，卧室门就打开了。托尔斯泰手拿着蜡烛，蜡烛摇晃着，这位老人因为愤怒而浑身发抖。他偷窥到了妻子刚才所干的一切。他想要追上她，已经抓住大门的把手，但突然又转过身来安静地、毅然决然地将蜡烛放在写字台上，走到另外一边的门，轻轻地敲门。）

托尔斯泰：（小声地）杜山……杜山……

杜山的声音：（从隔壁传来）是您吗，列夫·尼古拉耶维奇？

托尔斯泰：小声点，小声，杜山！你马上出来……

（杜山从隔壁房间出来，衣服只穿了一半）

托尔斯泰：去叫醒我女儿亚历山德拉·李沃夫娜，叫她马上过来。然后快点到下面的马厩里让格里高利把马套好，但告诉他要悄悄做，不要让家里的任何人发现！不要穿鞋子，注意，开门时也不要发出声音。我们必须马上走，不能再耽搁——时间不多了。

（杜山匆匆离去。托尔斯泰坐下，神态显得很坚定，他穿上靴子拿上罩衣，匆匆找出几份文件，把它们放到一起。他的动作有力，但是有时候显得有些激烈。他在一张纸上潦草地写下什么，写的时候肩膀在颤动。）

萨莎：（轻轻走进来）出什么事了，父亲？

托尔斯泰：我要走了，我……终于……终于决定了。一个小时前她还对我发誓信任，可夜里三点她偷偷闯进我房间找那些文件……但这也好……这不是她的意志，这是上帝的意志。我曾多次祈求上帝，如果时间到了的话，就给我一个信号——好了，现在给我了，因为现在我有权把她一人单独留下了——这个已经背离了我的心的女人。

萨莎：但你要去哪，父亲？

托尔斯泰：我不知道，也不想知道……随便去哪都行，只要能快点离开这种虚假的生活……这世上有很多条路，总会有个地方有一个草垫子或一张床等在那，让一个老人安静地去死。

萨莎：我陪你……

托尔斯泰：不。你现在还得留下，好让她安静下来……她会气得发疯的……她会怎样痛苦呀，这可怜的人！……而我是那个让她痛苦的人……可我没有别的办法，我没法继续……否则我会被憋死在这里。你还是先留下，等安德烈伊和谢辽什卡回来，你再去找我。我要先去一趟沙马尔金诺修道院，去和我妹妹告别，因为感觉该是告别的时候了。

杜山：（急匆匆回来）马车套好了。

托尔斯泰：那你自己也去准备一下，这儿有几张纸你藏好……

萨莎：可父亲，你得带上皮大衣，夜里冷极了。我还是快点儿给你装些暖和的衣服……

托尔斯泰：不，不要了。我的上帝，我们不可以再犹豫……我不想再等……这时刻我等了二十六年，等这个信号……快点，杜山……说不定会有人拦住我们。拿好这些纸、日记本、铅笔……

萨莎：还有买车票的钱，我去取……

托尔斯泰：不，不要拿什么钱！我不要再碰钱。车站的人都认识我，他们会给我一张车票的，接下来上帝会帮忙的。杜山，准备好了我们就走。（对萨莎）你交给她这封信，这是我和她的告别，但愿她能饶恕我只给她一封信！你一定要写信告诉我，她是怎样熬过去的。

萨莎：可父亲，我怎么给你写信呢？我要是在信上写上你的名字，那他们马上就会知道你停留的地点，就会找到你。你得有一个假名。

托尔斯泰：哎，又要撒谎！就是这样不断在撒谎。要知道隐晦的事情越多，人的灵魂就越难得到安宁……不过你说的也对……走吧，杜山！……萨莎，那就按你说的好了……要是这样有用的话……那我该取个什么名字呢？

萨莎：（想了片刻）我在所有电报上的签名都是芙罗洛娃，你就自称托·尼古拉耶维奇。

托尔斯泰：（着急着想要离开，开始有些慌乱）托·尼古拉耶维奇，好的……很好。那么再见了，万事如意（拥抱萨莎）！你是说我该自称托·尼古拉耶维奇，又是一次撒谎！——上帝啊，但愿这是我在人们面前最后一次撒谎！

（匆匆下）

# 第三场

（三天后，一九一零年十月三十一日。阿斯塔波沃火车站的候车室。右边的玻璃大门通向站台，左边一扇通往站长伊万·伊凡诺维奇·奥索林房间。几位旅客坐在候车室的木制长椅上，一张桌子旁也围着一些旅客，他们在等从丹洛夫开过来的快车。他们中有裹在披肩里打瞌睡的农妇，有穿着羊皮大袄的小商贩，此外还有几个来自大城市的人，样子像是政府公务员或商人。）

旅客甲：（在读报纸，突然大声喊道）这事他做得真漂亮！这老头露了一手！没人会指望他能这样干。

旅客乙：什么事？

旅客甲：他跑了，列夫·托尔斯泰，从家里跑出去了。没人知道他去了哪。他是夜里动身的，穿着靴子和皮袄，可没带行李，也没有跟家人告别，就这样跑了。只有医生杜山·彼得罗维奇陪着他。

旅客乙：他就这样把那老太太撇在家里了。对索菲亚·安德烈耶夫娜这可不好玩。他现在八十三了。谁想得到他会这样。你说，他去哪了呢？

旅客甲：这也是他的家人们和报纸想知道的。现在全世界都在为这事通电查询。有人说他去了保加利亚边境，说在那儿见过他。可又有人说在西伯利亚看到他了。可谁也说不清他在哪儿，这老头做得真绝！

旅客丙：（一个年轻的大学生）你们都在说什么？——列夫·托尔斯泰离家出走？把报纸给我看看（拿过去扫了一眼）。噢，这可好……很好，他终于走出这一步了。

旅客甲：你怎么能说好？

旅客丙：他过的那种生活是与他的言论相违背的，这自然是桩丢脸的事。时间够长了，他们强迫他扮演一个伯爵，用阿谀奉承将他的声音闷住。现在，列夫·托尔斯泰终于能自由地对人们说自己心里的话了。这是上帝给的机会，全世界都能从他那里知道在今天的俄国发生了什么。真好，这位圣人得救了。这很好。

旅客乙：可能报上说的都不是事实，全都是胡说八道。也许——（他转身看看是否有人在偷听，然后小声说）也许他们只是在报纸上故意这么说，目的是想要混淆视听，实际上他们已经把他逮起来，处理掉了……-

旅客甲：谁会有兴趣把列夫·托尔斯泰处理掉……

旅客乙：他们……他们所有人，那些觉得他碍事的人，东正教教会、警察、军队，全都害怕他。已经有几个人就是这样消失的——然后说是跑到了外国，人们这么说。但我们都知道外国意味着什么……

旅客甲：（同样压低声音）那么，列夫·托尔斯泰也有可能……

旅客丙：不会的，他们不敢。这个人光是开口说几句话，就比他们全部加起来都有力量。不，他们不敢，因为他们知道我们会用拳头把他救出来。

旅客甲：（显得很慌张）小心……你得留神……基里尔·格里戈罗维奇来了……快把报纸藏起来……

（警长基里尔·格里戈罗维奇全身制服从通向站台的那扇玻璃门后走进来。他随即走到站长的房间敲门）

（伊万·伊凡诺维奇·奥索林站长从他的房间里出来，头上戴着工作帽）

站长：啊，是您，基里尔·格里戈罗维奇……

警长：我得马上跟您谈谈。您老婆也在房间里吗？

站长：在。

警长：那最好！（对着旅客用尖利的、命令性的声调说）从丹洛夫来的快车马上就到了。都到站台上去。（所有的人都站起来，快速地挤出去。警长这时对站长说）刚才收到了一份重要的密码电报。现在能确认，列夫·托尔斯泰出走后，在前天到了他妹妹所在的沙马尔金诺修道院。有迹象表明，他是想从那里继续出发。因此，从前天开始，从沙马尔金诺发出的每趟列车上都配备了警探。

站长：但您跟我说说，基里尔·格里戈罗维奇老爷，为什么要这样？这可不是一个煽动动乱的人，列夫·托尔斯泰是我们的荣誉，是这个国家真正的宝贝，他是个伟大的人。

警长：他造成的不安和危险比整个一群革命者还要多。再说了，我才不管这些，我只是按指令每列火车都要检查。现在，莫斯科的那些人要求我们要神不知鬼不觉地检查。因此，我请求您，伊万·伊凡诺维奇，您替我到站台上，我去的话谁都能从制服上认出我来。火车一到站，就会有一个秘密警察下来，告诉您在这段路上应该观察些什么。然后，我再把消息传下去。

站长：考虑得真周到。

（传来火车进站的信号铃声）

警长：跟那位探员打招呼您一定要不引人注意，要像跟老朋友见面一样，可以吗？不能让旅客们发现这种检查。如果我们能做得漂亮的话，对你我都有好处，因为每份报告都会送往彼得堡，送往最高层。也许我们中的一个能在那里得到一枚乔治十字奖章呢。

（舞台后传来列车进站的隆隆声。站长迅速从玻璃门出去。几分钟后，最早的一批旅客出来了——拎着很重的篮子的农民和农妇在大声喧哗，从玻璃门外往里挤。进来后有几个在候车室里坐下歇歇脚或者喝杯茶。）

站长：（突然从门外进来，紧张地朝那些坐着的人走过去）都马上从这里离开！全部！马上！……

众人：（吃惊地小声嘀咕）为什么……我们又不是没花钱……为什么不能在候车室里坐坐……我们只是在等下一趟慢车。

站长：（大声喊着）立刻，我告诉你们，立刻出去！（他显得很是急躁，往外推搡着几位旅客。又快速到门那里把门打开）这边请，请把伯爵老爷引进来！

（托尔斯泰右边是杜山，左边是女儿萨莎，他们搀扶着他，看上去他行动很困难。他穿的皮外套的领子竖起来了，脖子上围着一条围巾，但他的身子还是在发抖。他们的后面跟着五六个人挤了进来。）

站长：（对后面往里挤的人）都到外面去！

众人声音：让我们进去吧……我们只是想帮帮列夫·尼古拉耶维奇……一杯酒或者是一杯茶……

站长：（紧张的样子）任何人都不许进！（他粗暴地把往里挤的人往外推，然后把门关上。但还是有很多张好奇的脸贴着玻璃门向里面张望。站长拿过来一把扶手椅，放在桌子旁边。）老爷，您坐下来稍微休息一下吗？

托尔斯泰：我不是老爷……上帝保佑我不再是了……，再也不是了，结束了。（他紧张地朝四周看，注意到玻璃门外观看的人）走开……让这些人走开……我要一个人待着……总是有人……连单独待会都做不到……

（萨莎快速到玻璃门那，用大衣挡住玻璃门）

杜山：（小声和站长说着话）我们必须马上让他躺倒床上，在火车上他突然发起高烧，超过四十度。感觉他的身体状况很不好。这附近就没有像样点的旅馆？

站长：没有，根本没有！全阿斯塔波沃都没有一家旅馆。

杜山：但他必须马上躺到床上。您看，他烧的厉害。这很危险。

站长：要是列夫·托尔斯泰愿意先在我的房间休息一下，我当然会感到很荣幸……但是，请您原谅……它太破旧了……不过是一个公务房间，平房，还很窄小……我怎么敢在这里接待列夫·托尔斯泰……

杜山：没关系，无论如何得让他先躺到床上。（转向托尔斯泰，托尔斯泰正浑身发冷坐在桌边发抖）站长友好地将他的房间提供给我们。您必须马上休息，明天您就会好起来的，又会有精神了，然后我们可以继续旅行。

托尔斯泰：继续旅行？……不，不，我觉得我不会继续旅行了……这是我最后一次旅行，我已经到达目的地了。

杜山：（鼓励地）别担心，您不过是有点发烧。没什么大不了的，仅仅是有点感冒，明天就会好起来。

托尔斯泰：我现在已经觉得好多了……完全好了……只是昨天夜里，那才可怕。我做了一个噩梦，恍恍惚惚感觉他们都在追赶我，想要把我弄回去，弄回到那个地狱里……然后我就醒了，我叫醒了你们……一路上我又害怕又发烧，牙齿都磕得直响。不过现在我们到这里……我现在不怕了……我说，我们这是在哪？……怎么我一点都不认识这地方？……现在好多了，我不害怕他们……他们追不上我了。

杜山：当然追不上了，您现在可以安心地躺下睡觉，在这里，谁也找不到您。

（杜山跟萨莎一起帮助托尔斯泰站起来）

站长：（面朝着托尔斯泰）请您原谅……我只能提供一个非常简陋的房间……唯一的房间……床也不太好……只是张铁床……但我会把一切都安排好的，我马上发电报让下一趟火车运张床来……

托尔斯泰：不，不，不需要别的床……一直以来我都是睡在最好的床上，我已经睡够了！现在，越是不好我越是喜欢。农民们死的时候又是怎样的？……他们难道不也一样安息得很好吗？……

萨莎：（继续扶着父亲）来，父亲，来，你累了。

托尔斯泰：（又站住）我不知道……哦，你说得对，我累了，我的四肢无力。可我好像还需要等着……就好像一个人觉得特别困却无法入睡，因为他面对眼前美好的东西，害怕睡着了会丢失……真奇怪，我从没这样过……也许这正是跟着死亡一起到来的东西……你们知道的，多年来我总是害怕死亡来临时我不能躺在自己的床上，害怕自己会像动物那样发出绝望的惨叫缩成一团。可现在，也许死神已经在这个房间里了，可我一点也不害怕。（萨莎和杜山把他扶到门口）

托尔斯泰：（站在门口向里面看）这里很好。这么小，这么拥挤和低矮，这就是贫穷……我觉得自己梦见过这个地方，一间陌生的屋子里，有一张陌生的床，在床上躺着一个人……一个垂死的老人……对了，他叫什么来着？我记得几年前我写过，叫什么来着？那个老人……他富有过，后来一贫如洗，他回到家里谁也不认识他，他蜷缩在炉边的床上……我的脑子，真是够笨……他叫什么呢？……他身上只有一件衬衣……他太太，那个曾经伤害过他的女人，他死时不在他身边……我想起来了！柯尔涅依·瓦西里耶夫①，我就是这样称呼那个老人的。他死的那个晚上，上帝让他的妻子赶来了，要她再看他一眼……但太晚了，他已僵硬，就那样躺在陌生人的床上。她不知道他是不是怨恨她，或者他已经宽恕她了。她也没法知道。对了，索菲亚·安德烈耶夫娜……（样子像突然清醒了似的）不，她叫玛尔法……我又犯糊涂了……我想躺下（萨莎和站长扶着他。他转向站长）感谢你，陌生人，你在自己的房子里给了我一个住处，你给我的，是动物在树林里能得到的……上帝让我——柯尔涅依·瓦西里耶夫——来到这里……（突然显得很害怕）不过要把门关好，不能让人随便进来，不要让任何人进来，我不想要任何人……只想一个人和他在一起，比人生中的任何时候都更想……（萨莎和杜山把他扶到卧室里，站长在他们身后轻轻关上门，然后站在门前）

（有人在外面用力敲打玻璃门。站长过去打开门，警长进来）

警长：他对您都说了些什么？我得马上报告上去，一丁点都不能漏掉！他会在这里待多长时间？

站长：他自己不知道，谁也不知道。大概只有上帝知道。

警长：您怎么可以把国家的房子提供给他？您不可以把您办公务的地方给一

---

① 列夫·托尔斯泰的短篇小说《柯尔涅依·瓦西里耶夫》里的主人翁。小说主人翁柯尔涅依·瓦西里耶夫最后的结局跟托尔斯泰自己的结局非常相似。

个陌生人。

站长：在我的心里列夫·托尔斯泰可不是什么陌生人。没有哪个兄弟比他和我更亲。

警长：但您有责任事先请示。

站长：我请示了我的良知。

警长：好吧，您得对这事负全责。我得马上报告上去……太可怕了，突然一个人得承担这样巨大的责任！最好能弄清顶上面那个人对列夫·托尔斯泰是什么态度……

站长：（非常平静）我想，真正在最上面的人对列夫·托尔斯泰一直都很好……

（警长看着他，非常吃惊）

（杜山和萨莎从房间里出来，把门小心关上）

（警长快速离开）

站长：您怎么不在伯爵老爷身边？

杜山：他现在很安静——我从没见过他这样安详。在这里，他终于找到了以前在其他人那里一直都没找到的安宁。第一次他能单独和他的上帝在一起。

站长：请原谅，我头脑简单，可我心里在犯嘀咕，我想不通上帝怎么会把这么多的苦难降临到列夫·托尔斯泰身上。他都要从自己家里逃出来，没准还会死在我这张跟他身份不相配的床上……那些人……俄罗斯人怎么可以这样打搅一个高贵的灵魂呢？他们就不能干点别的？要是真爱他、敬重他的话……

杜山：就是这样呀，伤害一个伟大的人和他的使命的，恰恰是那些爱他的人，他就是因为自己的亲人才会离开家走得这么远。好在还算及时。因为他只有这样死去，才让他的人生得到完满，更神圣。

站长：说得好呀，可……我没法明白，也不想明白。这个人，我们俄罗斯大地的瑰宝，他为了我们这样的人受苦受难，可我们倒好，我们就这样浑浑噩噩过日子……真惭愧呀！这样活着……

杜山：您呀，您是一个善良的人，完全不必为这个难过。尽管这看起来不够光彩，也有些卑微，但一点都不影响他的伟大。要是他不为我们这样的人去受苦受难，那列夫·托尔斯泰也就不可能像如今这样属于全人类了。

# 争夺南极

斯科特队长南纬九十度

一九一二年一月十六日

那是一个不能再简单了的坟墓，有一个同样简陋的黑色十字架，孤零零地竖立在那白色荒原的一个凸起的地方。在十字架下封存着人类的英勇伟绩。

## 对地球的征服

在二十世纪的人们眼里，世界似乎再也没什么秘密可言了。所有的陆地都被考察过，最遥远的海洋也有航船到过。仅仅在一代人之前，人类还不知道的那些犹如仙境般充满幻觉的区域，到了今天也都被欧洲人征服。现在，人类的航船正沿着尼罗河朝着它的多个源头行驶。欧洲人在第一次看到维多利亚大瀑布①半个世纪后，今天也利用转盘开发出了电力；而亚马逊河两岸的热带森林如今也被人类大肆砍伐，变得稀稀疏疏；西藏这片唯一还剩下的处女地也被人揭开了面纱；旧地图和地球仪上那片"人迹罕至的地区"（Terra incognita）也已经被一些对该地区有所了解的人重新加以绘制了。在二十世纪，人类对自己居住的这颗星球已经相当了解。于是探索的目光对准了新的目标，向下开始转向海洋深处，向上开始

---

① 维多利亚瀑布又称莫西奥图尼亚瀑布，位于非洲赞比西河中游，赞比亚与津巴布韦接壤处。宽 1700 多米，最高处 108 米，为世界著名瀑布奇观之一。由欧洲探险家戴维·利文斯敦于 1855 年在旅途中偶然发现，并以当时的英国女王的名字为其命名。

进入无垠的太空。从地球变得对人类再也没有多少秘密可言后，想要寻找到未知的领域，也就只剩下这些地方了。人类朝着太空冲去，希望能达到新的高度和更遥远的地方。

但即使是在我们这个世纪，地球仍然还存在着一个未解之谜，它的面目始终对人类遮掩着。这里说的就是被分隔得支离破碎的地球躯体上的两小块地区，算是她从自己的创造物的无穷无尽的贪婪中挽救下来的最后一点东西——地球的脊梁南北极。无数个世代以来，地球正是围绕着这两块几乎没有生命、想象中的点在转动，同时也维持着这两片土地的纯洁不至于遭到亵渎。层峦叠嶂的冰雪仿佛是一道难以逾越的屏障，守护着地球这最后的秘密。用无穷无尽的严寒筑起一道宏伟的长城，让最了不起的勇士都为之却步。即使是太阳，也只能匆匆看一眼这两片土地，而人类则从未有缘一睹她的芳容。

为了解开这两片土地的面纱，人类在几十年时间里，前赴后继一次次向它们发起冲击，但都功亏一篑。其中最大胆的人如安德雷①，至今过了三十三年，他的尸体还安静地躺在这座巨大的冰棺里，最近才被人发现。安德雷曾驾驶飞艇企图飞越北极圈，但却一去不返。这么多年来，人类发起的每一次冲击都在由冰雪严寒构成的长城上撞得粉碎。因此，亘古至今，地球依然对人类蒙住这两片区域的面容，抵御着她的创造物无法遏制的探索激情，如同处女般坚守着自己的纯洁。

但这个年轻的二十世纪仍然不屈不挠想要占有这最后的处女地。在自己的实验室它铸造出了各种全新的武器，并寻找到了抵御严寒的新的盔甲。同时，越是艰险越向前的人类的本性驱使着人们越来越强烈地想要进入那片区域。对真相的渴望使得人类想要在二十世纪的第一个十年，就完成千万年时间未竟的目标。现在个人的勇气已经加上了国家间的竞争。人们不再仅仅是为了争夺极地的土地，同时也是出于荣誉感想要第一个把旗帜插在那片土地上。为此，来自不同民族、不同国家的新的冲击再一次启动了。并不以耐心著称的人类心知肚明，这是我们生存的空间里最后的秘密。开始朝着北极进发的有来自美国的皮雷②和

---

① 安德雷（Salomon August Andr e，1854年10月18日—1897年10月），瑞典工程师，北极研究者。1897年与另外两人组成探险队，试图驾驶氢气球到达北极。探险失败，他们的遗体直到1930年才被发现。

② 皮雷（Robert Edwin Peary Sr.，1856年5月6日—1920年2月20日），美国工程师和北极研究者，声称自己于1909年4月6日到达北极，是到达北极的第一人。

库克①，而挪威人阿蒙森②和英国人斯科特海军上校③则分别率领两艘船朝着南极
进发。

# 斯科特

斯科特是一位英国皇家海军普普通通的上校。他的履历跟他的军衔列表一样
没有什么出众之处。在海军服役时他深得上司的欣赏，后来他跟沙克尔顿④一起组
织了探险队。毫无迹象可以看出他有成为一位英雄的可能。看他的照片，你会把
他跟成千上万的英国人混淆起来，同样冷峻、刚毅的脸上没有多少表情，肌肉仿
佛是凝固了似的。一双青灰色的眼，总是紧闭的嘴。从他的面部很难捕捉到丝毫
浪漫的情调，甚至显得有些郁郁寡欢。所能察觉到的只有强烈的意志力和对世界
的深思熟虑。看他的字你就能感觉到那不过就是某位普通英国人的字体，没有任
何花俏的变化和装饰，工整而迅捷。他的文风清晰准确，像那些严谨的报告一样
真实准确，不掺杂任何的想象，像塔西佗⑤的拉丁文一样朴实无华但遒劲有力。他
就是英国人的典型代表，这种人即使是具备特殊才能的天才，也会如同水晶石般
平板光洁，棱角分明。他让人们觉得他是一个有着高度责任感的地道英国绅士。
正是这样一个人，已经上百次地与英国历史联系到了一起。他出征过印度，参与
了征服无数岛屿的行动，跟随殖民者到过非洲，并参与了很多世界性的战役。但
无论到哪儿、干什么，他都是这样一副冷冰冰的矜持面孔，刚毅、果决，具有强
烈的集体主义意识。

---

① 库克(Frederick Cook，1865年6月10日—1940年8月5日)，美国探险家、医生、北极研究者。
声称自己在两名因纽特人的陪同下于1908年4月21日抵达北极。
② 阿蒙森(Roald Amundsen，1872年7月16日—1928年6月18日)，挪威极地探险家，
1911年12月14日与同伴到达南极，是到达南极的第一人。
③ 罗伯特·法尔肯·斯科特(Robert Falcon Scott，1868年6月6日—1912年3月29日)，
英国海军军官、极地探险家。
④ 欧内斯特·沙克尔顿(Ernest Shackleton，1874年2月15日—1922年1月5日)，又译薛
克顿，英国南极探险家。曾两度发起对南极的挑战。但都未能抵达南极点。
⑤ 普布里乌斯·克奈里乌斯·塔西佗(Publius Cornelius Tacitus，约55—120)，古罗马最伟
大的历史学家，其文风含蓄凝练。

并且他所具备的这种钢铁般的坚定，在他开始行动前人们就能感受到。当他决定把沙克尔顿未竟的事业完成时，他组织了一支探险队。但当时资金非常匮乏。可这并没有把他难住，他拿出了自己全部的财产，另外还借贷了一笔钱；因为他坚信自己能够取得成功。当时他的妻子刚为他生下一个儿子，但他毫不犹豫像赫克托耳①一样离开了自己的安德洛玛科。不久以后，他找到了愿意跟自己一同前去探险的伙伴，世界上很难找到比他意志还要坚强的人。探险队首先由一艘名叫"新地"的奇怪的船送到冰原的边缘地带。这艘船之所以奇怪，是因为它携带了双倍的装备和给养：船的一半成了诺亚方舟，装载了大量动物活体；另一半改造成了一间配备上千件仪器的现代化实验室，并准备了大量的图书。前往一个无人居住的区域，就该携带上人的生理与精神所需的一切食粮。但真正令人感到奇怪的是，在最现代化的各类设备中，还夹杂了很多最原始的人类工具和物品，例如防卫用的工具、兽皮、活的动物等等。与此同时，这支探险队也跟这艘船一样拥有双重面目：既是一次探险，同时又像是一次精明的生意买卖；既是一次小心谨慎的行动，每个细节都经过精心策划，同时又做好了随时应对意外的准备。

这支探险队离开英国的时间是一九一〇年六月一日。这个季节这座盎格鲁-撒克逊的岛屿王国阳光明媚，绿草如茵，正是鲜花盛开的时节。当海岸渐渐消失在视野里后，大家的心情都很激动。大家都知道，这一别就会是好几年时间，而且谁也不知道自己还能不能活着回来。但看到船头飘扬的英国国旗，他们想这面旗帜将跟随他们一起去占领地球上最后一块无主的土地，这让他们感到了无比的自豪。


# 冰雪南极


经过短暂休整，探险队于一九一一年一月抵达麦克默多海湾属于新西兰的埃文斯角，并在此登陆。这一带是永久冰冻的极地边缘地带，他们在这里搭建了一

---

① 赫克托耳是《荷马史诗》里的特洛伊王子，在跟希腊英雄阿喀琉斯的决斗中被杀。安德洛玛科是他的妻子，曾哭着请求赫克托耳放弃决斗。

座用于越冬的木屋。在南极，每年的十二月到一月是夏季，只有这个季节每天才有几个小时时间太阳会出现在灰白色金属般的天空。他们搭建的木板房和别的探险队搭建的房屋基本相同，四壁都是木板；但有所不同的是，他们的这间房屋更加先进。当年的那些先驱者们使用的是黯淡且气味难闻的鲸油油灯，昏暗的灯光使人坐在房间内感到单调乏味和压抑；而他们用的是以二十世纪最新的科学发明乙炔为燃料的电石灯，发出的是雪白的亮光。他们还随身携带了电影放映机，能播放来自世界各地尤其是热带地区的风光片。另外还有一架自动钢琴，能演奏各种音乐。而留声机随时都能让人听到美妙的音乐。当然还有各类图书，打字机不时会在屋内发出噼啪的打字声。这座房屋还专门配备了一间小小的暗房，用来冲洗拍摄的照片。一起来的地质学家可以用放射性仪器检测岩石，动物学家则能从捕获到的企鹅身上寻找新的寄生物，气象学家可以进行各种气象观测和物理实验。这样一来，在没有阳光的永夜的那几个月里，探险队的每个人都能有自己的工作，相互之间还能交流，把获得的相关数据与发现综合起来。这支探险队的三十个人每个人每晚上都要写出属于自己的专业报告。这样一来，大家都可以在这冰封的极地严寒下，接受新的大学课程的教育，因为每个人都有机会把自己的知识传播给别人，同时自己也能从他人那里获得新知识。对话与交流修正了他们各自对世界的看法。在这里，再也不存在学术专业化的那种傲慢与固步自封，人们在各学科中寻找共同之处。在这史前世界，在没有时间维度的孤寂中，大家彼此交换着二十世纪的最新成果。在这里，人们的内心不仅能感受到世界时冲的每一小时，而且能感受到每一秒的流动。这些严肃的人还兴趣盎然地欢度圣诞节，并弄了一棵圣诞树。他们办了一份报纸，风趣地称之为《南极时报》，彼此在这份小小的报纸上开着对方的玩笑。在那地方，很小的一件事——例如一头鲸浮出海面，一匹西伯利亚矮种马摔了一跤等等——都能成为报纸的头条；反而是那些不同寻常的事情——例如极光的出现、极度的低温、让人备受煎熬的孤独与寂寞等——不被大家看重，他们对此似乎已习以为常。

在这些日子里，他们只能进行一些较为小型的户外活动，比如测试一下摩托雪橇、练习一下滑雪、出去遛遛狗。这期间他们还为即将到来的远征建造储存物资的仓库。但下一次夏季到来的日子漫长而缓慢。那艘专门负责为他们运送物资的船，要到夏季到来后才能穿越到处都是巨大冰山的南极海面，为他们带来家人和别的消息。随着日子一天天过去，现在他们渐渐开始敢把所有的人分为几个小组到户外去活动了。大家在极度的寒冷下练习白天行走，还对各类帐篷做了测试，尽量掌握各种数据。自然他们不可能每件事都做成功，但恰恰是很多次的失败为他们增添了新的勇气。每当户外活动后回到木屋里时，大家都几乎被冻僵了，一个个累得精疲力竭；但听到迎接自己的欢呼声，看到熊熊燃烧的炉火，就会让他们顿时感到欣慰与幸福。几天户外的饥寒交迫，使得他们对这座建造在南纬七十七度上的木屋感到无比温暖和亲切，似乎成了世上最美好的家。

但其中有一次，当一支前往西边的探险队回来后，他们带回的消息让大家一下子变得鸦雀无声。这支队伍在途中发现了阿蒙森的一个冬季营地。斯科特马上就明白了：现在挑战他们的除了严寒和各种危险外，还有另一个人正准备夺取他们第一个抵达这片地球上最后一处处女地的荣誉。而这人是来自挪威的著名的阿蒙森。通过对地图的反复测量，斯科特发现阿蒙森的这个冬季营地离南极比自己要近一百一十公里，他对这个结果很是吃惊，但他并没有因此灰心丧气。他在自己的日记中这样写道："为了我的国家的荣誉，我必须振作起来！"

在他的日记中，阿蒙森这个名字仅出现过这一次。但后来的人们都能从他的日记中感觉到他的紧张和不安，感觉到从这一天起，阿蒙森这个名字就一直像乌云似的笼罩着这座冰天雪地中的小屋。

# 向极点进军

距离小屋一英里处有座高地，他们把这座高地当作了观察点，每天都有人在那里执勤。高地上架设了一架孤零零的仪器，很像一门大炮，对准了看不见的敌人。这是一个用来捕捉阳光的仪器。他们每天都在此等候阳光的出现。在清晨的天空中，已经出现了色彩斑斓的反光，但是那圆盘似的太阳还是不愿升出地平线。不过这闪耀着奇异光彩的天空预示着太阳即将出现，让这些等得不耐烦了的人越来越欢欣。

终于，电话铃声响起了，从那座观察高地传来喜讯：太阳出来了。经过几个月的时间，太阳再度在寒冷的永夜里露出了一个小时的面孔。但阳光还太弱，还无法激活冰冻了的空气，仪器仅仅是产生了一些很难察觉的摇摆。但仅仅看见了太阳就足以让人欢欣鼓舞。人们在紧张地为即将开始的探险做着准备，他们不想浪费任何为数不多的有阳光的日子，他们要把春、夏、秋三个季节结合到一起，尽管按照我们生活中的概念，那还应该是残酷的冬天。摩托雪橇在前面行使，跟在后面的是由西伯利亚矮种马和狗拉的雪橇。全部路程被仔细地分成不同的路段，每两天建立一个补给站，为返程保存些干净的衣服、食物以及最重要的东西汽油，这是无尽严寒中浓缩式的温暖。全体一起出发，然后一个个独立小组陆续返回，他们以这样的方式最大限度地为被精选出的南极最终的征服者留下尽可能充分的装备，以及最强壮的牵引牲畜和最好的雪橇。

　　他们甚至想到了有些小组无法完成计划，这样的设计能把损失减到最小。当真正的探险开始后，很多意外都难以避免。在行程开始后的第二天，机动雪橇就出现了故障，最后不得不放弃。而西伯利亚矮种马也不是很让人满意。在这样的环境下，有机生物往往比机械更加可靠，至少当遭遇例如摔伤这类事故后，那些牲畜还可以被当作食物，为人和拉雪橇的狗提供必不可少的能量。

　　到了那一年的十一月一日，这支探险队就分成了几个小组出发。他们自己拍摄的影片显示，这支奇特的探险队最开始有三十人，但慢慢就减少到了二十人、十人，最后只剩下五个人行走在没有生命的白色荒原上。那位走在队伍前面的人自始至终都用皮毛和布块把自己包裹得严严实实，仅露出胡须和一双眼睛，样子很像一个野人。他用被毛皮包裹住的一只手牵着一匹矮种马，而马拖着满载的雪橇。紧跟在他后面的人一个跟着一个，全都跟他一样；二十几个人形成的黑点，在雪白的雪原上前后连接成了一条鲜明的线。夜里，他们钻进帐篷，并为马筑起一道雪墙；每天天一亮他们就会出发，开始那单调到难以言喻的行程。就这样，这些人穿越着千万年来没有任何有机生命存在过的世界，呼吸着从没被呼吸过的冰冷空气。

　　可让人忧心的事一天比一天多起来。首先是天气，天气变得越来越坏。他们经常一天只能行进三十公里，而不是计划的四十公里。自从他们知道了在同样空寂的天地间的另一侧，还有另一群人也在朝着同样的目标挺进后，时间就变得格外珍贵。在这样恶劣的环境下，任何一点小小的意外都有可能导致巨大的危险。先是一条雪橇狗跑掉了，然后是一匹马不想吃东西——这些都让人感到害怕。要知道在这样的环境下，任何一个有生命的动物都是无价的，因为根本不可能获得补偿。很可能那将会流传千古的丰功伟绩，成败就取决于一匹马，更别说是随时有可能出现的暴风雪。这时候，探险队中也开始出现健康问题，几个队员出现了雪盲，另外几个人的四肢冻伤了。那些矮种马也越来越虚弱，主要原因是喂养它们的草料越来越少。到了最后，当走到比尔兹摩尔冰川时，所有的矮种马都死了。在如此寂寞孤独的环境下，这些马跟探险队员们在一起生活了整整两年时间，成了队员们最好的朋友，他们能叫出每匹马的名字。最后他们不得不做一件让他们很难不伤心的事——杀死这些曾被他们无数次抚弄过的生命。他们把这个地方称之为"屠宰场营地"。也正是在这个地方，一部分队员离开了队伍，开始返程，剩下来的那些人现在要开始最后的冲刺了，他们要努力穿越险恶的比尔兹摩尔冰川。应该说，这座冰川算是南极用以保护自己的最险峻的冰雪堡垒，也许只有人类那最热烈的意志力才能冲破。

探险队现在一天能行进的距离越来越短，主要原因是到了这一带，由雪堆积出来的冰层更加坚硬。已经没法使用雪橇滑行，只能拉着雪橇前进。雪橇板被锋利的冰凌划破，冰碴把他们的脚磨破，但所有这些都没能使他们屈服。终于在十二月三十日那天，他们就要抵达沙克尔顿抵达过的最远的地点。最后一批后勤支援人员也要在此返回，由五位挑选出来的人向极点发起最后的冲击。当斯科特最终挑选完后，谁也没表示不满，但大家的心情都很沉重。当目标近在咫尺间时，他们却不得不返回，把世上第一批抵达极点这样伟大的荣誉让给自己的队友，自然谁的心情也不会好过。但一旦决定做出了，大家就相互最后握了握手，以男子汉的坚毅努力掩饰自己失望的心情。最后，剩下的这一小队人马再次分成两个小组，一组朝着南方，朝着那不可知的极点进发；另一组返回最近的营地。在分手后，大家时不时会转过身去看一眼还活着的这些队友。要不了多久，最后的人影也消失在雪原中。这五个被选出来的人分别是：斯科特、鲍尔斯、奥茨、威尔逊、埃文斯①。他们开始了最后冲击南极点的行动。

# 南极极点

　　从最后几天的日志中可以看出，不安情绪已经在这支冲击队伍中蔓延。他们的心已经开始像南极附近的罗盘指针一样不停乱转。"我们的影子从右朝前移动，然后再从左绕过去，围绕我们的身子缓慢地绕一圈。那时间简直就像是没有止境似的！"但同时在这些日志中也不时会闪现出希望的火花。随着时间的推移，斯科特越来越激动，他是这样充满激情记录下他们行进的情况的："离极点只剩下一百五十公里了。如果情况能一直这样下去，我想我们可能会无法支撑下去。"这段记录可以看出他们已经精疲力竭。两天后他写道："离极点还有一百三十七公里。不过我想这对我们来说会很艰难。"但在这之后就开始变了，变成了一种对胜利越来越有信心的情绪："只剩下九十四公里就抵达极点！哪怕现在我们到达不了那个点，也已经非常非常接近！"然后到了第二天，这种情绪进一步变成了喜悦和差不多是放松下来的情绪："离极点只剩下五十公里，无论怎样，我们就要抵达目的地了！"我们可以从这几行字中感受出他们内心里希望的弦绷得有多紧，似乎每一根神经都在为此而颤动。胜利的果实就在触手可及处。这群人已经向这地球上最神秘的地方伸出了自己的手，最后一鼓作气就能达到目的。

# 一月十六日

　　日志上是这样记录的："令人振奋。"那是一月十六日，他们在清晨时分启程，这要比平时早一点。他们想尽快看到极点那充满神秘的美丽。这样的期盼使

---

① 跟随斯科特最终抵达南极点的四名队员：亨利·鲍尔斯（H.R.Bowers, 1883—1912），英国海军上尉；劳伦斯·奥茨（Lawrence Edward Grace Oates, 1880—1912），探险队船长，在返程中冻伤双腿行走困难，为了不连累队友而自杀；爱德华·威尔逊（Edwark Adrian Wilson, 1872—1912），英国医生，南极探险家。负责斯科特探险队的科学研究；埃德加·埃文斯（Edgar Evans, 1874—1912），英国海军军士，返程中不慎摔伤，最后发疯死于体力不支。

得他们很早就从睡袋里醒过来，然后爬出来。到中午时，这五个人已经跋涉了足足十四公里。他们现在热情高涨，因为目的地就在前面不远，这项人类具有代表性的伟业即将完成。但突然间，其中的鲍尔斯开始显得不安起来。他盯着茫茫雪原上的一个小黑点，害怕说出自己的猜测：很可能已经有人抵达了那地方，并竖起了一个标志。不过到了这时，其他几个人很可能也想到了这点。他们开始颤抖，但他们还是想要自我安慰一下——简直就像在荒岛上的鲁滨逊发现了陌生人的足迹，并想要把它看成是自己的足迹一样。他们安慰自己那不过是一道冰缝，要不就是阳光的反射。但在朝着最终目标前进时，每个人的心都提了起来。尽管大家都装作若无其事的样子，但谁心里都清楚：那个挪威人，阿蒙森先于他们抵达了极点。

残酷的现实很快就被确定无疑，雪地上竖着一块滑雪板，上面绑着一面黑色的旗帜。另外周围还有人扎过营，以及雪橇和狗留下的痕迹。看来可以确定阿蒙森在此地停留过了。在人类历史上，一件不可思议的事就这样发生：在地球的一极的极点上，在这千万年不曾有生命出现过的地点，如今在不到十五天的时间里，相继有两批人抵达。斯科特和他的队友们晚来了整整一个月，尽管相对于数百万年这简直就是一瞬间。他们不得不屈居第二。而按照人类的传统，最先抵达者拥有一切。看来所有的努力都白费了，所经历的全部艰难困苦也都成了笑话。几个星期、几个月、数年的努力都成了一种可笑的疯狂。对此斯科特在他的日记中这样写道："历经千辛万苦、承受了难以想象的痛苦折磨——这一切都是为了什么？还不是为了一个梦想，可现在全都完蛋了。"这时候他一定是流出了泪水的。尽管十分疲惫，但这一晚他却无法入睡。这些人如同是被宣判了的囚徒，失去了希望，沉默地走完剩下的那段路程；这跟他们原来想的完全不同，他们原本是想要欢呼着冲过终点。队友们相互间没有安慰，只是拖着沉重的脚步向前走着。斯科特和他的四名同伴抵达极点的时间是一月十八日。但因为他们不是第一个抵达的人，因此这里的一切都显得那样刺眼。他冷淡地看着这个地方，在日记中这样写道："看不到任何东西，完全跟这几天让人绝望的单调乏味一样。"而这就是罗伯特·法尔肯·斯科特对南极极点的描述。那里唯一不同寻常的东西只是那面挪威国旗和对手阿蒙森留下的滑雪板。那面挪威国旗对斯科特来说显得格外刺眼，就那样在极点上洋洋得意地飘扬着，在这片最后被人类征服的土地上猎猎作响。在那里，还为下一位抵达者留下了一封信，信中写道坚信会有另外一个人抵达这里，因此请将这封信带给挪威的哈康国王。斯科特毫不犹豫就接受了这份请求，他决定忠实地完成这项带着嘲讽意味有些残酷的任务：向全世界为他人的丰功伟绩作证。而这恰恰正是他所追求的梦想。

他们在阿蒙森那面胜利的旗帜旁插上了一面"迟来的联合王国英国旗"，然后情绪低落地离开了这片"辜负了他们的雄心壮志"的伤心之地。寒风在他们身后猛烈地刮着。斯科特心里有了一种不祥的预感。他在日记里这样写道："返程之路让我感到恐怖。"

# 面临死亡

返程之路的危险增加了十倍。在向极点冲击时，他们还可以利用罗盘；而现在则必须找到来时的足迹往回走。最初的几个礼拜大家得小心翼翼不离开这些足迹，否则就会错过预先设置的贮藏物资的地点。在那里有他们为返程准备的食物、服装和几加仑煤油。但暴风雪影响了他们的视线，让他们每走一步都忧心忡忡。而一旦偏离了原路，意味着的就是死亡。现在，他们来的时候的那种信心和残存的精力都消耗殆尽，那时候还有充足的食物为他们提供能量，以及在南极之家提前储存的那些能量。

远不止此，最要命的是他们已经丧失了先前的那种意志力。当向极点发起冲击时，这些人满怀着希望和好奇，他们渴望能不朽，这使得他们浑身充满了英雄气概和超人的精神力量；而现在，他们只是在与自己的身体、与死亡的威胁对抗。很有可能他们与其说盼望着归家，还不如说害怕归家。

通过阅读他们的日志，可以看出那几天是非常恐怖的。天气越来越恶劣，冬季比往年要来得早。脚下的雪变得坚硬无比，使得地面仿佛散布着无数枚三角钉，让他们每迈出一步都要付出巨大代价。严酷的寒冷逐渐消磨着他们本来就疲惫不堪的身体。当几天的混乱不堪后终于找到了一处补给站时，他们总会发出一阵微弱的欢呼，为一点小小的希望之火而高兴一阵。这一点可以通过他们日志的字里行间看出。面对着无边无际的孤寂，没有什么能更好展现这些人身上的那种英雄主义了——负责科学研究的威尔逊博士在面临死亡时，仍然还在从事着自己的科学考察，他的雪橇除了一些不可或缺的物品，剩下的就是十六公斤重的搜集到的岩石样品。

然而面对威力巨大的大自然，人类的勇气最终还是无法取得胜利。大自然以它的冷酷无情，用千百万年积聚起来的强大力量召唤来了寒冷、冰雪和风暴，用以摧毁这五个在它眼里过于鲁莽的人。他们的脚都出现了严重的冻伤，食物越来越少，最后每天只能吃上一顿热的东西；因为缺乏能量的补充，他们的身体变得越发虚弱不堪。终于有一天，大家发现最强壮的埃文斯出现了精神失常。他会站在原地一动不动，嘴里念念有词，反复抱怨所经受的苦难与折磨。有时他的抱怨是真的，但有时则完全是幻觉。从他那语无伦次里，大家终于明白了，埃文斯如果不是因为摔过一跤，就是在这难以忍受的痛苦的折磨下精神错乱了。现在怎么办？不可能把他就这样丢弃在生命无法存活的冰雪荒原上；但又必须赶到下一个补给点，否则的话……我们从日志中无法得知斯科特的决定。二月十七日的夜里一点，这位海军军士停止了呼吸。那天他们刚好走过了"屠宰场营地"，找到了上个月被他们杀死的矮种马，得到了相对丰盛的一顿。

然后剩下的四个人继续前进。但祸不单行，当他们抵达下一个补给点后，那里的情况令他们绝望。来的时候在这个补给点储存的煤油过少，他们不得不严格控制燃料的使用，而热能是他们对抗严寒的最不可缺少的武器。黑夜是冰冷的，世界似乎全都是呼啸的暴风雪。每个人都不敢闭上眼入睡，他们甚至都没有力气脱下自己的毡靴。但必须向前走，无论如何也不能停下来。奥茨的脚趾被冻掉了。狂风似乎比任何时候都要剧烈。他们在三月二日那天抵达了另一个补给点，但那里储存的燃料依然是让他们绝望地少。

到了这时，他们的恐慌到了极点。人们可以从日志里看出斯科特在努力掩饰自己的恐惧，但他在强制自己镇静的同时，还是忍不住发出了绝望的呼喊："再也不能这样下去了，绝对不能。"或者是："上帝保佑我们吧！我们再也没法承受这样的艰苦了。"还有："我们的游戏终于就要这样悲惨地结束了。"最后他自白道："愿上帝保佑我们！现在我们已经不可能指望他人的帮助了。"但他们仍然拖着体能已到尽头的身体继续朝前走。他们咬紧了牙关，一个劲地行走。奥茨走得越来越缓慢，对大家来说他成为了一个沉重的负担。为了等他，大家不得不在零下四十二度的严寒下放慢行进的速度。而这时候奥茨非常清醒，他知道自己给队友们带来了很大麻烦。而其他人也为此做好了心理准备，威尔逊给了每人十片吗啡，就是想让大家在那个时刻来临时，能少受一些痛苦的折磨。在大家尝试着陪着走了一段后，奥茨主动要求把睡袋留给自己，他不想继续拖累大家，把大家的命运和自己的绑在一起。对此大家坚决拒绝了，尽管谁都清楚他的这个要求是唯一的办法。于是奥茨又继续陪着大家走了几公里抵达宿营地。第二天一早醒来，他看了看帐篷外呼啸的暴风雪。

奥茨突然站起身对大家说："我要到外面去走走，可能会多待一会。"谁都知道这样的天气走出去意味着什么，大家的心不由得颤抖起来。但没人说一句话阻拦他，甚至没人跟他握手道别。大家只是怀着敬意看着这位皇家近卫军的骑兵上尉，目送他英雄般走向死亡。

到了现在，只剩下三个精疲力竭的人了，他们继续拖着沉重的身体艰难地行走在铁一般坚硬的冰雪荒原上。此时的他们基本不再有什么希望，仅仅是本能在支撑着他们迷迷糊糊朝前走。天气更加恶劣了。每个补给点起初都会给他们一点希望，但每次又都会再一次让他们绝望。不知为何，储存的燃料总是那样少。三月二十一日，他们离下一个补给点还有二十公里的距离。但这时候暴风雪越发地狂怒，根本没法支起帐篷来，简直就像是不耐烦了，想快点结束这些人的性命。每天夜里他们都希望第二天能抵达补给点，然后把一天的口粮吃掉，再把希望寄托给下一天。当他们的燃料耗尽后，温度已经降到了零下四十度以下。到了这时，最后一点希望也破灭了。现在，他们只能在两种死法中做出选择——饿死或者冻死。一望无际的蛮荒上，三个人在很小的帐篷内与死亡做了八天的抗争。到了三月二十九日这天，他们知道不可能会有奇迹发生了，于是下决心迎着死神走去，而不是消极地在帐篷里等待。三个人分别从自己的睡袋里爬出来，自始至终也没有因为自己所遭遇的不幸而发出一句哀怨。

# 临死前的遗书

暴风雪在帐篷外肆虐。就在死神降临的最后时刻，海军上校斯科特回想了所有那些与自己有关的人和事。人只有到了这样的时刻，面对这种无人能冲破的寂静时，才会清晰地意识到自己和祖国、亲人之间深深情谊。在他的内心世界里，一种海市蜃楼在这茫茫雪原上悄然出现。爱情、忠诚、友谊以及所有那些与他有着关联的人与事都纷至沓来。现在，他必须要跟这些作最后的对话了。于是斯科特上校用冻僵了的手指努力握着笔，在最后时刻给那些他深爱着的人写了一封书信。

这是一封非常伟大的书信。面对死神，毫无儿女情长。字里行间萦绕着南极极地没有被任何生命呼吸过的清冷透彻的空气。这封信是写给特定的人的，但同时也是写给全人类的。它写给了一个时代，也同时写给了永恒。

他首先请求自己的妻子照顾好他们的儿子。特别提醒要防止儿子养成懒散这种坏习惯。他在信中做了自我检讨："如你所知，我不得不强迫自己变得有所追求。因为我一向都有着懒散的毛病。"在这最后时刻，他也没为自己的决定有丝毫遗憾，他有的只是自豪。"关于这次探险，我想对你说的是，它总比让我舒服地坐在家中好很多"。

接下来他以他那些忠诚的伙伴的名义，写给了罹难的伙伴的妻子和母亲，让她们来为这些人的英勇事迹做见证人。作为一名即将死去的人，却还要为自己同样就要死去的伙伴安慰他们的家人。他的强大和宽仁超过了大多数人。他深切感受到了那一时刻的伟大，感受到了这样的毁灭值得被纪念。

然后他写给自己的那些朋友们。在提到自己时他显得非常谦逊，但在提到自己的民族时，字里行间却洋溢着饱满的骄傲之情。他为自己是这样一个民族的儿子而感到自豪，他这样写道："我不知道自己算不算得上是一个伟大的发现者。但我们的结局将会证明，我们这个民族至今还没有丧失固有的勇敢和忍耐的品质。"他对自己的朋友们做了友好的表白，那些话是他一生中都没能说出来的，他那男子汉的矜持和刻板阻止了他说出类似的话。他写给他最好的朋友时他这样写道："在我一生中我都没遇到过像您这样值得我钦佩与爱戴的人，可我却从未把这种感觉向您表达过。您的友谊对我来说是无比珍贵的，因为您给了我很多，而我却没有什么值得给您的。"

最后他是写给他的祖国的，也是信中最感人至深的。他感觉必须说清楚，在这场关乎英国荣誉的战斗中，他虽然失败了，但这并不是因为自己的过错。他列举了一系列偶然事件和不利的情况。他用一种带着死亡的回声因而具有超凡情感力度的声音，请求所有英国人不要置他的遗嘱于不顾。他超越了个人的命运，最后并没有谈自己的死亡，而是在谈别人的生活："看在上帝的份上，务必请照顾我们的家人！"再往后的几页纸都是空白的。

斯科特海军上校一直到生命的最后一刻都在写日记，一直写到笔从他冻僵了的手指滑落。他希望后人能在他的尸体旁找到这些日记，以见证作为一名英国人的勇气与顽强。正是这种超人的毅力，使得他能在日记中记下最后的时刻。他在自己最后一篇日记中用哆嗦的手写道："请把这本日记交给我妻子！"但随后他很坚决地划去了"我妻子"这几个字，换成令人悲伤的"我的遗孀"。

# 回　应

留在基地木板房里的同伴们等待了好几个星期，开始还充满了信心，但不久就开始担忧起来。随着天气越来越恶劣，这种担忧越来越强烈。他们曾两度派出救援队，但都因为恶劣的天气没能成功。就这样，这些失去了自己队长的人，在木板房里熬过了一个漫长的冬季，他们感觉到了强烈的灾难的阴影。在这几个月时间里，斯科特海军上校的最终命运以及他的那些事迹被冰雪封存在了无边的寂静里，那是一口巨大无比的冰棺。直到十月二十九日这天，一支探险队才得以出发，无论怎样他们都要寻找到那些英雄们留下的遗迹和他们的遗体。十一月十二日，探险队找到了那顶帐篷，发现了斯科特和他的伙伴在睡袋里的遗体。斯科特海军上校搂着威尔逊，探险队还找到了他的书信和日记。他们把这些英雄掩埋在了冰雪下。那是一个不能再简单了的坟墓，有一个同样简陋的黑色十字架，孤零零地竖立在那白色荒原的一个凸起的地方。在十字架下封存着人类的英勇伟绩。

但事实上他们的丰功伟绩后来出人意料地复活了。我们这个时代的科学技术创造出了令人惊讶的奇迹。当人们把他们拍摄的那些胶片带回来后，在显影液下，终于能亲眼目睹行进中的他们；与此同时，人们还在旖旎的南极风光里发现了另一个人——阿蒙森。斯科特的遗书和书信通过电讯迅速传遍全世界，让全世界都为之震惊和赞叹不已。在英国国教教堂里，国王跪下来为这些英雄们默哀祈祷。正是因为此，一件被耽误了的事变成了对人类的大声疾呼，呼吁人类把自己的精力集中到那些未达到的目标上。这块丽的毁灭虽死犹生，生命正是在这英雄式的死亡中得到升华。只有失败才能激发起更加强烈的雄心壮志，去完成那些难以完成的事业；而很少有什么伟大的事业是能够轻松完成的。当一个人在不可抗拒、无法战胜的厄运面前，尽管遭到了毁灭，但他还能不屈不挠奋斗却让他虽死犹生，他的心灵也因此得到了净化。无论是在哪个时代，这都是最壮美的悲剧；而这样的悲剧在现实生活中不断出现，却是任何作家终其一生也难以完成一部的。

# 封闭的列车

列宁

一九一七年四月九日

通常那些情报人员只会留意那些喋喋不休的人，很少会注意他这类埋头书堆、孜孜不倦学习的人；但他们都想不到，恰恰是这类沉默寡言、埋头书堆的人才是最危险的革命者。

## 借住在修鞋匠家中的人

在世界大战烽火如荼的时候，瑞士成为了被熊熊战火包围着的一小片绿洲。在一九一五年、一九一六年、一九一七年和一九一八年这几年时间里，那些只能在侦探小说里看到的场面，在瑞士却层出不穷地上演着。在那些豪华的旅馆，敌对双方的使节们相互擦肩而过，却谁也不会打一声招呼；而在这之前，同样是这些人，却会在一起友好地打打桥牌，彼此邀请对方到自己家中做客。这类旅馆经常会出现一些奇怪的面孔，一个个讳莫如深。他们中有国会的议员，有各种大人物的秘书，有各国的外交使节，还有商人和戴着面纱或没戴面纱的贵妇人；看上去似乎人人都肩负着了不起的秘密使命。那些插着各国国旗的高级轿车，会开到这些旅馆的门前停下，从车上下来的全都是工业家、新闻记者或者各界名流，当然偶尔也会有几个来旅游的游客。但人人看上去都像是密探，都想要刺探到一些情报。连那些负责领路和打扫房间的女佣，也都被迫要干一些偷窥和监视的勾当。到处都是相互敌对的组织在旅馆、公寓、邮局、咖啡馆这类场所活动。那些自称是在做宣传的多半是间谍。这些人看上去友好、礼貌，但背地里却尔虞我诈，相互干着背叛和出卖的勾当。每一件人人皆知的事情的背后，总是隐藏着两件或三件以上见不得光的事情。一切都会被注意到，一切都被置于监视中。每一个德国人，人还没到达苏黎世，就会被敌对国驻伯尔尼大使馆截取信息，并且在一个小时后巴黎也会得到这个信息。一份份报告——真实的和编造的——由大大小小的情报人员发送到外交人员手里，再由他们传递到更高一层手中。什么都不保险：电话会被窃听，字纸篓里和吸墨纸可以重构出一份通信的内容。这群魔乱舞的景象最终让许多人自己都不知道，他们到底是猎人还是猎物、是间谍还是被间谍刺探的对象、是被出卖者还是出卖别人的人。

但在那些日子里，有关这个人的报告并不是很多。也许是因为他太不惹人注意，他没有住到体面的酒店，也不去那些咖啡馆，更不会到处宣扬什么；他和他妻子住在一个低调到无法再低调的修鞋匠的家里。那地方就在利玛特河①后那条古老、狭窄、高低不平的斯比尔格小巷里。那是一幢陈旧的三层楼，跟所有旧城里的那些建筑一样，有着高高的屋顶，结构坚实。但由于天长日久和楼下院子里那家熏肠小作坊的烟熏火燎，房屋被熏得发黑。在这幢小楼和这个人住在一起的是一个女面包师、一个意大利人和一位奥地利男演员。他不喜欢说话，除了知道他是俄国人，还有他那难念的名字外，他的一切都不为人知。从一日三餐和夫妇两人的旧衣服上，房东能看出他们流亡他乡已经很长时间了，并且没有什么财产和具体的工作。这对夫妇刚搬来时，他们全部的家当装不满一只小小的篮子。

这个身材矮小的人根本引不起别人的注意，生活也十分简朴。很少看到有人来看他们，也很少看到他们出去交际。邻居们很少能跟他锐利深沉的目光相遇；但他的生活很有规律，上午九点会准时去图书馆，在那里一直待到十二点关门；然后在十二点十分准时回到家，待到十二点五十分再度离开，在下午第一个到达图书馆，然后一直待到晚上六点。通常那些情报人员只会留意那些喋喋不休的

---

① 一条从瑞士苏黎世湖北边流出的河，流经苏黎世市区，向西北注入阿勒河（Aare）。

人，很少会注意他这类埋头书堆、孜孜不倦学习的人；但他们都想不到，恰恰是这类沉默寡言、埋头书堆的人才是最危险的革命者。谁也不会到这个修鞋匠的家里来，也从没人为这个人写过什么报告。但在社会主义分子的圈子里，这个人的名气很大，那里的人们都知道他曾是伦敦一家俄国流亡者办的激进小刊物的编辑，并且还是彼得堡的一个发音很古怪的党派的领袖。但由于他一向都对那些社会主义政党里的大人物很不客气，经常会用很刻薄的语言和态度对待那些人，并且毫不客气指出他们政策的错误，让他很少能被别人接受，也就没人关心他。有时他会在一家无产者经常出没的小咖啡馆召集一次会议，前来参加的人通常只有十几个，最多不到二十个，大多数是年轻人。对这位怪人，人们像对所有那些用茶和争论让自己脑子发热的俄国流亡者一样容忍和迁就。谁也不会重视这位表情严肃、身材矮小的人。在苏黎世，记得住这个名字叫弗拉基米尔·伊里奇·乌里扬诺夫的人，绝对不会超过三十个。因此，假如当时那些速度飞快、在各使馆间来去的高级轿车，其中某一辆偶然在街上把这个人撞死了，想来这个世界也不会知道这人是谁，也不会有谁记得他是乌里扬诺夫，更不会知道他是列宁。

# 心想事成

那是一九一七年的三月十五日。这一天，苏黎世图书馆的管理员感到奇怪，因为到了九点还没看见这个每天都会按时到来的人出现，他那个专门的位置一直空着。然后是九点半、十点，这个人仍然没有出现。这位管理员当然不可能知道，这位专心致志的读者再也不会来了。就在去图书馆的路上，他遇到了他的一位俄罗斯朋友，这位朋友告诉了他一些事情，准确地说是告诉了他一个消息：俄国爆发革命了。

开始他不相信。那一瞬间他似乎是愣住了。但很快他就迈开他那短而有力的双腿，朝着湖滨的报刊亭走去，在那里等报纸的消息。一个小时一个小时，一天又一天，终于，这个消息得到了证实。现在对他而言，每一天都越来越真实。起初是一些宫廷政变的传闻，似乎是内阁换了；接下去就传来了沙皇被废黜，临时政府上台、召开杜马会议、宣布大赦、言论的自由……这些他多年来梦寐以求的，所有这些他在二十多年漫长的岁月中，无论是在地下组织还是在监狱里，或者是被流放到西伯利亚、流亡国外时，都矢志不渝在努力追求的目标，现在看上去都得以实现了。在他看来，这次导致数百万生命死亡的大战是有价值的，流成了河的鲜血没有白流。这些任人宰割的牺牲者，一下子变成了实现新的王国自由、公正与和平的殉道者。新的王国终于到来了，列宁，这位平时有着缜密思想、冷静头脑的人，如今却像喝醉了，一切都像是在做梦。那些流亡在日内瓦、洛桑、伯尔尼的几百个流亡者，在得知这个消息后，无不欢呼雀跃。他们终于可以回家了！再也不需要假护照、假姓名，再也不用害怕遭到沙皇和他的手下的迫害。他们终于可以堂堂正正以一个自由人的身份回到祖国了。他们急切地收拾好他们那可怜的行李，报纸上也刊登了高尔基的一封言简意赅的电报："回家吧！"回家吧，回到家里去！大家聚集起来，团结起来，觉醒起来！这些把自己的一生都献给了革命的人们，现在将再度把自己的生命投入建设一个新的俄罗斯的事业中去。

# 再度失望

但这样的喜悦仅仅只维持了几天时间。几天后这些人惊愕地认识到：现在的这个革命并非他们所想要的革命，甚至都算不上是一次真正的革命。严格说这不过是一次由英法等国外交家在背后推动的针对沙皇的宫廷政变，其目的是要阻止沙皇和德国媾和。这不是一场他们毕生追求并随时准备为之献出生命的革命，它根本不属于要求得到应有权利和平的人民，而是一场好战分子、将军们和帝国主义分子策动的阴谋，原因是这些人不愿有人破坏他们的计划。在不久后，列宁和他的同志们就认识到：回去的呼吁并不适合那些要求进行激烈的卡尔·马克思式革命的人。并且米留科夫①之流已经明确指示阻止这些人回到俄国，而普列汉

---

① 巴威尔·尼古拉耶维奇·米留科夫（1859—1943），历史学家和政论家。俄国立宪民主党领袖，1917年二月革命后担任临时政府外交部长。

诺夫①这样的较为温和的社会主义者对战争继续下去有一定帮助，所以受到了欢迎，并被用鱼雷艇从英国接回彼得堡；而托洛茨基②则被扣留在加拿大的哈利法克斯；所有协约国的边境检查站都有一份名单，上面列有那些激进的俄国革命分子的名字，例如参加了第三国际在齐美尔瓦尔德举办的会议③的人员。列宁给彼得堡一次次发电报，但令他绝望的是这些电报要么被拦截，要么就无法发出。关于弗拉基米尔·伊里奇·列宁，除了俄国人自己，苏黎世、欧洲很少有人了解他的强悍、能量、明确的目标和危险程度。

　　被拒之于国门外的这些人一筹莫展，他们感到绝望。多年来他们在伦敦、巴黎、维也纳等地召开一次次会议，构想着俄国的革命。把组织和具体行动的所有细节都详细想到了，并且做过很多次尝试；多年来，他们通过自己的刊物对俄国革命进行过无数次理论和实践上的探讨，把所有的困难、危险和可能性都考虑到了。而列宁一生都在思考俄国革命的总体构架，并反复修改充实，并最终形成了总体规划。现在，仅仅因为被困在瑞士，他的革命就将要被人篡改和颠覆，解放人民这个被他视为神圣的理念，也正在被外国势力利用来为自己服务。在这些天里，列宁的处境与战争之初的兴登堡④的经历极为相似。在兴登堡四十年的戎马生涯中，他一直都在做着跟俄国军队作战的准备，但当战争真正爆发时，他却不得不身穿便服坐在家里，仅仅用小旗子在地图上标记那些将军的进展和错误。在这些充满绝望的日子里，列宁这位彻底的现实主义者，竟然也开始做起一些漫无边际的梦：能不能租下一架飞机飞越奥地利和德国边界回到俄国？然而第一个找上

---

① 格奥尔基·瓦连廷诺维奇·普列汉诺夫（1856年12月11日—1918年5月30日），俄国社会民主工党总委员会主席，早年是民粹主义者，1883年后成为俄国马克思主义政党的创始人和领袖之一，是最早在俄国和欧洲传播马克思主义的思想家，俄国和国际工人运动著名活动家。

② 列昂·托洛茨基，本名列夫·达维多维奇·布隆施泰因（1879年10月26日—1940年8月20日），俄国与世界历史上最重要的无产阶级革命家之一，列宁最亲密的战友，二十世纪国际共产主义运动的左翼领袖，工农红军、第三国际和第四国际的主要缔造者。

③ 1915年9月第一次世界大战期间，在瑞士齐美尔瓦尔德村召开的国际社会党人第一次代表会议。会上，列宁团结左派国际主义者同占会议多数的中间派考茨基主义者进行了斗争，使会议通过的宣言指出了世界大战的帝国主义性质，谴责了"保卫祖国"的口号。

④ 兴登堡（Paul von Hindenburg，1847年10月2日—1934年8月2日），德国的军事家和政治家，曾担任德国军队要职。但在1911年被授予黑鹰勋章后赋闲在家。第一次世界大战开始后，1914年8月被重新启用，担任第八军总司令。第一次世界大战结束后，兴登堡再度退休。1925年，77岁的兴登堡被选为总统，于是重出政坛。1933年任命希特勒为总理。次年，兴登堡去世。

门主动提出给他帮助的人，则是一名间谍。但他潜逃回俄国的意愿越来越强烈，他写信到瑞典，请求一个人帮自己弄到一张瑞典护照，他甚至想要假扮聋哑人，这样在遇到盘查时就不用回答问题。当然，在这充满奇思怪想的漫漫长夜里，一到早晨列宁就会回到现实里来。他知道自己必须赶快回到俄国，他必须亲自领导自己的革命，而不是指望那些代理人。他必须向世人证明，这是一次真正的革命，而不是某种政治权利的更迭。他必须回去，为此不计代价！

# 可否取道德国

瑞士被意大利、法国和德国包围了起来，想要取道协约国对列宁这样的革命者来说，是不现实的；同时俄国当时是德国的敌对国家，因此取道德国也行不通。但令人无法想象的是，威廉二世①的德国却要比米留科夫的俄国和普恩加莱②的法国对列宁更友好些。这里的主要原因是德国想要在美国参战前，不惜代价跟俄国达成和平协议。因此，一个能在俄国给英国和法国制造麻烦的革命者，无疑会成为德国的帮手。

在此之前，列宁曾在自己的著作中很多次对威廉二世的德国进行过无情的抨击，如今突然要跟这个国家谈判，很显然会受到世人的谴责。而且这种做法有悖于传统的道德观，要知道在战争期间得到敌国的军事部门同意，进入并通过这个敌国的领土，无疑会被人们看作是一种叛国行为。对此列宁有着清醒的认识，他知道自己这样做一定会为自己的党和自己的声誉带来巨大的危害。他本人也会被看作是一个德国间谍，现在是被派到俄国去的。尤其是如果一旦他跟德国媾和，那么他就将会被当作历史的罪人，阻止了俄国取得战争的胜利和真正意义上的和平。正因为如此，不仅仅那些以温和著称的革命者，甚至他的很多同志也在得知

---

① 威廉二世（Kaiser Wilhelm II，1859年1月27日—1941年6月4日），德意志第二帝国皇帝和普鲁士国王，1888年到1918年在位。
② 雷蒙·普恩加莱（Raymond Poincaré，又译雷蒙·彭加勒，1860年8月20日—1934年10月15日），法国政治家。1912年至1913年担任法国总理和外交部长，1913年至1920年担任法兰西第三共和国总统，1922年至1924年与1926年至1929年，他再任总理。

列宁准备借道德国潜回俄国后，感到难以置信。这些人很不理解他这样做的原因，他们认为：既然瑞士的社会民主党已经开始谈判，争取以交换战俘的合法方式把俄国的革命者遣送回国，列宁就不应该这样急不可耐。但列宁深知，这种办法十分不可靠，而且当时的俄国政府还会制造出很多人为的障碍阻止他们回国。而现在时间是最关键的因素，为此他决定不顾一切铤而走险。这类在当时的法律和人们的道德价值观看来都是背叛的事，只有那些极具魄力和胆识的人才敢于去干。这时候列宁已经决心一个人承担全部责任，并开始跟德国政府进行谈判。

# 与德国人的协定

　　列宁考虑到了这件事可能造成的影响和受到的攻击，于是他决定尽可能公开地进行。当时的瑞士工会总书记弗里茨·普拉庭受他的委托，前去与德国公使协商此事，转交列宁开出的条件。在此之前，这名公使就已经跟那些俄国流亡者有过一些谈判。让这位公使没有想到的是：这名矮小、没有什么名气的流亡者，根本没有向德国政府提出任何请求，而是开出了自己的条件；似乎他预见到了自己会在不久的将来拥有巨大的权威。列宁强调只有在满足了他提出的条件前提下，俄国的流亡者才会接受德国政府提供的方便。这些条件是：承认俄国流亡者乘坐的车厢拥有治外法权；上下车时不得检查个人护照；按照正常票价由俄国旅客自己购买车票，不能以任何借口让这些旅客离开自己的车厢。这些条件被德国公使呈送到了德国军事领导人埃里希·鲁登道夫[①]手里，看情况显然是得到了允准，尽管鲁登道夫在他后来的回忆录中对这件具有历史意义的事件只字未提。对列宁提出的条件德国公使想要做一些细节上的修改，原因是列宁刻意把协议弄得模棱两可。列宁的目的是不单要让俄国人，也要让随车一起前往俄国的奥地利人拉狄克[②]也不受检查。这时候德国政府跟列宁一样急切，因为美国政府已经向德国宣战，

---

① 埃里希·鲁登道夫（Erich Ludendorff，1865年4月9日—1937年12月20日），第一次世界大战期间德国著名将领，副总参谋长。德国战败后流亡瑞典。
② 卡尔·伯恩哈多维奇·拉狄克（1885年10月31日—1939年5月19日），苏联政治活动家，共产主义宣传家，共产国际早期领导人。

因此德国公使来不及对协议做任何修改。

弗里茨·普拉庭在四月六日中午得到了一份极具历史意义的通告："一切都按所表示的愿望进行安排。"于是在一九一七年的四月九日下午两点半，一小群手提简单的行李箱、衣着寒酸的俄国流亡者从蔡林格霍夫餐馆朝着苏黎世火车站进发。这群人一共有二十三人，包括妇女和儿童，列宁和季诺维耶夫[1]、拉狄克都在其中。而这些人在不久的将来就会被世人所知。在离开那家餐馆前，他们签署了一份文件，并简单吃了顿午餐。那时候他们已经得知了刊登在《小巴黎人》上的一则消息：俄国的临时政府将会视这群途经德国领土进入俄国的人为叛国者。而这群人用粗字体来签名，再一次表达自己对这次旅行承担全部责任的决心。那之后，这群人默默开始了这趟具有世界意义的行程。

到达火车站时，任何人都没有注意这一小群人。没有记者，也看不到摄影师。在瑞士，几乎没人认识这位戴着皱巴巴帽子、身穿破旧上衣、脚穿沉重矿工鞋（他把这双鞋一直带到了瑞典）的乌里扬诺夫先生。他一言不发走在这群男女中，悄悄在车厢找到一个座位坐下。这些人看起来和无数来自南斯拉夫、鲁登尼亚[2]、罗马尼亚的移民没有任何区别；那些移民经常会在苏黎世停留，坐在木箱子上休息几个小时，然后被送往法国，从那里前往新世界。瑞士工人党不赞成这次行程，因此没有派代表过来。送行的只有几个俄国人，但他们也只是想捎一些食物回去。还有几个人，他们的目的是想在最后时刻劝阻列宁不要进行这趟"没有意义的违法旅行"。但他的去意已决。三点十分，列车员发出了发车信号。列车启动了，朝着歌特马丁根的德国边境站驶去。三点十分，从这一时刻开始，世界之钟被改变。

# 封闭的列车

在那次世界大战中，几百万发炮弹被人们发射了出去，这些极具毁灭性、射程很远的炮弹是由工程师们设计出来的；但在人类的近代历史上，还没有任何一

---

① 格里戈里·季诺维耶夫 （1883 年 9 月 11 日—1936 年 6 月 25 日），俄国工人运动和布尔什维克党早期著名的活动家和领导人，共产国际执行委员会第一任主席。1936 年和加米涅夫一起被斯大林处决。

② 曾属于奥匈帝国，是乌克兰人的居住区。

发炮弹发射得像这趟列车这样远、这样攸关命运。正是这趟列车运载着本世纪最危险，也是最坚定的革命者从瑞士出发，越过德国边境行驶到了彼得堡。很快就将那地方的时代秩序摧毁殆尽。

这枚特殊的炮弹在歌特马丁根的德国边境检查站的铁轨上稍作停留。这趟列车分为二等和三等车厢，二等车厢通常由妇女和儿童乘坐，而三等车厢乘坐的是男人们。列车在一节车厢的地板上被人用粉笔画了一道显眼的线，用来区分普通车厢和俄国人所乘坐的车厢。为了防止这些活的烈性炸药出问题，德国当局特意安排两名军官随行陪同。然后列车就开始平稳地行驶在德国大地上。不过到了法兰克福后，有几个德国士兵跑上车来。因为事先得知这趟列车会运送一些俄国革命者，因此有几名德国的社会民主党人企图登上列车，跟这群俄国革命者同行。他们被拒绝上车。列宁心里很清楚，在德国领土上即使只是跟一个德国人说句话，都有可能给自己招来麻烦。直到抵达了瑞典，他们才受到了正式的欢迎，并在那里进了早餐。这群饿坏了的人扑向餐桌，餐桌上出现了他们难得一见的黄油面包。列宁让人为自己买了几件衣服和一双鞋，换下了他那身寒酸的衣服和那双笨重的矿工鞋。现在，终于抵达了俄国边境。

# 一炮中的

回到俄国的土地上后，列宁所做的第一件事充分展示了他的性格特征：他没跟任何人打招呼，而是一头埋进一堆报纸里。他已经有十四年时间没有踏上过俄国的土地，没有看见故土、国旗、士兵和他们身上的军服。不过这位意志坚强的思想家并没有像其他人那样情绪激动，更没有潸然泪下；而与他同行的那些妇女，在刚踏上俄国的土地时，就去拥抱那些俄国士兵，弄得这些士兵很是不安和困惑。列宁首先要读《真理报》，他要看看这份属于他自己的报纸是否还在坚定地维护国际主义的立场。当他看到这一点并没有得到坚持后，就愤怒地把那份报纸揉成一团。"祖国""爱国主义"之类的字眼在报纸上随处可见，却很少谈论他认为的纯洁的革命。这让他感到自己回来得正是时候。他必须要扭转这种局面，要去实现自己的理想，无论是走向成功还是死亡都无法阻挡他。有一点使得他很不安，也很担忧。在到了彼得堡后——这座城市的名字不久后就会被改变——那位米留科夫会不会立刻逮捕自己呢？专程前来迎接他的两位朋友分别是加米涅夫①和斯大林，在车厢里时，他们没有回答列宁的这种担忧，也许他们只是不愿回答。在昏暗的车厢里，他们的脸上露出神秘的、有些奇怪的笑容。

　　但很快列宁就得到了回答。当列车缓缓驶入彼得堡的芬兰车站时，站前广场上已经聚集了成千上万的工人和前来护卫的携带武器的卫队。所有这些人都是在等候这位流亡者的归来。他刚一出现，广场上就响起了《国际歌》的歌声；当他走出车站后，这位前天还住在一个补鞋匠家里的弗拉基米尔·伊里奇·乌里扬诺夫，立刻就被几百双手抬了起来，人们把他高举到一辆装甲车上。然后，他就在这辆装甲车上向俄国人民发表了他的第一次演讲。一时间整个俄国的大街小巷都为之震动了。没过多久，"震撼世界的十天"②就开始了。这枚发射自瑞士的炮弹，一下子就击中并摧毁了一个帝国甚至整个世界。

---

① 　列夫·波利索维奇·加米涅夫（1883 年 7 月 22 日—1936 年 8 月 26 日），苏联共产党和苏维埃国家早期领导人，联共（布）党内"新反对派"的主要代表之一。1936 年 8 月 26 日遭到杀害。
② 　这里指的是十月革命最初的那十天。来自美国记者约翰·里德（John Reed）的那部关于这场革命的著作：《震撼世界的十天》。